Contre-histoire de la philosophie II

LE CHRISTIANISME HÉDONISTE

Né en 1959, Michel Onfray est docteur en philosophie. Après avoir enseigné vingt ans dans un lycée technique, il démissionne de l'Éducation nationale en 2002 pour créer l'université populaire de Caen. Auteur d'une cinquantaine d'ouvrages traduits dans une trentaine de pays, il a comme projet la formulation d'une théorie de l'hédonisme à la fois éthique, esthétique, politique, historiographique, bioéthique et épistémologique. Il se propose de réconcilier l'homme avec son corps, et envisage la philosophie non pas comme un discours technique mais comme un art de vivre permettant à l'homme de se débarrasser de ses illusions. Lecteur de Nietzsche, il souhaite une révolte contre le conformisme et le dogmatisme ; il affiche enfin un athéisme sans concession.

Paru dans Le Livre de Poche :

APOSTILLE AU *CRÉPUSCULE*

L'ARCHIPEL DES COMÈTES

L'ART DE JOUIR

CONTRE-HISTOIRE DE LA PHILOSOPHIE
1. Les Sagesses antiques
2. Le Christianisme hédoniste
3. Les Libertins baroques
4. Les Ultras des Lumières
5. L'Eudémonisme social
6. Les Radicalités existentielles
7. La Construction du surhomme

LE CRÉPUSCULE D'UNE IDOLE

CYNISMES

LE DÉSIR D'ÊTRE UN VOLCAN

ESTHÉTIQUE DU PÔLE NORD

FÉERIES ANATOMIQUES

LES FORMES DU TEMPS

L'INVENTION DU PLAISIR : FRAGMENTS CYRÉNAÏQUES *(inédit)*

MÉTAPHYSIQUE DES RUINES

PHYSIOLOGIE DE GEORGES PALANTE

POLITIQUE DU REBELLE

LA PUISSANCE D'EXISTER

LA RAISON GOURMANDE

LA SAGESSE TRAGIQUE. DU BON USAGE DE NIETZSCHE *(inédit)*

LA SCULPTURE DE SOI

THÉORIE DU CORPS AMOUREUX

THÉORIE DU VOYAGE *(inédit)*

TRAITÉ D'ATHÉOLOGIE

LE VENTRE DES PHILOSOPHES

LES VERTUS DE LA FOUDRE

Collection dirigée par Jean-Paul Enthoven

MICHEL ONFRAY

Contre-histoire de la philosophie II

Le Christianisme hédoniste

GRASSET

ISBN : 978-2-253-08385-6 – 1re publication LGF

SOMMAIRE

Introduction

L'effacement de l'Antiquité

L'invention de Jésus, la construction violente et autoritaire du christianisme devenant religion de l'Empire tout entier avec le coup d'Etat de Constantin, le vandalisme volontaire de la soldatesque à ses ordres, la destruction des hommes, l'incendie des bibliothèques, la persécution des philosophes, la fermeture de leurs écoles, l'inscription dans le corpus juridique – Codes de Théodose et de Justinien – du statut d'extraterritorialité citoyenne des païens, le devenir culturel et planétaire de la névrose de saint Paul, le triomphe du paulinisme – haine des femmes, du corps, de la chair, des désirs, des plaisirs, des passions, de la science, de l'intelligence, de la philosophie –, le devenir persécuteur, et pour longtemps, des anciens persécutés, tout cela produit une saignée dans l'Histoire qui prive les siècles suivants, le nôtre donc, d'une somme considérable d'informations sur cette longue période.

Le monde antique s'effondre, disparaît, meurt, et avec lui la philosophie païenne, dont une grande partie ne traversera pas les siècles pour des raisons ne procédant pas toutes de la volonté délibérée des hommes de tirer un trait sur le patrimoine des Anciens grecs et romains. Certes, les hommes brûlent des bibliothèques, incendient, pillent, assassinent leurs semblables, dont des gens de lettres, mais le temps efface lui aussi les traces de cette civilisation devenue champ de ruines.

On comprend que les livres des philosophes matérialistes abdéritains – les six cents titres de Démocrite... –, que les ouvrages des cyniques ou des épicuriens, que les abondants volumes – trois cents, dit-on – d'Epicure ou de ses disciples, disparaissent prioritairement. Les copistes chrétiens ont d'autres priorités que de sauver ces volumes subversifs. Le platonisme et le stoïcisme, revendiqués parfois par les Pères de l'Eglise comme sagesses propédeutiques au christianisme, disposent d'un avantage sur les pensées réellement ennemies de l'idéal ascétique catholique.

Et puis, le livre antique sert de pense-bête accessoire, dans une époque où priment l'oralité et la transmission verbale. La parole évanescente que ne consignent pas les scribes ou les copistes s'évanouit pour toujours. Ainsi de l'enseignement oral de Platon, probablement très différent de l'enseignement des textes qui subsistent. Obstacle de l'oralité donc. Obstacle de la fragilité du support également : le papyrus, égyptien d'origine, supporte mal l'hygrométrie, les climats et saisons de Rome. Il pourrit, part en poussière, et avec lui ce qu'il transmet... De plus, le nombre d'exemplaires constituant une édition originale n'excède jamais la trentaine.

Obstacle de la langue, aussi : dès le Ve siècle de l'ère commune, le grec n'est plus parlé par personne. Augustin, par exemple, l'ignore totalement... On parle latin. On l'écrit également. Quand on passe du papyrus en rouleaux au codex sur des peaux de bêtes, cette révolution cause la perte de ce que l'on écarte au recopiage. Nombre d'ouvrages disparaissent tout bonnement. Les moines dans leurs monastères reprennent les textes utiles à la propagation de leur foi, ils les améliorent, les retouchent au passage. L'édition originale, sans ponctuation, sans majuscules, sans séparation entre les mots, sans mention du nom du personnage qui parle, complique encore les choses...

Dans les coins, ce que les mises à sac, les tremblements de terre, les incendies, les pillages, les vandalismes humains et les affres du temps ont épargné est délaissé. Pas toujours grand-chose... Les peaux de bêtes sur lesquelles s'écrivent les textes sont parfois grattées pour servir à d'autres auteurs – la *République* de Cicéron, par exemple, disparaît sous le *Commentaire des psaumes* de saint Augustin... –, car ils manquent parfois : le plus ancien manuscrit de la Vulgate latine a exigé mille cinq cent cinquante peaux de veaux... On efface parfois la trace ancienne pour ce qui est à la mode. Et la mode est chrétienne...

Quand le papier arrive de Chine vers le IXe siècle, il induit de nouvelles transcriptions, donc de nouveaux choix. La religion de Paul de Tarse triomphe depuis plus de quatre cents ans. Le paganisme et la philosophie antique sont de lointains souvenirs. Les nouveaux maîtres, ceux que l'on copie, recopie, utilise, diffuse, lit, commente, ceux pour qui travaillent les moines dans leurs monastères, ce sont les Pères de l'Eglise : Tertullien croit parce que c'est absurde, Origène se sectionne les génitoires pour arriver plus vite près du Seigneur, Cyprien de Carthage découvre Dieu en courtisant une jeune fille, Grégoire de Nazianze se prend pour un cadavre qui respire, Evagre le Pontique fuit les femmes et les évêques dans le désert, Jean Chrysostome appelle au meurtre des païens, Grégoire de Nysse connaît l'épectase, la vraie, saint Augustin enseigne l'inexistence des antipodes et pleurniche à longueur de *Confessions*, et tant d'autres... Du beau monde philosophique, mais tous fâchés avec leur corps et la vie. Désormais, il faut compter avec eux pour mille ans. La possibilité d'une philosophie hédoniste s'amenuise considérablement... Mais elle existe : c'est celle de ces hérésiarques qui suivent.

DEUXIÈME PARTIE

Le christianisme hédoniste

La première pensée de la journée. – Le meilleur moyen de bien commencer chaque journée est : à son réveil, de réfléchir si l'on ne peut pas ce jour-là faire plaisir au moins à un homme. Si cela pouvait être admis pour remplacer l'habitude religieuse de la prière, les autres trouveraient avantage à ce changement.

NIETZSCHE,
Humain, trop humain, I, 589.

PREMIER TEMPS

La communion des saints hérétiques

1

Le capharnaüm sectaire. Le climat intellectuel et l'ambiance ontologique dans lesquels se constitue le christianisme relève du plus absolu des capharnaüms... On a peine à imaginer la profusion de communautés extravagantes, de prophètes allumés, de messies illuminés, de penseurs ésotériques, de philosophes délirants qui encombre la scène spirituelle du premier siècle de l'ère commune. Certes, la philosophie digne de ce nom persiste et l'on suit encore à Rome ou ailleurs les enseignements stoïciens ou épicuriens. En même temps que se profilent ces hystériques du concept, de sages personnages perdurent dans le monde antique. Ainsi Sénèque, Epictète et Plutarque. Mais pas pour longtemps...

L'époque se caractérise par un tuilage de civilisations : l'ancienne meurt mais ne le sait pas encore, la nouvelle va prendre le pouvoir, elle l'ignore aussi.

D'un côté, Athènes et Rome, de l'autre Jérusalem et Byzance. Périclès contre Constantin, Aristote en face de Tertullien, la démocratie de l'agora en compétition avec l'Etat totalitaire chrétien, l'idéal païen de la palestre détruit pour la vénération d'une crucifixion. Deux mondes, deux idéaux, deux univers, deux façons de penser. Les craquements travaillent la société. Marc Aurèle et Diogène d'Œnanda représentent les pointes avancées d'une époque effondrée...

La nouvelle pensée se cherche et ne se trouve pas immédiatement. Elle ne peut sortir armée tout entière de la tête de Zeus. L'époque vaut comme un terrain d'expérimentation de possibilités conceptuelles, de tentatives pour mettre sur pied un monde alternatif, y compris dans le domaine intellectuel. La philosophie obéit aux lois de la création des espèces : les formes les moins adaptées périssent, les plus aptes à survivre tiennent et prennent racine. La sélection s'opère à l'aide de conversions impériales et de coups d'Etat. Les forces qui triomphent rejettent dans un abîme tout ce qui ne sert pas leur croissance et leur domination.

La zone géographique de ce bouillonnement, sans exemple dans l'Histoire depuis longtemps, se dessine facilement. La vitalité se déplace d'ouest en est, elle quitte les ports romains ou les criques grecques et se dirige vers l'Orient. L'essentiel se trame désormais entre la vallée du Jourdain et l'Asie Mineure, plus particulièrement en Palestine, en Syrie, en Samarie et en Egypte. Des déserts, de l'austérité géologique, des vents brûlants, des températures de fournaise, des peuplades de bergers, une poignée d'éleveurs de troupeaux étiques, de rares points d'eau, de la pauvreté et de la misère généralisées, ce foyer jouxte les lieux mésopotamiens où la culture a vu le jour sur la planète. Retour aux sources orientales...

Parmi ces tentatives philosophiques de formuler une alternative au nihilisme de l'époque, le gnosticisme occupe une place majeure. Le terme recouvre des propositions multiples, parfois contradictoires, mais nomme nombre des propositions émanant des individus extravagants qui vivent en petites communautés – une trentaine de fidèles –, enseignent, certes, mais pratiquent surtout une vie philosophique induite par le contenu de leur doctrine. A la manière antique, ils pensent pour mieux mener leur existence et lui conférer un sens dans une période déstabilisante où les projets collectifs manquent autant que les occasions de fédérer la diversité.

A l'évidence les gnostiques constituent moins un continent homogène, cohérent, aux paysages arrêtés et définitifs, qu'un archipel composé de fragments multiples d'importance et d'intérêt inégaux, de consistance et de portée différentes. Grandeur des uns, insignifiance des autres, sans qu'on sache parfois si ces qualités relèvent d'un contenu intrinsèque ou des bribes qui demeurent après deux mille ans de destructions naturelles et humaines, à quoi il faut ajouter les falsifications, les mauvaises réputations, les interprétations intéressées et fautives, les dénis de sagesse, et autres façons de donner raison aux pensées dominantes si promptes à pratiquer les autodafés symboliques...

On ignore presque tout de la gnose : les noms propres qui l'illustrent correspondent à si peu, les rubriques sous lesquelles on connaît telle ou telle secte paraissent parfois tellement fragiles : certains considèrent comme des sectes séparées ce que d'autres voient comme des grades, des positions occupées dans la hiérarchie de la communauté. Que dire de Simon le philosophe volant ? De Basilide le débauché ? De Carpocrate et Epiphane les partouzeurs conceptuels ? De Valentin le pneumatique ? De Nicolas le mangeur de sperme ? Et que cachent les Ophites, adorateurs du serpent, peut-être sodomites ? Ou les Barbélognostiques, ces talentueux cuisiniers excellents dans la confection du pâté de fœtus ? Quid des Phibionites, ces numérologues du sexe ? Et de tant d'autres dont parfois subsiste le seul nom ou l'unique signifiant dissocié de son contenu...

2

La logique des vainqueurs. La fragilité du support des manuscrits, la vindicte chrétienne lorsque les sectateurs du Christ accèdent au pouvoir, le travail des copistes appointés par les monastères, le devenir hérétique de ces doctrines ainsi estampillées par les Conciles et l'Eglise au pouvoir, le destin habituel réservé aux vaincus par les vainqueurs, les affres du temps, la chance aussi, la malchance souvent, expliquent la rareté du corpus, sa dispersion dans des ouvrages abandonnés aux rayons les moins consultés des bibliothèques. Ne parlons pas des éditions : les fragments gnostiques ne disposent toujours pas d'une édition, même parcellaire – alors une œuvre complète !

Les chrétiens attaquent violemment les gnostiques sur le terrain, en contemporains. Les vendeurs de sectes gnostiques et chrétienne évangélisent les mêmes foules, effectuent les mêmes voyages, visitent les mêmes villes, occupent les mêmes places publiques, se disputent les mêmes fidèles. Simon le Magicien et Paul de Tarse proposent leur marchandise conceptuelle en rivaux : le succès de l'un correspond à l'échec de l'autre. Les Actes des Apôtres (VIII, 9-24) témoignent que les hommes se connaissent et n'ignorent pas leurs thèses respectives. La lutte oppose à égalité des hommes qui visent la domination symbolique de leur époque.

Ainsi, comme souvent avec les pensées alternatives de l'Antiquité, le gnosticisme existe pendant plus de mille ans si l'on se fonde sur ce que les Pères de l'Eglise et les philosophes appointés par le christianisme rapportent sur leur compte. Ruse de la raison, l'attaque des hérésies – ainsi nommées par les officiels de la pensée catholique – sauve les hérésies : en écrivant contre elles, en les détaillant pour mieux les réfuter, en précisant leurs thèses afin d'en démontrer la fausseté, Justin de Rome (vers 160 : *Apologies*), puis Irénée de Lyon (vers 170 : *Contre les hérésies*), Hippolyte de Rome (vers 230 : *Philosophumena*), Clément d'Alexandrie (*Stromates*, fin IIe - début IIIe) et Epiphane (*Panarion*, vers 375) – saint

Epiphane, car il existe un gnostique du même nom, mais il n'est pas saint, lui... – permettent à ces pensées d'accéder à la postérité. La plupart du temps, le premier collationne ce qu'on peut savoir sur le sujet, les autres se contentent de recopier...

Et puis, chance d'archéologue, une découverte rend possible un accès direct aux textes qui évite la médiation polémique chrétienne : en 1945, à Nag Hamadi, en Egypte, à une centaine de kilomètres de Louxor, une jarre gnostique a été exhumée. A l'époque, les rouleaux étaient placés et conservés dans ces récipients en terre cuite qui les protégeaient des intempéries, des animaux, du temps. Leur contenu ? La bibliothèque vraisemblablement intégrale d'une communauté gnostique du Ve siècle...

Autant dire les sources directes, les textes mêmes. Soit treize volumes reliés en cuir contenant cinquante et un traités : plus de sept cents pages inédites dont les Evangiles de Philippe, Matthias, Thomas et les Logia de Iésou, un recueil de paroles, sentences, maximes attribuées à Jésus et dont on pense qu'elles ont servi à la fabrication des Evangiles déclarés ultérieurement synoptiques. Un demi-siècle plus tard, on attend l'édition de ce que les bédouins n'ont pas détruit – les découvreurs ont en effet utilisé quelques manuscrits pour allumer le feu de leur thé...

3

Encratiques et licencieux. Le gnosticisme couvre une immense période qui va du Ier au Ve siècle, au moins pour les traces avérées. Lampèce en effet vivait à l'extrémité de cette époque, dans une communauté où les femmes et les hommes menaient une vie joyeuse, libre, habillés de vêtements somptueux, faisant bonne chère et pratiquant une sexualité ludique sans culpabilité. Une association contractuelle hédoniste qui fait songer à celle des épicuriens du Cercle de Campanie... Si les gnostiques eux-mêmes ne se réclament jamais des philosophes matérialistes antiques, Irénée de Lyon, lui, les fustige comme des individus qui professent la philosophie d'Epicure et l'indifférence des cyniques... L'atomisme va mal aux gnostiques, qui sacrifient en platoniciens à l'existence d'âmes immatérielles capables de transmigration, mais l'insolence asociale et immorale des disciples de Diogène leur va comme un gant !

Quelques historiens repèrent des survivances de communautés gnostiques au VIIIe siècle, en plein haut Moyen Age, une chance car le triomphe sans partage du christianisme rend dangereuse la pratique hérétique dans ce secteur géographique proche-oriental. L'enseignement de la gnose persiste vraisemblablement dans des groupes isolés en montagne, loin du monde, cachés par le secret, pratiquant avec une extrême discrétion fatale pour l'historien des idées...

Dans la meilleure des hypothèses, la pensée gnostique couvre huit siècles, les premiers de notre civilisation dite judéo-chrétienne. Je tiens pour une persistance des idées gnostiques dans l'Europe médiévale par la migration de communautés ou d'individus détachés de ces groupes, mais porteurs du message délivré aux Frères et Sœurs du Libre-Esprit, qui effectuent la jonction avec la période médiévale, puis renaissante, de notre culture. Marcos, disciple de Valentin, devient lui-même le maître de gnostiques en Gaule... Le gnosticisme passe d'Orient en Occident via l'Arménie, la Cappadoce, la Grèce, la Bulgarie et la Bosnie. Les Pays-Bas l'accueillent discrètement, mais avec bienveillance...

Evidemment, dans cette temporalité longue et avec cette géographie étendue, l'unité du gnosticisme paraît impensable. De Simon le Mage, le taon de Paul de Tarse, à d'obscurs anonymes contemporains de Charlemagne, le spectre ne peut recouvrir une pensée homogène, des discours identiques, une théorie commune. Des variations se repèrent, des contradictions éventuellement, des affirmations qui s'excluent, mais une même sensibilité anime ces hommes et ces femmes dont les siècles d'or correspondent aux Ier et IIe de notre ère.

Dans cet archipel, on peut oser un premier classement – même si l'arbitraire y préside. Il permet de distinguer deux lignes de force : d'une part les gnostiques encratiques, tenants d'une ligne ascétique, d'autre part les gnostiques licencieux, défenseurs d'une option hédoniste. Cette distinction peut paraître infondée, car les gnostiques eux-mêmes laissent parfois à leurs disciples le choix entre les options encratiques ou licencieuses. Le mal régnant sur terre absolument – un point de doctrine partagé par tous –, il est indifférent d'opter pour la négation du corps ou son affirmation. L'indifférentisme triomphe souvent en la matière : l'essentiel concerne moins la chair fautive, imbibée de mal, que l'âme, absolument indépendante, pure, et seule en cause dans le travail de salut. Le corps compte pour zéro, donc oublions-le ou utilisons-le jusqu'à plus soif, c'est une seule et même décision...

Dans ce bazar philosophique, une poignée enseigne clairement à faire du corps un instrument de libération – je dirai comment et pourquoi plus loin... Le gnosticisme s'installe par-delà le bien et le mal, sur toutes les questions, y compris le sexe, la libido, les désirs, passions et pulsions. Paul enseigne une gnose ascétique, franchement ascétique ; sur le même terrain, les gnostiques licencieux affirment l'inverse : votre corps brûle de désir ? éteignez, exige le Tarsiote, consumez, surenchérit Simon le Mage ! Et dans la joie...

4

La joie du pneumatique. La théorie gnostique vise une pratique en conséquence. Rien ne subsiste sur ces comportements communautaires, ou si peu. L'époque fonctionne sur le principe de l'oralité. Le livre existe comme un pense-bête, un moyen de conserver un propos, mais secondairement. Le verbe prime, et avec lui la relation maître-disciple. L'enseignement se construit sur la parole, pas sur les textes. Aujourd'hui, ces mots échangés entre le gnostique et sa communauté ont disparu. Restent des fragments compilés par des ennemis. Avec ce que cela suppose de violences faites à la vérité...

Le corpus gnostique est l'un des plus ésotériques qui soient ! Les textes qui surnagent, dissociés de la parole qui les raconte, les commente et les explique, résistent de manière incroyable, car ces philosophes pratiquent un hermétisme de haute volée ! Création de néologismes, passion numérologique, exacerbation du merveilleux, extrapolations mythologiques, langage sectaire, tout rebute le lecteur désireux de pénétrer les arcanes gnostiques... Sans la voix du guide à même de conduire le disciple – la logique propre de toute secte, chrétienne ou autre... –, le discours reste lettre morte. Il exige une parole vivante. Qui, bien sûr, a définitivement disparu.

La pratique gnostique est sectaire, au sens premier du terme : elle suppose la secte, c'est-à-dire la communauté élective, choisie par cooptation. Quantité de raisons existent pour justifier cette position secrète ou discrète, dont le sentiment d'appartenir à une élite, à une caste d'élus, la crainte d'apparaître au grand jour en cas de persécutions, et la logique intrinsèque de la secte qui contraint à l'obéissance au maître, à l'initié, au plus élevé en grade. Ces trois raisons surtout concernent les gnostiques...

A la manière des francs-maçons de toujours, les gnostiques disposent de signes de reconnaissance afin de s'adresser d'une manière différente aux frères et aux profanes. Saint Epiphane dit qu'ils se grattent la paume lorsqu'ils se retrouvent et se serrent la main afin de s'assurer de l'initiation de leur interlocuteur. Après cette communication gestuelle, le discours se libère, la pratique aussi, car ensuite les banquets – les agapes maçonniques... – commencent suivis de sexualités généralisées dans l'obscurité. Ce en quoi, me semble-t-il, les affidés du Grand Orient et de la Grande Loge se distinguent...

Elu, le gnostique croit l'être. Il divise les hommes en trois catégories : les hyliques, les psychiques et les pneumatiques. Les premiers, à la base, sont englués dans la matière et ne connaîtront jamais le salut ; dépourvus d'âme, uniquement constitués de matière, ils sont destinés à la destruction pure ; d'une certaine manière, les hyliques correspondent aux païens arrimés au sol par ignorance des vérités gnostiques. Les deuxièmes peuvent espérer le salut grâce à leur complexion mentale : les psychiques ont une âme, certes, mais pas d'esprit, ils peuvent espérer la libération seulement s'ils rencontrent l'initiation ; peut-être les gnostiques désignaient-ils ainsi les chrétiens, en partie sur le bon chemin, mais en partie seulement. Les troisièmes, les pneumatiques donc, sont désignés par la Puissance des Puissances, ils disposent de la grâce, ce qui leur permet d'agir sans souci du bien et du mal. Quoi qu'ils fassent, ils sont déjà sauvés – ce sont les gnostiques.

L'hylique et le pneumatique n'évoluent donc pas dans le même monde. Les uns croupissent dans le monde sensible, les autres évoluent déjà dans l'univers intelligible, de leur vivant, sur cette terre matérielle. Les hyliques se réduisent à leur corps ; les psychiques disposent d'une âme définie telle une parcelle du feu qui brûle dans le ciel où vivent les divinités, et parmi elles la première ; les pneumatiques, bien que disposant eux aussi d'un corps, ne sont déjà plus dépendants de lui. Allégés au maximum, ils participent de fait à la vérité intelligible.

Persécutés, à l'évidence, les gnostiques le sont dès l'arrivée au pouvoir de Constantin et dès la conversion de l'Empire en même temps que celle de sa petite personne. Mais avant ces dates funestes, les gnostiques passent déjà pour des magiciens, des thaumaturges qui n'enseignent pas ce que les prêtres du culte païen professent. Les officiels du sacré, les hiérarques du pouvoir religieux n'aiment pas ces hommes et ces femmes qui prêchent sur leur terrain et séduisent bien plus facilement qu'eux en recourant à des arguments hédonistes. Les religions officielles enseignent toutes l'amour du prochain, mais limitent leurs prescriptions aux seuls semblables...

Contraignants, ils le sont également : en l'occurrence dans la logique de la secte érigeant toute une stratégie qui oblige à l'obéissance ou exclut. La leçon vaut encore aujourd'hui avec certains philosophes dont le vocabulaire ésotérique, les néologismes à profusion, les dissertations obscures forcent au psittacisme plus qu'à l'intelligence. Devant un corpus fermé, autiste, impossible à pénétrer malgré la meilleure volonté du monde et les efforts associés, il reste la fuite ou l'adhésion sur le principe de la répétition, de l'incantation, de la réitération dans les termes utilisés par la secte.

L'alternative oppose donc l'interdiction et l'adhésion. La première menace ceux qui refusent de jouer le jeu de la duplication dans les mêmes termes, avec les tics de langage et d'exposition ; la seconde ouvre un accès à l'initiation à condition de reprendre à son compte, sans aucun esprit critique, la phraséologie et les signatures langagières de la secte. Les gnostiques génèrent de la sorte une double logique : l'exclusion de ceux qui n'adhèrent pas aveuglément et l'intégration d'un cheptel de fidèles prêts à suivre le gourou en donnant des gages par le pliage d'échine intellectuel que suppose l'acceptation mot à mot du discours réservé par le maître à ses disciples. Abdication de toute subjectivité, soumission à la loi du groupe, le contrat communautaire de la secte autorise un ultime usage de la raison : mais seulement pour renoncer à son usage libre...

5

Courges, melons et concombres. Le lexique gnostique offre un exemple de logomachie sans pareil. Ce genre de glossolalie signe – disent les psychiatres – une hystérie qui semble marquer l'époque... Certes, un philosophe digne de ce nom crée son vocabulaire, il inflige à la langue commune des torsions et des tractions desquelles naissent un genre de langue propre, une musique distincte par quelques accords récurrents – mots, concepts, tournures, tics de langage, périodes de phrase, rythmes, etc. L'originalité d'une pensée passe d'ailleurs par cette poignée de mots particuliers, à l'apparition desquels on reconnaît la vision du monde propre au penseur en question.

Parfois, la création de concepts nécessite un mot nouveau, car il arrive qu'on ne puisse nommer une découverte avec un terme préexistant à la trouvaille. Si les néologismes ne poussent pas comme des champignons, pourquoi pas... Mais il existe également des cas où l'apparente profondeur d'une philosophie se dissimule sous une avalanche de vocables nouveaux, de notions inventées, de tournures formelles inédites qui dissimulent mal une absence de fond, voire une réelle indigence de contenu. Pas utile de donner des noms ou des exemples...

Le délire verbal du gnosticisme fatigue même les spécialistes – Jacques Lacarrière par exemple... Comment ne pas imaginer que cet excès radical de termes nouveaux, de notions inconnues, ne vise pas un tant soit peu le test à destination de l'impétrant ? Plus la langue construite est difficile à apprendre, à retenir, à maîtriser, plus son maniement habile concerne un petit nombre, forcément minime, ainsi distingue-t-on mieux les efforts et la docilité de l'individu en quête d'apprentissage du discours. Exercice initiatique et, simultanément, instrument de mesure efficace de la plasticité mentale du sujet, de sa détermination à accéder dans l'enceinte des initiés...

Ainsi l'apprenti gnostique doit-il composer avec des Eons qui procèdent du Pro-Père et constituent un

Plérôme dans lequel évoluent des Syzygies... Pour commencer, évidemment... Précisons : le Pro-Père – il peut aussi s'appeler Pro-Principe ou Père ou Abîme, pourquoi faire simple... – définit l'Eon parfait, l'Eon des Eons... Invisible, inconcevable, éternel, épargné par la génération et la corruption, jamais concerné par le mouvement, contemplant sa propre image en lui-même comme dans un miroir, il ressemble étrangement à Dieu, le Dieu des philosophes. Un peu platonicien, un peu aristotélicien, vaguement alexandrin – l'Un de Plotin par exemple... –, il pourrait tout simplement s'appeler Dieu, mais la nouveauté ne paraîtrait pas si évidente... D'autant que les gnostiques croient souvent à l'existence d'un Dieu qui n'existe pas – Basilide excelle dans des démonstrations de ce genre...

Certes, voilà un début de définition du Pro-Père, mais cette proposition de résolution utilise des mots à définir eux aussi : les Eons par exemple. Allons-y : l'Eon se définit comme l'émanation issue de l'intelligible pur. Sur le principe métaphorique, il utilise le registre de l'espace – point, ligne, plan, volume – pour s'exprimer dans celui du temps – instant, jour, année, etc. Le délire sent son platonisme à plein nez et l'on retrouve là les délices de la philosophie, plus particulièrement de la théologie, du *Timée*.

Ces Eons fonctionnent en paires : un mâle, une femelle. La doctrine affirme qu'ils existent au nombre de trente, pas un de plus, pas un de moins. L'un d'entre eux s'appelle d'ailleurs Hédoné, le Plaisir – car chacun dispose évidemment d'un nom particulier :

Abîme et Silence, Intellect et Vérité, Homme et Croix, Logos et Sagesse, etc. Quinze couples donc, chacun d'entre eux se nommant Syzygie. Le groupement de cette famille d'Eons constitue le Plérôme. Autant dire le Ciel, le monde divin, la source paternelle...

Irénée de Lyon moque ce travers valentinien – les autres gnostiques suivent sur le même principe... – de création d'un vocabulaire ésotérique. Certes, *Contre les hérésies* contient plus de passages ennuyeux que drôles, mais un seul mérite d'être cité dans les termes utilisés par l'évêque chrétien qui écrit : « Il existe un certain pro-Principe royal, pro-dénué d'intelligibilité, pro-dénué de substance et pro-doté de rotondité, que j'appelle Citrouille. Avec cette Citrouille coexiste une Puissance que j'appelle encore Supervacuité. Cette Citrouille et cette Supervacuité étant un, ont émis, sans émettre, un Fruit visible de toutes parts, comestible et savoureux, Fruit que le langage appelle Concombre. Avec ce Concombre coexiste une puissance de même substance qu'elle, et que j'appelle encore Melon. Ces puissances, à savoir Citrouille, Supervacuité, Concombre et Melon ont écrit tout le reste de la multitude des melons délirants de Valentin »... Lire presque mille pages indigestes trouve sa justification dans la découverte de ces seules lignes savoureuses...

6

Chiffres libidineux et nombres actifs. Quand ils n'étourdissent pas leur monde avec le lexique, les gnostiques surchargent la barque avec des considérations numérologiques vraisemblablement familières dans cette époque qui pratique l'astrologie et la divination. Les arithmétiques sacrées se suivent et se ressemblent. Elles témoignent d'une passion du classement et de l'ordre. La gnose met en forme. Elle contraint le réel à rentrer dans des cases. Elle chiffre le monde afin que tout soit à sa place et que rien ne circule librement.

Chaque série, groupe ou agencement suppose, évidemment, un mot nouveau pour le caractériser. Ainsi la Triacontade désigne les trente Eons du Plérôme valentinien ; ou la Dyade, la Dodécade, l'Ogdoade, autant de termes pour caractériser des combinatoires en deux, douze ou huit. Ladite Ogdoade par exemple se compose successivement de l'Abîme et du Silence, de l'Intellect et de la Vérité, du Verbe et de la Vie, de l'Homme idéal et de l'Eglise. Les leçons de catéchisme gnostique devaient durer un temps interminable...

Parfois, les sectateurs pratiquent les mathématiques amusantes. Ainsi les Phibionites – probablement une sous-section des Barbélognostiques au même titre que Zachéens, Nicolaïtes, Barbélites, Stratiotiques, Lévitiques, Borborites et Coddiens, que d'aucuns tiennent également pour des grades dans une seule et même secte... –, ces Phibionites, donc, pratiquaient la sexualité une calculette à la main car ils invitaient leurs disciples à soutirer trois cent soixante-cinq fois leur sperme au cours de trois cent soixante-cinq unions avec trois cent soixante-cinq femmes différentes. Je laisse aux scrupuleux le soin d'établir des comptabilités précises...

Souvent l'usage des nombres relève de registres moins souriants. Les gnostiques se servent la plupart du temps de chiffres pour apaiser leur manie généalogique. Car ils s'activent avec passion pour trouver des origines aux choses, expliquer comment advient le monde, de quelle manière le réel procède d'un premier principe avant de se diversifier sur un mode réductible à des appréhensions mathématiques. De l'Un au Multiple, la descente prodigieuse a en effet de quoi intéresser la curiosité philosophique. A l'autre extrémité de leur souci on trouve le devenir et le destin du monde : où va-t-il ? Vers sa perte ? Sa durée ? Sa disparition ? Son salut ? Sa régénérescence ? La manie de l'époque pour les apocalypses trouve dans l'usage du chiffre un genre de couverture sérieuse : la réduction du monde à des formules mathématiques tente les philosophes depuis longtemps, de Pythagore à Spinoza ou Leibniz, l'idée d'une *mathesis universalis* persiste durablement.

Mélanger les néologismes, les chiffres et les personnages conceptuels produit finalement un joyeux bazar intellectuel, spirituel et conceptuel : les Archontes jonglent avec des Syzygies dans le Plérôme, les Grands Luminaires côtoient la Sophia Lascive ou les Hameçons Sauveurs, l'Homme Primordial s'entretient avec la Mère céleste dans l'Hebdomade – les Cieux inférieurs, l'Hypochtonien désignant Chaos et Hadès –, le tout dans des ambiances de Semences Pneumatiques qui garantissent la joyeuseté des convivialités.

7

La gnose coupe et colle. D'où viennent ces hommes et ces femmes ? De quels lignages procèdent-ils ? Quels maîtres avoués ? Ces néologismes venus de nulle part, ces mathématiques extravagantes descendues du ciel, ces éthiques immorales sans sources, ces mythologies abracadabrantes, d'où découlent-elles ? Car les gnostiques s'inscrivent dans une époque marquée par des influences. La géographie témoigne : les lieux où ils fondent leurs communautés sont des villes, des ports, des lieux de passage, de commerce, donc de brassage des hommes et des idées.

Hippolyte de Rome construit toute la démonstration de *Philosophumena ou Réfutation de toutes les hérésies* sur cette idée que tous les gnostiques commettent des erreurs et propagent des hérésies parce qu'ils démarquent des philosophes de l'Antiquité, coupables de paganisme et de ne pas être chrétiens avant l'heure. Simon le Magicien ? Un sectateur d'Empédocle... Basilide ? Un clone d'Aristote... Valentin ? Un mélange de Pythagore et de Platon. Irénée de Lyon les voit tous en mixtes d'Epicure et des Cyniques. Mais tous se trompent – sauf peut-être sur la filiation cynique...

Le matérialisme ne peut leur être reproché : tous croient à l'existence d'une âme immatérielle distincte du corps bien qu'enfermée en lui sur le principe de la punition ; tous sacrifient à l'idée que ces âmes migrent dans d'autres corps après la mort et survivent au trépas ; tous affirment que leur destin post mortem dépend de l'usage qu'on en fait de son vivant ; tous peuplent le ciel de créatures intelligibles ; tous expliquent le monde par un principe divin aidé de démiurges ; tous définissent le salut comme la libération du principe spirituel igné de sa prison matérielle, charnelle, corporelle. Comme Pythagore et Platon...

Alors, platoniciens les gnostiques ? Non, car Platon affirme nettement sa détestation de la vie, du corps, des désirs et des plaisirs là où les gnostiques licencieux s'installent par-delà le bien et le mal et demandent au corps, aux désirs, plaisirs, passions et pulsions les occasions du salut philosophique. Si l'hédonisme définit toute pensée qui compte avec le corps, compose avec lui, préfère la vie à la mort et la joie aux passions tristes, alors les gnostiques relèvent du continent hédoniste. Pour autant, les traces de platonisme existent, et nettement. De sorte que, paradoxalement, on en fera des platoniciens hédonistes, un genre oxymorique...

L'honnêteté voudrait qu'on rende à l'Orient les thèses platoniciennes citées ci-dessus : à l'évidence Platon doit beaucoup – sinon l'essentiel... – de sa pensée à Pythagore. Mais le philosophe qui n'aime pas les fèves doit, lui, le contenu de sa doctrine à des gymnosophistes, autant dire les yogis hindous. En réactivant les thèses platoniciennes sur l'âme et la métempsycose platoniciennes, les gnostiques renouent avec les sources de toute la pensée grecque : l'autre rive du Bassin méditerranéen...

De sorte que les influences supposent également un détour du côté des spiritualités géographiquement influentes : le mazdéisme persan, le judaïsme palestinien, probablement l'orphisme hellénique, bien sûr le pythagorisme et le platonisme grecs. Le dualisme du manichéisme chaldéen – IIIe siècle de l'ère commune – procède lui aussi de ces influences mélangées quand il oppose le bien et le mal sur le même principe que les gnostiques. Combat entre Lumières et Ténèbres chez l'Ormuz et l'Ariman des Perses, messianisme apocalyptique et prophétique venu de Palestine, initiations et pratiques communautaires secrètes à la manière des disciples d'Orphée, et cosmogonies héritées de Pythagore et Platon, autant de pistes à creuser pour démêler les origines de la gnose.

Et puis, signalons combien elle est contemporaine de la fabrication du christianisme. Ce qui justifie un certain nombre de points communs. On pourrait affirmer que le christianisme est une gnose qui a réussi, l'hypothèse tient. D'autant que Jésus monté aux cieux et ressuscité trois jours après sa crucifixion rivalise en miracle avec Simon le Magicien qui vole dans le ciel de Rome, Marc qui subjugue les femmes en transformant le contenu des coupes en sang virtuel ou Basilide affirmant que Jésus use d'un charme pour faire crucifier Simon de Cyrène à sa place... La construction du christianisme baigne dans ces mêmes eaux.

Comme Jésus est construit par ceux qui croient en lui à partir de citations de l'Ancien Testament destinées à montrer qu'il est bien le Messie annoncé, le prophète attendu par les Juifs, les gnostiques picorent dans certains livres vétérotestamentaires pour élaborer leur idéologie : la Genèse par exemple leur donne l'occasion de longs développements sur la naissance du mal, l'origine de la négativité dans le monde ou la déchéance de l'humanité. Le Livre d'Enoch fournit une thèse essentielle pour la compréhension du caractère indifférentiste ou licencieux de certains gnostiques : la thèse de la grâce et de la prédestination – qui, d'Augustin au XVIIe siècle janséniste et pascalien, fait couler beaucoup d'encre...

Certains passages des Actes des Apôtres, des Epîtres de Paul ou de l'Apocalypse de Jean témoignent de l'affrontement entre chrétiens primitifs – Pierre et Paul en l'occurrence – et gnostiques – Simon en particulier. Les deux courants s'abreuvent aux mêmes sources, répondent aux mêmes besoins d'une même époque. Le climat pèse sur eux de manière semblable : l'angoisse, la peur, la crainte, le sentiment d'un monde qui s'effondre et l'attente d'autre chose ; d'où le nombre incalculable de prophètes, de millénaristes, de messies, d'annonces de la fin du monde pour des temps imminents. La gnose coupe et colle dans les temps anciens, elle taille et se nourrit d'influences du moment. Le christianisme aussi. Mais les gnostiques ne disposent pas d'un Constantin pour s'imposer. Là est toute la différence...

8

La chute dans le temps. Le gnosticisme passe souvent pour une religion aux yeux des philosophes – et vice versa... De sorte que ni les uns ni les autres n'abordent ce continent, persuadés qu'il relève de la corporation d'en face. Augustin évêque d'Hippone, Thomas d'Aquin dominicain et Docteur angélique, plus tard Malebranche oratorien ou Kierkegaard pasteur protestant n'empêchent pourtant pas les professionnels de la philosophie de les considérer comme des leurs. Créateurs de concepts, inventeurs de personnages conceptuels, bredouilleurs d'un langage inventé, d'une musique, ils correspondent en tout point aux définitions d'un Deleuze pour ouvrir l'accès au saint des saints philosophique !

L'époque se caractérise par un basculement de la philosophie, toute la philosophie, du côté du ciel : elle scrute un monde hypothétique pour tâcher de s'accommoder du réel, voire pour le nier ou le quitter plus facilement. Les gnostiques et les Pères de l'Eglise partagent un même souci d'inventer un univers susceptible de les dispenser d'avoir à supporter l'ici et maintenant. La haine du monde les concerne pareillement. Le Ier et le IIe siècle – les autres également, mais ces temps inauguraux plus particulièrement – se définissent par une volonté forcenée d'installer le réel dans le ciel – là où l'hédonisme propose de descendre le ciel sur terre.

Le point commun à tous ces penseurs dans l'urgence d'un monde alternatif est que le monde et le mal coïncident. Que la négativité enveloppe la moindre parcelle de réalité. Pas besoin, pour parvenir à une telle conclusion, de cogiter et de postuler. Il suffit de constater, de regarder autour de soi, de prendre des leçons en ouvrant l'œil. Le temps des empereurs julio-claudiens – Jésus est conçu en contemporain de Tibère –, celui du Bas-Empire et du haut Moyen Age regorgent d'empereurs sanguinaires, tyranniques et autocrates, les guerres persistent sur les frontières, la pauvreté est le lot commun, les intrigues politiques se suivent et se ressemblent, le peuple en fait sans cesse les frais : le désir d'un autre monde, quand il ne paraît pas possible sur le terrain politique, investit les zones théologiques. A défaut d'une Cité des hommes digne de ce nom, on invente une Cité de Dieu dans la profusion des promesses de bonheur et de félicité éternels. La faillite du politique fait le lit du religieux.

Les gnostiques affirment que le mal gouverne, que la chute dans le temps en témoigne. Le monde procède de la volonté perverse d'un mauvais démiurge. Contre les chrétiens, qui pensent la négativité produite par le libre arbitre du premier homme – en l'occurrence de la première femme... – et qui dédouanent Dieu de toute responsabilité en matière de généalogie du mal, les gnostiques croient au ratage de la Création. Pour les tenants du Christ, la culpabilité pèse un poids considérable, puisque le péché originel se transmet de génération en génération ; pour les gnostiques, pas question de se sentir coupable d'une faute qu'on n'a pas commise : si le mal existe, il faut s'en prendre au Dieu méchant, concepteur intégral de la prison.

Cette idée fondamentale suffit à montrer contre Renan que les gnostiques ne sont pas des chrétiens mais des philosophes à part entière, luttant et travaillant sur le même terrain que les disciples de Jésus, mais proposant des conceptions du monde aux conséquences métaphysiques diamétralement opposées. L'ontologie désespérante des chrétiens condamne l'homme de toute éternité, tant qu'il traîne son fardeau sur terre. En revanche, l'ontologie gnostique disculpe les humains et les laisse libre d'agir dans un monde assimilable à un champ de ruines. Adam coupable pour les uns, Adam victime pour les autres : le destin de l'humanité se joue dans ces deux positions radicalement antinomiques.

Ainsi, pour les gnostiques, Bien et Mal existent, certes, mais nullement séparés : très clairement mélangés même, indissociables. Si ces deux temps demeurent impossibles à distinguer, comment penser et agir, sinon par-delà le bien et le mal ? Avant la chute, le monde connaissait la félicité, toujours associée (Platon pas loin...) à l'éternité, l'immatérialité et l'immortalité – l'incorporel. Après cette chute vertigineuse, nous vivons dans l'exact inverse : le temps, la matière et la mort – le corps. Reste à composer avec ces données irréfragables – le projet gnostique, son dessein.

Toujours dans une perspective platonicienne, et avec les torsions intellectuelles et mentales infligées par plus de sept siècles d'existence du courant, la gnose invite à retrouver la voie du ciel, seule perspective à même de générer le salut. Plotin passe pour combattre les gnostiques dans l'une de ses *Ennéades* (II.9). Pourtant, son œuvre semble illustrer l'une des modalités du gnosticisme : lui aussi condamne le monde de la matière et aspire à l'union avec l'Un-Bien, principe de toute chose, après une entreprise de purification et d'ascèse. Les gnostiques pensent et agissent très exactement sur le même principe : quitter ce monde et accéder à la félicité du Plérôme où les Eons jubilent dans une danse avec les Archontes et autres figures du paradis.

Une différence tout de même, et elle est de taille, puisqu'elle permet de ranger Plotin, les philosophes alexandrins et les platoniciens orthodoxes du côté de l'idéal ascétique, alors que les gnostiques, du moins ceux qui nous retiennent, les gnostiques licencieux, s'inscrivent dans la tradition de la pensée hédoniste : cette différence réside dans la considération du corps. Plotin avait honte d'en avoir un, nous dit par exemple Porphyre, dans sa *Vie de Plotin*. Pour leur part, les gnostiques estiment qu'il est indifférent d'en avoir un et que, l'indifférence aidant, mieux vaut faire avec, composer avec lui, l'utiliser, ne pas le transformer en ennemi, mais en occasion de se libérer.

Comment ? En épuisant ses possibles. Voilà une autre façon d'en user que d'interdire ses possibilités.

Ainsi Platon enseigne que le sage aspire à la mort pour ne plus avoir à supporter le poids de son corps et de sa matière, que toute entreprise philosophique consiste à libérer l'âme de la chair où elle gît, prisonnière ; de même Plotin refuse les bains, les soins, les reproductions de son visage pour des bustes, son régime alimentaire est déplorable, il somatise – mal de gorge chronique, grave maladie de peau –, il se prive de sommeil, se met en tension nerveuse permanente, dispose d'un équilibre psychique fragile, invite à fuir le monde et connaît quatre transes dans son existence, non sans rapports avec cette sollicitation d'un genre chamanique de sa physiologie ; pendant ce temps, Valentin, Basilide, Carpocrate, Epiphane et quelques autres banquettent, copulent, se masturbent, confectionnent des pâtés d'avortons pour leurs communions. Preuve que le platonisme peut ne pas être ascétique, voire être franchement hédoniste, pourvu qu'il abandonne de Platon l'essentiel de sa doctrine !

I

Simon le magicien et « la grâce »

1

Le philosophe volant. Simon de Samarie – de Gitton précisément – enseigne ses ouailles au premier siècle de notre ère. Sur les agoras où Paul soigne son hystérie, il tâche d'emporter le marché philosophique lui aussi. Puisque les apôtres recourent à la magie, pourquoi pas lui ? Car à l'époque, la magie et les miracles relèvent d'un semblable merveilleux. On n'est pas regardant sur la raison raisonnable et raisonnante. En ces temps d'effervescence intellectuelle, les esprits, les démons, l'irrationnel, les mythes coexistent sans difficulté avec le Logos. Aujourd'hui encore, d'ailleurs...

De sorte que Simon entreprend l'apôtre Pierre pour lui demander ses secrets moyennant finance... Evidemment, le magicien chrétien ne lui donne aucun autre truc que sa foi et sa croyance en un Dieu qui rend possibles ces miracles. Face à ce refus, Simon conclut à l'inexistence de cette divinité ! Dès lors, il persiste à moins croire à la thaumaturgie chrétienne qu'à l'habileté de mages utilisant des subterfuges pour parvenir à leurs fins : évangéliser, vendre la doctrine du Christ – tout en la créant pour l'occasion.

Simon rivalise avec les affidés de Jésus, en remportant de grands succès car sa réputation est considérable. Au point que – dit-on – l'empereur Claude, sous le règne duquel il vit, ordonne l'édification d'une statue pour l'honorer. Il est toujours bon, pour un homme de pouvoir, d'entretenir de bonnes relations avec les magiciens, les faiseurs de miracles, les manieurs d'irrationnel, et, surtout, leurs disciples, autant de sujets devenus dociles quand par démagogie on flatte leurs idoles.

A Tyr, Simon achète une prostituée. On ignore si elle était en activité ou rangée des voitures. Elle se nomme Hélène. Irénée de Lyon atteste de son incroyable beauté... En précurseur d'Auguste Comte, Simon la transforme en divinité et organise son culte. Pour ce faire, il donne des renseignements sur son passé prestigieux et ses talents généalogiques. Intermédiaire de la puissance de Dieu, elle a enfanté les anges, rien de moins, qui, par la suite, ont créé le monde. Retenue prisonnière par eux, qui ne voulaient pas reconnaître de génitrice, elle a été acculée à des outrages. Le Messie est donc apparu uniquement pour régler le problème : c'est donc à elle que l'on doit sa venue au ciel pour mettre de l'ordre dans ce chaos angélique et régler cette compétition permanente des anges en mal du plus grand pouvoir possible.

On imagine que, vu son ancien métier, elle supportait moins facilement les outrages que d'autres femmes. Parmi ceux-ci, une punition platonicienne : l'enfermement de son âme – son principe et son être premiers – dans un corps. Et la suite attendue : un cycle perpétuel de réincarnations en fonction de son comportement dans l'existence. Pythagore et Platon toujours. De sorte qu'on explique ainsi plus facilement qu'avant d'exercer le métier de péripatéticienne à Tyr elle puisse avoir été l'Hélène à laquelle on doit la guerre de Troie, et qu'elle devienne ensuite cette occasion philosophique du larron Simon qui prêche les foules en sa compagnie galante et radieuse – un argument supplémentaire pour séduire le petit peuple...

La mort de Simon vaut celle du Crucifié par le merveilleux dont elle se nimbe. Deux versions en existent, comme souvent dans la doxographie où les philosophes laissent le choix. Le but consiste à signifier qu'on meurt comme on vit : la façon de trépasser renseigne sur le contenu de l'enseignement professé de son vivant. Aucun philosophe n'a le mauvais goût d'opter pour un trépas qui contredit son passé : pour Diogène, le doxographe laisse le choix entre l'ingestion d'un poulpe cru ou la morsure d'un chien ; dans les deux cas, il meurt en persistant dans son être : la nature crue est préférable à la culture cuite et les animaux indiquent toujours la bonne direction – y compris les chiens enragés...

Première version : Simon le Magicien – il faut l'être pour cette performance singulière... – vole dans le ciel de Rome, longuement. Il prend son temps et plane au-dessus des lieux qui accueilleront bientôt la première basilique Saint-Pierre. Pierre, justement, passe par là, aperçoit le nouvel Icare et n'aime pas cette imparable publicité pour la gnose. Une promotion difficile à égaler. Le futur saint, présentement chrétien et fort marri, prie pour que cesse le sortilège de Simon. Effet garanti : Simon s'écrase sur le sol et meurt. Une version de l'amour du prochain – et de l'efficacité du christianisme, voire de sa supériorité sur la gnose...

Deuxième version : sur la terre comme au ciel, le Magicien excelle. Conséquemment, il met au défi son auditoire : qu'on l'enterre bien profondément, et trois jours plus tard, il ressuscitera, d'entre les morts. On saisit l'allusion : les trois jours de délai sonnent comme un défi lancé au Christ et aux siens. Simon peut lui aussi effectuer ce genre de performance – qu'entre parenthèses les yogis réussissent avec entraînement... Pas yogi pour un sou, un peu péremptoire – on ne rivalise pas impunément avec le futur maître de l'univers visible et invisible en passe de réussir son coup... –, Simon rentre sous terre et y demeure encore à ce jour. Gageons qu'une sortie inopinée presque deux mille ans plus tard lui donnerait aujourd'hui un indéniable avantage.

2

Aimer son prochain, mais au lit. Quand il ne bluffe pas ses publics et n'utilise pas d'histoires invraisemblables pour attirer l'attention sur lui et créditer son message d'une valeur incontestable, Simon le Magicien pense. Il théorise, il avance des idées. A côté des frasques – semblables à celles de tous les acteurs de l'Antiquité, répétons-le, pas seulement les figures chrétiennes... – d'une vie quotidienne mouvementée et réjouissante, le philosophe gnostique met en place une théorie appelée à produire un nombre considérable d'effets par-delà les siècles, car il s'agit de celle de la grâce et de la prédestination – si chère à l'augustinisme, aux jansénistes, au luthéranisme et au calvinisme. Un enjeu majeur, donc.

La lecture proposée par Simon – et les gnostiques licencieux – passe par une interprétation de certains versets de Paul de Tarse. D'où la colère et l'irritation des officiels de l'Eglise, qui constatent qu'en buvant à la source chrétienne on peut trouver autre chose que des eaux croupies. Irénée de Lyon, par exemple, s'étrangle à l'idée qu'on puisse solliciter le père Fouettard de la chrétienté pour justifier des débauches sexuelles en tout genre ! Le Tarsiote haineux de la chair, détourné par ceux qui lui demandent d'accélérer le transport vers le ciel ! Un comble...

Quels sont les passages incriminés : celui de l'Epître aux Romains (VI.14) qui affirme l'absence de prise du péché sur un individu né sous le signe de la grâce et non de la loi. Egalement celui des Proverbes (I.14) qui invite à mettre en commun tout ce que l'on possède. Dont acte, précise Simon : les femmes faisant partie du patrimoine, elles doivent être communes à toutes et à tous ! Protégés par la grâce et invités au communautarisme intégral, justifiés par Paul et une vérité professée par l'Ancien Testament, il ne reste aux gnostiques qu'à conclure en construisant la théorie qui s'impose...

Dans l'ouvrage qu'on lui prête – *Révélation de la grande puissance* – Simon enseigne la liberté d'agir à sa guise : si on a la grâce, rien à craindre... Seule elle sauve, pas les œuvres. Le bien et le mal n'existent pas en soi, absolument, mais relativement à des décisions arbitraires. Le juste et l'injuste se disent seulement par convention. Qui a décidé des valeurs et des vertus sur lesquelles le commun des mortels construit son existence ? demande Simon le Magicien. Les anges... Or ces créatures elles aussi sont mauvaises. Car leur dessein, quand elles ont promulgué les vertus, était tout bonnement de réduire les hommes en esclavage.

En inversant les valeurs, en pratiquant une transmutation, on retrouve la voie du bien : le monde est mauvais, les anges aussi donc, or les valeurs procèdent des anges, elles sont donc mauvaises elles aussi. Pour tourner le dos au mal, rien de plus simple que de prendre exactement le contre-pied des enseignements de la morale traditionnelle, mauvaise elle aussi. Elle célèbre l'idéal ascétique ? Vertu mauvaise... Les gnostiques licencieux annoncent donc la bonne nouvelle : vive l'idéal hédoniste !

Faut-il s'appuyer sur les Ecritures pour justifier la suite ? Examinons le sens de l'invite du Nouveau Testament : sanctifiez-vous les uns les autres. Les gnostiques donnent la clé : laissez libre cours à vos désirs, pratiquez la sexualité plus activement que jamais. Pas seulement entre mari et femme, car n'importe qui fait l'affaire : peu importe où l'on lutine pourvu qu'on s'exécute... Cette façon de faire définit le véritable amour du prochain. L'amour parfait, le saint des saints. Le paradis des gnostiques n'attend pas demain...

L'inscription de toute action et de toute pensée par-delà le bien et le mal installe de fait au-delà de toute sanction. Pour punir, il faut un libre arbitre, un choix, une liberté. Or tout ceci manque. Les astres déterminent le cours des existences individuelles – une idée partagée par la plupart à l'époque – et Dieu désigne parmi la multitude ceux qu'il sauve. En l'occurrence les individus convaincus par l'option gnostique – tant qu'à faire... Nul besoin dès lors d'une morale répressive, de vertus qui rapetissent, de morale qui entrave, de prêtres et d'agents de cette idéologie du renoncement. Seules comptent l'affirmation, la grande santé, la volupté partagée, échangée. Simon inaugure une pensée que la philosophie alternative reprend souvent à son compte : la négation du libre arbitre, le relativisme et l'arbitraire de la morale, l'usage de son corps en ami, l'indexation de son existence sur la pulsion de vie la plus radicale et dans ses formes les plus primitives : le désir résolu dans le plaisir.

II

Basilide et « la débauche »

1

Le rire sardonique de Jésus. Basilide meurt vers 130. On ignore presque tout de lui, sinon un périple de convertisseur qui le conduit à Chypre, en Grèce, à Rome, où nombre de gnostiques officient sur le forum. Imaginons, les dates le permettent, une rencontre avec Epictète, esclave chez Epaphrodite, un affranchi de Néron – et avec d'autres philosophes stoïciens, dépositaires de la vertu romaine et de la tradition antique, si précaire et tellement menacée à cette époque par les croyances venues des déserts orientaux...

Son style le porte vers le registre intellectuel. On lui doit la création et le développement d'un nombre considérable des notions qui constituent le corpus de la gnose. Dans l'Ecole qu'il crée à Alexandrie, il s'appuie sur les enseignements de Simon le Magicien et de Ménandre, l'un de ses disciples. A l'évidence, les thèses du philosophe planant dans le ciel de Rome et celles de Basilide sont communes. Ce que l'on peut prêter à l'un se retrouve chez l'autre. Les variations ne devaient pas compter en nombre suffisant pour constituer des différences substantielles. Sur la grâce, donc, comme sur le reste.

Pourtant, Basilide se distingue d'une manière particulière. L'histoire mérite d'être contée : Jésus, dit-il, a été envoyé sur terre par le Père inengendré. Rien de très anormal pour l'instant. La scène en question se passe le jour de la mort. Les évangélistes tergiversent : soit Jésus porte seul sa croix, c'est d'ailleurs le sens du christianisme, soit Simon de Cyrène la lui porte – selon Luc –, ce qui paraît singulier : comment porter la croix d'un Sauveur ? Le philosophe gnostique met tout le monde d'accord et agit comme le plaideur des huîtres que nous savons...

Jésus disposait des pouvoirs d'un magicien, à l'évidence. Les guérisons miraculeuses témoignent. Eh bien, ce jour qui aurait pu lui être funeste, il a effectué un tour de passe-passe et emprunté la physionomie de Simon, puis donné à l'homme de Cyrène sa propre apparence. Ainsi, quand on crucifie un homme, c'est l'apparence de Jésus qu'on met à mort, mais pas sa réalité. En revanche, on sacrifie la chair de Simon de Cyrène – sans le savoir... Du moins sans que les soldats romains s'en doutent, ni Pilate, ni les Juifs, ni sa mère, ni personne. Pendant que l'image de Jésus expie et expire sur la croix, alors que Simon de Cyrène rend son dernier souffle à la place de celui qu'on croit mort pour racheter les péchés du monde,

Jésus ricane tranquillement au ciel qu'il a retrouvé pendant la montée au calvaire de son clone métaphysique... De quoi désoler l'apologétique chrétienne !

Basilide invente une hérésie qu'on nomme le docétisme. Pour les tenants de cette option – qui justifient cette singulière présence de Simon de Cyrène auprès du Crucifié – Jésus est né, mort et ressuscité en apparence. (Basilide affirme que le nom du Fils de Dieu pendant ses facéties terrestres est Caulacau.) Le docète croit que, lors de sa mort – du moins celle à laquelle croient les autres –, Jésus assiste à la crucifixion parmi le public. Se riant du bon tour joué à tous, et pour l'éternité...

2

Certitude de l'indifférence. La conversion gnostique assure l'invisibilité du gnostique. A l'évidence, les pouvoirs de Jésus alias Caulacau témoignent en ce sens et montrent quels bénéfices on peut en tirer ! Basilide tient tout pour indifférent, sur le même principe que Simon affermi par sa lecture de Paul de Tarse : la grâce suffit. Le philosophe gnostique paraît fondé à enseigner ses doctrines puisqu'il se prétend dépositaire de ses secrets – dont celui de la farce faite à Simon de Cyrène – grâce aux confidences de l'évangéliste Matthieu en personne. Comment douter d'une source si sûre ? Puisqu'il s'agit de vérités d'évangile...

Sur le terrain de la morale, Basilide tire les mêmes conclusions que Simon le Magicien : il ajoute une critique de l'Eglise naissante, du pouvoir des chrétiens, section paulinienne, il fustige la foi, critique la loi, moque les interdits et invite à une contre-morale, la seule à même de restaurer l'ordre des choses : contre le mal, choisir le bien que définit l'exact inverse des vertus enseignées par les autres, coupables d'ignorer qu'ils professent le négatif, englués depuis l'origine du monde dans la négativité.

Pas besoin de croire à de fausses valeurs. Ainsi la vérité. Pour quelles raisons devrait-on mourir pour ses idées ? Face aux persécutions, lorsqu'un tortionnaire demande une abjuration, pas utile d'aller jusqu'au martyre. Basilide invite froidement à se déjuger : il faut renoncer à ses opinions. L'indifférence aidant, il importe peu qu'une chose soit ou son contraire, seule compte la purification gnostique qui conduit à la dématérialisation de soi et à la perfection quintessenciée de son âme dissociée des impuretés matérielles.

En matière de sexualité, Basilide conclut comme Simon le Magicien : sans culpabilité, loin de tout interdit, sans souci de la morale traditionnelle, contre l'encratisme et ses thuriféraires, par-delà le bien et le mal, fidèle au principe que la bonne éthique gnostique inverse la mauvaise promulguée par les anges trompeurs – eux-mêmes trahis par le ratage du monde produit par leurs soins –, il s'agit de jeter par-dessus bord les impératifs sociaux de fidélité, de monogamie, d'affectivité même pour s'adonner à l'ascèse dans la dépense. Mais, en bon indifférent, il ajoute que l'ascèse refusant l'usage du corps vaut celle de l'épuisement...

III

Valentin
et « les semences d'élection »

1

Eloge des pneumatiques. Comment la grâce est-elle distribuée ? Et de quelle manière savoir qu'on est touché par elle ? Car tout dépend de ce savoir... Si l'on donne dans la débauche et que le doigt de Dieu nous cherche sans nous trouver, voire qu'il ne nous cherche pas car il n'a pas l'intention de nous trouver, que faire ? Les signes manquent, la certitude également. Or se tromper engage sur des voies périlleuses... Pas pour les gnostiques qui croient à la détermination astrale et qui, en conséquence, nient absolument toute possibilité du libre arbitre. Ce que je suis, je ne le choisis pas, je le subis, comme tout ce qui existe dans l'ordre de l'univers.

Le végétal, dépourvu de conscience, de raison et de langage, obéit à la loi qui préside à l'organisation du monde. Les hommes également, qui se prévalent d'une connaissance de leur « je », qui prétendent réfléchir et ne se privent pas de parler, même à tort et à travers. Mais seuls les humains, pour éviter la blessure d'orgueil, ou par ignorance, se croient libres de décider, même si tout montre qu'ils sont décidés et voulus par plus fort et plus puissant qu'eux. Dieu veut ce qui est comme il advient.

Dans l'humanité des gnostiques, trois sortes d'hommes existent – je l'ai déjà dit. Les hyliques, embourbés dans la matière, ne peuvent rien attendre du monde, trop salis par la négativité du réel ; les psychiques peuvent espérer un salut, il leur suffit de basculer du côté des élus en excitant l'âme qui en eux rend possible l'épiphanie ; ainsi deviennent-ils les pneumatiques, les initiés gnostiques évidemment. Voilà donc les élus ! Opter pour la secte transforme de fait en sujet désigné par la grâce... On ne peut trouver meilleur argument promotionnel pour rendre désirable ici et maintenant une adhésion franche et massive à la doctrine !

Le gnostique ne peut être touché par ce qui advient dans le monde trivial, bas et vulgaire. Valentin utilise une métaphore et précise que, même couverte de boue, salie par la fange, une beauté reste belle. On ne peut rien contre cette évidence. La chair en lui ? Peu importe car il a donné à son âme – cette parcelle arrachée au Feu divin et principiel, cette liaison ontologique permanente avec le monde céleste du Plérôme – le rôle principal : conduire son être hors du monde, là où la génération et la corruption, le bien et le mal, la vie et la mort cessent de signifier... Les pneumatiques disposent dès lors d'un statut d'extra-territorialité métaphysique : dans le monde, ils évoluent hors du monde.

2

Les semences d'élection. Valentin – natif de Phrébon, en Egypte – croit donc à l'existence de ce qu'il nomme des « semences d'élection », des individualités touchées par la grâce. Quand dans son école élitaire Plotin invite à une ascèse, contraint à des efforts, invite à mourir de son vivant pour renaître purifié, participant de la lumière et de l'incandescence immatérielle, Valentin propose une autre méthode pour de mêmes fins : elle donne au corps un rôle paradoxal car elle suppose la négation de la chair par son affirmation absolue. Platoniciens thanatophiles contre platoniciens biophiles. Préfiguration de la ruse de la raison hégélienne...

D'où une série d'invites à consommer la matière hostile de ce monde : l'amour sexuel, les voluptés physiques, la sensualité sans limites et le dérèglement rimbaldien de tous les sens. Seuls l'épuisement de sa propre substance, la dépense forcenée, l'économie libidinale consumée dans un genre de potlatch généralisé de ses forces, permettent la négation de la matière. Vider, se vider, répandre, se répandre et contraindre de la sorte l'étincelle divine en nous à prendre de la force jusqu'à embraser un être dépouillé de sa carnation par purification gnostique, voilà le projet.

Concrètement, Valentin lui aussi propose une transmutation des valeurs. Les païens offrent des présents aux dieux, des viandes et des fruits, des vins précieux ? Qu'on s'en empare pour boire et manger ce que de sots personnages réservent à de fausses divinités. Tous affirment la nécessité de la mesure sur le terrain sexuel ? Les gnostiques valentiniens veulent bien plutôt l'orgie, la fête, l'hystérie bachique et sans retenue. La morale dominante interdit la copulation avec les membres de sa famille ? Vive l'inceste... Elle croit au couple, à la fidélité, à la monogamie ? Que chacun cherche sa chacune là où il la trouve, peu importent les mariages ou les contrats passés au préalable... On trouve le salut seulement dans cette combustion de soi. L'orgie de Valentin conduit au même endroit que l'austérité de Plotin. Et si les deux se trompent, car il n'existe aucun endroit au bout de la route, l'un des deux chemins paraît tout de même plus réjouissant à emprunter...

IV

Carpocrate et « l'amour »

1

Réincarnations libidinales. Carpocrate enseigne dans la seconde moitié du Ier siècle. Il vit à Alexandrie, un vivier gnostique, sous le règne d'Hadrien. Irénée de Lyon rapporte que ses disciples portent une marque particulière effectuée au fer rouge derrière le lobe de l'oreille droite. La tradition le présente comme platonicien et, à l'évidence, sa théorie de la transmigration des âmes emprunte aux fidèles de Platon – mais, on le sait, à Pythagore également. Toutefois il ajoute à la tradition et, avec ce supplément, il renverse le platonisme...

En effet, le *Phédon* enseigne que les âmes changent de corps après la mort et se réincarnent dans un autre être – ou dans un animal – en fonction des mérites accumulés pendant l'existence. Thèse bouddhiste d'ailleurs, soit dit en passant... L'intempérant et le jouisseur risquent l'enfermement de leur âme dans la carcasse d'un âne ou d'un porc ; le sage, en revanche, – entendre : le philosophe platonicien... – peut même espérer se débarrasser de la nécessité d'un support matériel et escompter son union heureuse au principe intelligible premier.

Carpocrate affirme la même chose, mais l'inverse. Même chose : après la séparation de l'âme et du corps qui définit la mort, le principe immatériel part en quête d'une nouvelle chair à hanter. Le nouveau support dépend du genre d'existence mené par le jeune défunt. Jusque-là, les thèses coïncident. L'inverse : Platon croit que plus on purifie dans le renoncement, plus le mérite est grand, Carpocrate affirme à rebours que la purification doit s'effectuer, certes, mais dans le contraire de l'ascèse, à savoir la débauche...

Ainsi, le philosophe gnostique pense que les âmes changent de corps jusqu'à ce qu'elles aient commis tous les péchés possibles et imaginables. Quand le pire est certain, que l'accumulation de négativité arrive à son maximum avec une réelle saturation de fautes, le salut apparaît. Mais seulement dans ces circonstances. Pas besoin d'aller chercher plus loin : on obtient son salut de pneumatique en épuisant la négativité. Une fois ce travail effectué, l'âme remonte vers Dieu qui existe bien au-dessus des anges créateurs du monde, ces fautifs responsables de la chute dans le temps et la matière.

Certes, l'entreprise peut prendre du temps. Tout dépend de l'ardeur de l'impétrant à commettre orgies, débauches, incestes et autres maléfices aux yeux des tenants de l'idéal ascétique et de la morale moralisatrice. Mais à ce jeu, personne ne perd, tout le monde gagne : il n'existe aucune âme, aucune individualité qui échappe à ce processus de purification par le pire. Gageons même que la proximité de certains avec le Plérôme paraît plus grande que celle de beaucoup d'autres...

Si une âme décide de se livrer à tous les vices au cours de sa première existence, alors elle peut espérer n'avoir pas besoin d'une série d'incarnations dans les temps à venir. Une seule suffit ! Elle n'aura pas besoin d'un cycle nouveau à accomplir dans un monde où règne le mal en tout et partout. Le paiement de toutes ses dettes ontologiques d'un seul coup efface l'obligation d'une longue ascèse. Le salut prend donc un temps relatif à la détermination du sujet...

2

Les partouzes philosophiques. Ce qui sauve ? L'amour. Evidemment, pas l'amour du prochain des chrétiens qui suppose l'*agapé*, non, l'amour grec, *éros*, qui ne cache pas son origine ni sa définition : le corps, la chair, la sexualité pratiquée sans complexe, avant la police catholique de Paul et son cortège de suivants, les trop nombreux Pères de l'Eglise. La foi et l'amour, rien d'autre, le reste est indifférent car étranger à ce qui sauve.

Dans l'arsenal des destructions gnostiques, on

trouve la propriété. Les chrétiens pauliniens ne la critiquent pas. De plus, très tôt d'ailleurs, ils l'aiment et composent avec dans des épousailles obscènes. La gnose écarte cette option. Les carpocratiens appellent à détruire toute possession et toute propriété privée. En disciples d'un Platon dont on oublie qu'il préconise dans la *République* la communauté des biens et des femmes, les fidèles de Carpocrate défendent de semblables idées. Abolition de la propriété et du mariage – sa version sexuelle.

Autres options fustigées, le jeûne, la privation et les mortifications, nullement utiles et pour quelques raisons que ce soit. Clément d'Alexandrie rapporte dans ses *Stromates* comment les gnostiques se retrouvent dans des banquets où ils consomment des nourritures aphrodisiaques avant d'éteindre les lumières et de s'unir de toutes les façons possibles avec tous les partenaires pensables, au gré des hasards de l'obscurité. Un genre de communisme réalisé... Une « pratique de chiens, de porcs et de boucs », écrit pour sa part le Père de l'Eglise...

V

Épiphane et « le désir impérieux »

Un Rimbaud gnostique. Carpocrate a eu un fils nommé Epiphane – à ne pas confondre avec saint Epiphane, l'auteur de sévères réfutations des hérésies dans un ouvrage intitulé *Panarion ou la Boîte à remèdes contre toutes les hérésies*... D'Alexandrie par son père, de Céphalonie par sa mère – Samé plus particulièrement –, il hérite via son géniteur d'une culture encyclopédique. Avant l'âge de dix-sept ans il écrit un ouvrage intitulé *De la justice*, un brûlot qui semble pouvoir être dit anarchiste tant il voue aux gémonies les dieux de papier, d'argent et de fumée célébrés par la plupart des vivants. Il meurt à l'âge de dix-sept ans. Il semble qu'on l'honorait tel un dieu, avec temples, autels, sanctuaire, musée, fêtes, sacrifices, libations, banquets, chants, hymnes...

Clément d'Alexandrie, toujours acharné à critiquer les gnostiques, sauve miraculeusement quelques-unes des idées défendues dans l'unique ouvrage de ce « Rimbaud gnostique », comme l'écrit joliment Jacques Lacarrière. Parmi celles-ci, l'abolition de la propriété et la critique radicale de l'injustice. Une occasion de montrer la différence avec le christianisme, que la pauvreté, la misère, la douleur sociale excitent comme autant d'occasions d'exercer la patience avant le ciel. On saisit aussi pourquoi l'Empire peut donner sa chance aux sectateurs de Jésus, pas à ceux de Carpocrate ou d'Epiphane...

Dans la même veine que son père, il défend la communauté des femmes, critique toutes les formes de propriété, le mariage et la monogamie, bien sûr, et il effectue un éloge du désir impérieux – dixit l'ineffable Clément d'Alexandrie – sur le principe que Dieu ne peut avoir donné aux hommes le désir et le plaisir pour les leur reprendre... En vertu de quel caprice, en effet, et selon quelle logique insane Dieu pourrait-il agir ainsi ? Qu'on use donc de ce cadeau de Dieu, justement, pour fuir ce monde infesté de Mal à cause des mauvais démiurges...

VI

Cérinthe et « la satisfaction du ventre »

Jésus hédoniste... Cérinthe passe rapidement au travers des dents du râteau patrologique... Il passe à peine. Tout juste cité, aussitôt disparu. Et encore, par le seul Hippolyte de Rome qui règle son cas en quelques lignes succinctes... Assez pour entrapercevoir une idée intéressante. Rien sur la biographie, on s'en doute. Mais cette idée singulière : pour ce gnostique à peine visible, le royaume du Christ sera terrestre. Après la résurrection, point de vie éternelle, de corps glorieux, d'âme sans corps, ou l'inverse, pas de mythes ou de fictions, juste cette idée simple : un salut sur la terre, dans les conditions de l'existence que nous connaissons.

L'idée, d'ailleurs, a séduit assez pour qu'au moment de la construction du mythe de Jésus on songe à faire de cette option immanente la règle et la loi. Sur le mode du prophétisme et du millénarisme de certaines sectes juives, l'affirmation d'une autre vie, ignorant la mort et la négativité, après la venue du Messie et son expiation sur la croix, mais sur terre, ne semblait pas dépourvue de fondement. Jésus revenu à Jérusalem sous forme charnelle connaîtra l'empire des passions et des désirs, des pulsions et des plaisirs d'un corps d'homme à un point tel qu'il en deviendra l'esclave, affirme Cérinthe. A rebours de la figuration picturale plusieurs fois séculaire d'un Dieu fait homme, mais incapable d'explorer ce qui définit l'humanité d'un homme dans ses activités les moins nobles : manger, boire – autre chose que des symboles –, rire, copuler, déféquer, etc.

Cérinthe donne d'ailleurs des détails : boissons à volonté, nourriture en quantité non mesurée, sexualité libertaire intégrale et fêtes généralisées. Selon ce joyeux drille, les agapes et les orgies dureraient mille ans... L'évêque de Rome, on s'en doute, discrédite le philosophe gnostique, trouvant à l'origine de ses idées le seul et coupable élargissement de ses passions dont il ne connaissait que celles du ventre et du bas-ventre. A sa décharge, qui d'ailleurs philosophe autrement qu'en faisant de son cas une généralité ?

VII

Marc
et « les femmes élégantes »

De la coupe aux lèvres. Même passage rapide dans les galeries de portraits gnostiques que Carpocrate et Epiphane, Marc laisse peu de traces et aucune sur le terrain des idées. Sauf peut-être une option féministe – encore que son intérêt pour les femmes paraisse relever plus de son plaisir et de son caprice que d'une réelle décision métaphysique. Les gnostiques dans leur ensemble accordent au féminin une place importante. A égalité avec le masculin, car les deux se nécessitent pour exister véritablement. De même, dans l'invite faite aux orgies, aux fêtes sexuelles généralisées, les femmes valent moins comme des singularités, des subjectivités distinctes que comme des quintessences : elles incarnent le Féminin, la Féminité à laquelle un culte est voué.

Voilà pourquoi on retrouve Marc le Magicien aux côtés des femmes les plus belles – confesse Irénée. Le primat des Gaules précise que jusque dans sa contrée du Rhône, Marc a accumulé les victimes. Charmantes, élégantes, riches, il les initie à ses pratiques merveilleuses – ou magiques... – avec des coupes dans lesquelles il transvase des liquides rouges pour laisser croire qu'il saigne. Marqué par les stigmates, il peut dès lors prophétiser. Quand elles se croient initiées, rapporte l'évêque de Lyon, elles lâchent la bonde à un torrent verbal... Quel spectacle !

A ces talents, il ajoute une passion de jongleur pour les chiffres et les lettres, les jeux de langage et les assonances. Un genre de Lacan avant l'heure... Aux femmes qui le suivent, il confère le même pouvoir de divinisation que le sien. Et en use pour son ascèse orgiaque au passage... Quand elles reçoivent les « Semences de la lumière », elles bénéficient aussi d'un bonus moins lumineux. Parfois elles ajoutent dans la poche du philosophe des deniers sonnants et trébuchants ! Disent les malfaisants...

VIII

Nicolas et « la vie sans retenue »

1

Le goût des autres. Nicolas passe pour être l'un des sept premiers diacres choisis par les apôtres. Du beau monde, donc. L'Apocalypse de Jean le présente comme un homme vivant sans retenue. Le détail des pratiques licencieuses, on l'imagine. On ignore ce qui distingue toutes les sectes, ce qui correspond à un philosophe vaut globalement pour l'autre. Le puzzle se reconstitue de la sorte : dans la communauté des gnostiques licencieux, on pense de manière semblable – le monde est mauvais, le salut passe par l'épuisement des possibilités du corps, la grâce libère de toute culpabilité, l'action gnostique s'écrit par-delà le bien et le mal.

En matière de sexualités collectives, on imagine dans un premier temps ce qui peut être fait. Ou retenu contre eux par les instituteurs très chrétiens. Pas besoin de donner de précisions. En revanche, pour ceux qui manquent d'imagination, ajoutons quelques détails sur les pratiques des Barbélognostiques. Elles permettent de mesurer combien l'inversion des valeurs va jusqu'à son terme transgressif.

Passe encore pour les spermatophagies. Les banquets collectifs après extinction des feux supposent en effet ces pratiques acquises. Des fidèles extraient la semence des hommes – on ne donne pas de précisions sur les techniques et méthodes, elles paraissent couler de source –, la présentent en une forme d'élévation en direction du Plérôme, puis communient avec ce liquide béni des dieux gnostiques. Cette énergie vidée du corps, ramassée, concentrée, acquiert ainsi une puissance particulière qui crédite l'offrande d'une efficacité sans nom.

Pourquoi donc s'interdire la même chose avec les femmes ? Non pas avec le sperme féminin – une invention d'Aristote – mais avec le sang des menstrues ? En effet, la liqueur séminale correspond à l'émission des flux menstruels. Ainsi les disciples communient en joignant l'utile à l'agréable, certes, mais aussi le masculin au féminin, trouvaille ontologique de première importance, car elle assure la reconstitution des unités perdues. Nicolas semble inventer cette communion des saints d'un genre particulier.

2

Le pâté de fœtus. Pour justifier ses théories, il s'appuie sur une divinité – Prounikos, ou Barbélo son autre nom – dont la beauté cause la guerre entre les anges, eux aussi concernés par la négativité qui sature la planète – seul Dieu échappe au massacre. Les gnostiques vouent un culte particulier à cette puissance dont l'étymologie signale la luxure, la corruption – un « rot de réjouissance et de débauche », écrit saint Epiphane dans sa *Boîte à remèdes* contre les hérésies...

Les eucharisties libidinales permettent l'ingestion des puissances concentrées de Barbélo afin de rendre possible une accélération de l'ascension vers le Plérôme. Avec le sperme, les officiants annoncent le corps du Christ, avec l'hémoglobine menstruelle, son sang. Les deux réunis permettent une offrande quintessenciée et substantielle. Nul doute que la patience des Pères de l'Eglise soucieux de briser les corps ait été rudement mise à l'épreuve. Mais tout n'est pas encore dit...

Car les gnostiques licencieux pensent la plupart du temps que dans un monde pareil, voué au mal, la procréation augmente la négativité. D'où leur éloge de pratiques contraceptives. D'ailleurs on peut croire sans trop se tromper que les philtres dont parle la tradition patrologique pouvaient désigner pour partie les breuvages et décoctions utilisés à l'époque pour empêcher la fécondation. Les techniques étaient au point. Les prostituées en usaient au quotidien.

Quand les spermatophagies – des moyens contraceptifs efficaces... – ne suffisent pas, ni les précautions médicales, les gnostiques poussent jusqu'au bout leur ontologie du négatif réalisé afin de le supprimer : ils extraient à la main le fœtus dans le ventre de la barbélognostique engrossée. Lorsqu'ils récupèrent l'avorton, ils le broient dans un mortier, le mélangent à du miel, des condiments, du poivre et des huiles parfumées, afin de confectionner un genre de pâté. Evidemment, dans les cérémonies où le sperme et les menstrues coulent à flot, si l'on en croit saint Epiphane, les fidèles mangent cette cuisine ontologique. Pour le plus grand bien de leur ascèse, bien sûr...

3

Effacement du gnosticisme. Constantin devenu empereur, il demande à Eusèbe de Césarée, l'intellectuel au service du Prince par excellence, de transcrire des textes afin d'unifier le christianisme. Vingt-sept sont retenus dans la multitude afin de créer l'ébauche d'un Nouveau Testament définitif. Les écrits gnostiques – hérésiarques, selon la décision de l'Empire – disparaissent de la circulation. Les gnostiques, persécutés comme hérétiques et païens, subissent les foudres chrétiennes : destruction des bibliothèques, autodafés, inquisitions des autorités, passages à tabac, tortures – on l'a vu. Les ralliements au christianisme se font en masse. Les attraits d'un partage du pouvoir ou d'une participation à celui-ci rendent l'abjuration ou la conversion désirables aux âmes cupides...

Dans ces conditions, la pensée gnostique s'efface, mais ne disparaît pas. Au VIIIe siècle, en plein haut Moyen Age, les Euchites, une secte parmi d'autres, persiste à la tenir en vie. Donc la tradition hédoniste perdure. Ils récusent le jeûne, refusent de travailler, subsistent de mendicité, vivent en commun, vagabondent, pratiquent la communauté des femmes et des biens. Ils rejettent toute obéissance à quelque autorité que ce soit. Insoumis, ils exercent une liberté radicale. Loin des villes d'Egypte où le danger est grand, ils se réunissent dans les villages de montagne, en retrait. Dans les villes, les évêques chrétiens règnent sans partage, ils disposent du glaive et de toute licence pour en user. Sans jamais s'en priver. La gnose passe des villes à la campagne, puis des déserts orientaux aux climats européens. Les Frères et Sœurs du Libre-Esprit reprennent le flambeau...

DEUXIÈME TEMPS

Une clarté médiévale

1

Le troisième fléau. Une catastrophe n'arrivant jamais seule, le christianisme à peine aux affaires, l'islam voit le jour. Aux bûchers et brasiers, autodafés et salles de tortures des sectateurs de Jésus s'ajoute désormais la violence de Mahomet, guerrier sans pitié, pourfendeur de femmes, haineux du corps, dépréciateur de l'ici-bas au nom d'un au-delà de carton-pâte, inventeur de rituels dont l'observance pourrit la vie quotidienne. Juifs, catholiques et musulmans commencent une guerre fratricide entre eux bien qu'ils vendent globalement la même haine du monde.

Le haut Moyen Age des ultimes gnostiques correspond à l'époque où Mahomet quitte La Mecque, où il subit des persécutions, pour s'installer à Médine. La Nuit du 16 juillet 622 marque le point de départ de l'ère musulmane : l'Hégire – la Fuite. Bien que Prophète choyé par Allah, Mahomet meurt, sans façon, en 632. En France, Dagobert sévit, des abbayes sortent de terre. Calme plat philosophique. Même remarque pour les arts et lettres...

Quelques années suffisent à l'islam pour conquérir un nombre considérable de pays : à la mort du Prophète, l'essentiel de l'Arabie est pris. Le Premier calife (632 à 651) emporte la Perse – l'Iran –, l'Irak, la Syrie, l'Arménie, l'Egypte, la Cyrénaïque – la Libye. Les Omeyyades (651-750) ajoutent une partie de l'Asie Mineure, le Maghreb – Tunisie, Algérie, Maroc d'aujourd'hui –, mais aussi le Portugal et l'Espagne. En 719, les musulmans franchissent les Pyrénées. Charles Martel les arrête à Poitiers en 732. Damas, Bagdad, Antioche, Jérusalem, Alexandrie, Constantine, Oran, Saragosse vivent à l'ombre des minarets... Carcassonne, Autun, Toulouse aussi.

Venus du nord, les Vikings conquièrent eux aussi à tour de bras. En 885, quarante mille font le siège de Paris. Une somme d'argent substantielle les décide à quitter l'endroit et à poursuivre vers le sud. Direction la Bourgogne, pillée et saccagée. La côte aquitaine, la Bretagne, l'embouchure de la Seine, Tours, Rouen, la Normandie, l'Auvergne, la Champagne, la Belgique, Reims y passent. Pendant ce temps, pestes et famines ravagent l'Europe...

Les chrétiens continuent leur expansion et leurs exactions. Les vaudois, les manichéens, plus tard les cathares, brûlent sous le prétexte qu'ils sacrifient à des doctrines hérétiques. En 1324 Bernard Gui rédige son *Manuel des inquisiteurs*, que parfait Nicolau Eymerich en 1376. L'hérétique se définit comme l'individu qui s'oppose à un article de foi (la Trinité ou l'Incarnation, par exemple), à une vérité déclarée par l'Eglise (le Saint-Esprit ne procède pas du Père ; l'usure n'est pas un péché), au contenu des livres canoniques (Dieu n'a pas créé le ciel et la terre ; Jésus n'a pas envoyé de disciples prêcher). Soit : celui qui refuse les symboles de la foi, les décrets de l'Eglise et les livres sacrés. Autant dire, l'hérétique qualifie celui qui s'oppose au clergé, aux prêtres, aux évêques, au pape...

La philosophie, inexistante depuis la christianisation de l'Empire, réapparaît au XIIe siècle, période florissante où officient Abélard, Pierre Lombard, Alain de Lille, Moïse Maimonide, Averroès. Les textes d'Aristote arrivent en Occident avec les Arabes, et la lecture de la *Métaphysique*, de la *Politique* et de l'*Ethique à Nicomaque* permet à la réflexion de s'émanciper un tout petit peu de l'orthodoxie imposée par la religion. On ose déchiffrer la nature en s'y référant directement sans passer par ce qu'en disent les Ecritures, on avance très doucement vers une laïcisation de la pensée. Boèce de Dacie (XIIIe) affirme que la philosophie vaut comme une fin en soi, sans obligation de se soumettre à la théologie. Roger Bacon (XIIIe) propose une science expérimentale. Dante (XIII-XIVe) et Marsile de Padoue (XIVe) invitent à séparer spirituel et temporel.

Certes, cette pensée reste idéaliste, spiritualiste, chrétienne dans le fond. La forme suppose des discussions effectuées dans les universités, des exposés commentés, discutés, précisés, formatés et recopiés par les étudiants. Les livres coûtent cher – l'équivalent d'un mois et demi de salaire d'un artisan du bâtiment pour un volume –, ils circulent peu, sont rarement sûrs, souvent fautifs, incomplets. L'ensemble demeure chrétien. Pas question d'athéisme, de matérialisme, d'épicurisme. L'ombre du bûcher menace quiconque déroge aux diktats de l'Eglise et de ses officiels, toujours secondés par le délateur, le voisin sycophante, une créature intempestive.

2

Une clarté médiévale. Pourtant, dans ce climat hostile à la pensée libre, des individus aux identités presque effacées aujourd'hui portent haut le flambeau d'une philosophie hédoniste – c'est-à-dire qui passe par le corps et ne le méprise pas. Mieux : qui en fait l'instrument du salut et de la joie. Ce courant se nomme le Libre-Esprit. Evidemment, l'histoire officielle de la philosophie l'ignore. Parfois elle le cite vaguement, mais pour retenir le nom des moins radicaux et recycler le mouvement dans un tableau de l'époque intellectuelle où il vaut comme d'autres sensibilités – réalisme, nominalisme, occamisme, averroïsme, thomisme...

Les Frères et Sœurs du Libre-Esprit désignent un certain nombre d'hommes et de femmes qui enseignent dans une relative clandestinité – on les comprend... – pendant quatre siècles : du XIIIe siècle de saint Bonaventure au XVIe siècle de Rabelais et

Montaigne. Leur nombre peut être considérable – plusieurs milliers –, leurs formations diverses – clercs ou artisans, lettrés ou illettrés –, leurs rayons d'action extrêmement étendus – de l'Italie à l'Ecosse, de l'Espagne des Alumbrados aux Picards et Adamites de Bohême, en passant par les Béguines et Bégards des Pays-Bas, ceux de Belgique et autres libertins de France et d'Allemagne –, et leurs destins divers – de la trahison qui génère le collaborateur, à l'héroïsme discret d'une mort sur le bûcher, en passant par un talent accompli pour l'usage d'une rhétorique qui permet d'éviter ou de se libérer des griffes de l'Inquisition, puis de retourner à la vie normale...

Le Libre-Esprit dessine la première philosophie européenne cohérente. Là où d'autres proposent des thèses diverses, multiples, voire contradictoires, le Libre-Esprit effectue des variations, certes, mais toujours sur le même thème : l'être-dieu de l'homme, sa divinité depuis la crucifixion de Jésus ayant racheté tous les péchés du monde, de toutes et de tous, et pour toujours. Depuis ce jour, plus aucune action pécheresse n'est possible ou pensable. La négativité suffit dans la vie quotidienne où elle agit avec déjà trop d'efficacité. Nul besoin d'en rajouter en transformant l'existence en vallée de larmes dans laquelle il faudrait expier, donc souffrir.

L'homme se retrouve donc divin, ses actions et ses pensées coïncident avec l'être et le vouloir de Dieu. Dieu ne se pense pas de manière séparée du réel car il est le réel dans toutes ses modalités : une individualité, ses paroles, ses gestes, ses silences, une pierre, un arbre, toutes les pierres, tous les arbres, rien n'échappe à Dieu puisque tout est Dieu. Ce panthéisme anéantit la morale, il annihile les valeurs et rend caducs les vices et les vertus. Conséquences logiques : tout ce qui advient advient par-delà le bien et le mal, dans une logique que Nietzsche dira de « l'innocence du devenir ».

Les uns défendent l'ascétisme, d'autres la pauvreté ; ici on vante le dépouillement, là l'austérité. Mais chaque fois, il s'agit de préparer l'accès à un état nouveau : celui de la perfection du spirituel désormais inaccessible au mal, à la faute, au péché, au remords, à la culpabilité. On ne sauve pas quelqu'un qui l'a déjà été, à moins de signifier l'inefficacité du premier salut... Le Libre-Esprit bataille contre la répression de la vie organisée par l'Eglise au nom d'une religion qui hait la chair. Il veut le plaisir et le désir libres, le corps libéré.

3

D'introuvables racines. A l'évidence, les sources du Libre-Esprit posent problème. Aucun texte ne subsiste aujourd'hui dont on pourrait dire qu'il constitue un manifeste. Jadis, Walter de Hollande a écrit un ouvrage intitulé *Des neuf rochers spirituels*, que les béguines et bégards considéraient comme un bréviaire du Libre-Esprit. Mais ces pages sont perdues... Restent des allusions, des textes dans lesquels une partie de la rare critique croit débusquer dans telle ou telle fusée l'enseignement d'un Frère ou d'une Sœur. Ainsi du livre de Maître Eckart *Telle était sœur Katrei* ou des pages consacrées par Martin Luther *Aux chrétiens d'Anvers*, celles encore de Calvin intitulées *Contre la secte fantastique et furieuse des Libertins qui se nomment spirituels*, dans lesquelles certains voient des attaques en règle de tel ou tel sans qu'aucun nom soit pourtant jamais cité.

De même, le goût du secret des libertins spirituels empêche que le détail de leurs pensées ou de leurs pratiques soit parvenu jusqu'à nous. Le risque couru à l'époque interdit toute publicité pour l'activité hérétique, qui conduit immanquablement au bûcher. On ne se risque pas à rendre publics des propos, des idées et des enseignements si subversifs qu'ils choquent aussi bien le pouvoir temporel que le spirituel – il est vrai confondus à l'époque... La pratique est sectaire, comme chez les gnostiques, et suppose la cooptation de membres sûrs. Les sectateurs recourent d'ailleurs à des signes de reconnaissance – là encore à la manière gnostique. De plus, le fait que les libelles étaient écrits à l'époque sur des supports fragiles et dégradables, et la dangerosité de les conserver en ces temps de christianisme inquisiteur, expliquent la disparition des sources directes.

Restent des témoignages indirects et parfois peu sûrs. D'abord des ouvrages qui attaquent et condamnent. Ils instruisent plutôt à charge et on ignore si parfois ils ne noircissent pas le tableau à des fins apologétiques chrétiennes... Même remarque pour les actes des procès et autres minutes écrites sous la dictée pendant les séances d'interrogatoires ou de tortures avant les nombreuses condamnations à mort auxquelles les tenants du Libre-Esprit font face. Que penser également des rétractations de libertins passés de l'autre côté et devenus collaborateurs du pouvoir catholique ? Leurs aveux pèsent-ils plus lourd que leur courage ?

4

L'esprit de liberté. D'où vient l'expression « Libre-Esprit » ? On voit également « Nouvel Esprit », « Esprit de Liberté », « Liberté par l'Esprit », utilisés pour signifier la même chose. L'expression procède des inventions de l'Eglise, habituée à nommer ce qui lui échappe pour mieux le circonscrire et le combattre. Le *Manuel des inquisiteurs* d'Eymerich établit ainsi des listes dans lesquels apparaissent des Pneumatomaques, pour qui Père et Fils sont Dieu, mais pas le Saint-Esprit ; des Papianistes, qui croient que mille ans après sa mort le Christ réinstaurera le royaume des Juifs avec des élus ; des Pépuzites, qui consacrent du lait et non du vin pendant la messe, au contraire des Hydroparastates, amateurs d'eau pour les calices ; des Messaliniens – ou Euchytes, ou Enthousiastes –, qui passent toute leur vie à prier sans aucune autre activité ; les Audiens, pour qui la divinité a forme humaine ; des Tascodrogites, qui vénèrent deux putains ; des Apotactiques, qui détestent les gens mariés et quiconque possède quelque chose en propre.

La manie classificatrice des régimes autoritaires qui veulent nommer ce qu'ils condamnent se trouve probablement à l'origine de l'expression, qui n'existe pas en même temps que la chose à ses débuts – le XIIIe siècle – mais au fur et à mesure du temps qui passe.

On peut conjecturer que le Libre-Esprit se forge sur le modèle du Saint-Esprit. Le second qualifie la providence divine sur le monde, il est l'esprit de Dieu qui révèle aux âmes les secrets divins. Le Saint-Esprit préside à la conception et au baptême de Jésus. Plus tard, il descend sur les disciples réunis au cénacle et se communique aux nouveaux croyants. De sorte qu'on peut inférer qu'inversement le Libre-Esprit manifeste la puissance de l'homme sur le monde, qu'il désigne l'intelligence et la raison humaines, appliquées au réel, et que, de la sorte, il explicite ce qui passe aux yeux des autres pour des mystères. Lui aussi lierait les adhérents nouveaux à la doctrine... Un anti-Saint-Esprit qui descend le ciel sur terre et installe chaque homme au centre du monde, à la manière de Dieu...

De même, l'expression ne peut pas ne pas être mise en relation avec les mouvements millénaristes, notamment ceux de Joachim de Flore, un mystique italien du XIIe siècle pour qui l'Histoire a déjà connu deux époques : la première, l'âge de la loi et de l'Ancien Testament, est le temps de Dieu le Père, d'Adam à Noé, pendant lequel les hommes vivent selon la chair, dans la crainte et l'esclavage ; la deuxième, l'âge de la grâce, celui du Nouveau Testament, c'est le temps du Fils : il va d'Elisée à la révélation du

Christ ; pendant ces siècles, les hommes vivent selon la chair et l'esprit dans la foi ; une troisième époque, procédant dialectiquement des deux précédentes, s'ouvre avec le temps du monachisme de saint Benoît : le temps du Saint-Esprit qui se vivra dans la charité, la liberté et l'innocence renouvelée de toute l'humanité. Le retour du prophète Elie marquera cet âge nouveau. Pour Joachim de Flore, le temps du Fils est dépassé. L'Eglise spirituelle va remplacer sa formule temporelle et visible. Ces thèses, exposées dans le *Livre de concordance de l'Ancien et du Nouveau Testament*, produisent chez les libertins spirituels une matrice dans laquelle ils inscrivent leur propre dialectique.

Frères et Sœurs du Libre-Esprit adhèrent à ce schéma d'une lecture poético-rationnelle de l'Histoire. A leurs yeux, le plan de Dieu est moins linéaire, comme l'enseigne le catholicisme apostolique et romain, que cyclique. Le temps advenu bouleverse les repères et permet d'envisager l'abolition des Ecritures. Une inversion des valeurs se trouve induite et légitimée par cette logique singulière : là où l'Eglise enseigne la pauvreté, la chasteté et l'obéissance pour les membres du clergé et pour ses fidèles, les partisans du Libre-Esprit effectuent une transvaluation. De sorte qu'ils célèbrent le luxe, le raffinement, les plaisirs, la sexualité absolument libre et le refus de reconnaître quelque autorité que ce soit : la loi des hommes contre les lois de Dieu.

Enfin, ce Libre-Esprit interprète librement les Ecritures. Il prend l'Eglise à son propre jeu en prélevant dans les textes vétérotestamentaires ou les Evangiles, voire les Epîtres de Paul, des extraits à l'aide desquels il fonde son édifice libertin. Les Béatitudes enseignent que les simples d'esprit augmentent la rapidité de leur cheminement vers les cieux ? Les partisans du Libre-Esprit invitent à délaisser les Ecritures et à retrouver l'innocence primitive. Paul affirme que nous sommes le temple de Dieu ? Les béguines et bégards, les amauriciens et les loïstes, puis d'autres sectaires libertins, le prennent au mot et transforment le corps en réceptacle du divin en l'homme. Jean enseigne que naître de Dieu empêche d'être souillé par le péché car en chacun reste toujours la trace de la divinité ? Le Libre-Esprit conclut que la grâce subsiste et que les actes comptent pour rien, jamais...

IX

Amaury de Bène et « la sanctification de la vie courante »

1

Déjà rédimés... Dès 851, Jean Scot Erigène le philosophe irlandais l'affirme dans *De la prédestination* : Dieu ne prévoit ni les péchés ni les peines car ces deux fictions relèvent du néant ; l'enfer n'existe pas, ou alors il nomme le remords qui nous travaille intérieurement. Quelques ennuis avec l'Eglise, évidemment, et le philosophe passe un certain temps à se faire oublier en effectuant des traductions dans lesquelles il montre son orthodoxie... Un homme se réclame de ces thèses extraordinaires quatre siècles plus tard. Il se nomme Amaury de Bène – un village près de Chartres où il voit le jour. Dans ce XIIIe siècle confit en dévotion catholique, il tire des conclusions radicales de ces hypothèses scotistes.

A ses yeux, les chrétiens ont souffert réellement avec le Christ le supplice de la Croix. De sorte que leur présence auprès de celui qui se présente comme l'agneau de Dieu, le bouc émissaire sacrifié pour effacer les péchés du monde, les a transfigurés en Parfaits désormais incapables de pécher. Rachetés une bonne fois pour toutes, il n'y a désormais aucune raison pour transformer l'existence en occasion de rachat. Une vie de pénitence ne se défend aucunement, c'est un non-sens, une contradiction. On ne paie pas deux fois une dette déjà honorée.

D'où, chez Amaury, un refus des sacrements. A quoi en effet peut bien servir le baptême, qui se propose de contrecarrer le pouvoir du mal issu de la faute commise au Paradis ? Même remarque pour l'eucharistie : rejouer symboliquement la scène du sacrifice n'offre aucune espèce de pertinence. Pas plus l'extrême-onction, administrée au mourant pour le libérer de ses fautes avant d'affronter le jugement de Dieu. Idem avec la confirmation des adolescents, le mariage des adultes, la pénitence des croyants ou l'ordre du moine voué à une vie de contemplation ou d'action tournée vers Dieu. Ces sept sacrements, Amaury les récuse, les refuse.

D'où un combat sans merci contre les professionnels de l'Eglise, les prêtres en premier lieu, ceux qui assurent la loi chrétienne dans la vie quotidienne, mais aussi la hiérarchie catholique, jusqu'à son sommet : le pape. Le Libre-Esprit constate que le clergé domine le petit peuple, les gens de peu, avec des fictions qui lui permettent de justifier les punitions, la servitude, l'esclavage, la domination. Le péché génère la culpabilité, qui travaille le corps dans le sens de la haine de soi. Dieu ne ressemble en rien à une figure anthropomorphe, il ne demande ni n'exige, ne punit ni ne damne, ne hait ni ne connaît le courroux.

2

L'Homme est Dieu. Car le Dieu de l'Eglise catholique a été fabriqué pour légitimer l'empire sur les âmes, donc sur les corps. Lecteur de Scot Erigène, clerc qui enseigne la philosophie et la théologie à Paris, connaisseur des classiques de la philosophie, Amaury de Bène enseigne le Dieu des philosophes, aucunement celui d'Abraham ou de Jacob. Sa définition de Dieu relève de ce qu'on appelle, depuis, un panthéisme. Celui de Spinoza n'est pas loin – celui des athées qui le définissent comme une pure fiction, non plus... Dieu est partout, mais nulle part en particulier ; il est en lui-même, mais ailleurs également ; il accomplit tout en lui, chaque moment du réel coïncide avec lui.

Dieu est donc dans toute chose, ainsi il est corruptible, mais éternel en même temps. Car tout meurt mais renaît, disparaît dans sa complexion, mais réapparaît dans une autre figuration, un autre agencement. Le corps du Seigneur, par exemple, n'a pas définitivement disparu après sa mort car il est réapparu sous forme de réel, confondu intégralement à lui. Vivre, c'est immanquablement vivre en lui. Impossible d'y échapper. Le spirituel connaît cette vérité. Et fort de ce savoir, il vit réconcilié avec lui, les autres et le monde, car ce qu'il est, ce qu'il fait, voilà Dieu. Cette vision du monde conduit à une totale économie du clergé : pour quoi faire ? Nul ne doit montrer la voie, indiquer la direction. L'existence suffit. Être au monde, c'est être en Dieu. De sorte que pour être en Dieu, il suffit d'être au monde – et pas du tout d'obéir aux injonctions papales.

Dans une logique panthéiste, il n'existe pas de séparation entre le monde, Dieu et les hommes. Le nom de l'un correspond à celui des autres : la nature, c'est Dieu ; les hommes, c'est la nature ; Dieu, c'est les hommes. Une seule substance existe, le réel se réduit aux modifications, aux variations de cette substance unique. L'étoffe des choses ne se distingue aucunement de celle de Dieu. Comment dès lors pourrait-il juger, condamner, envoyer en enfer ou au paradis, agir en puissance jalouse, mauvaise et colérique ?

3

Décoder les allégories. D'où une lecture du christianisme qui suppose le décodage des allégories. Les Ecritures parlent de manière obscure, polymorphe. Le Libre-Esprit ne nie pas l'enfer ou le paradis en tant que tels, mais il en récuse les définitions catholiques, apostoliques et romaines. L'enfer ? Bien sûr il existe, mais c'est une métaphore de l'ignorance, sûrement pas une géographie chtonienne où brûlent pour l'éternité des êtres qui expient leurs péchés. Ne pas savoir, voilà sa définition. Le paradis ? Certes, mais ce n'est nullement un lieu perdu susceptible d'être rejoint un jour, après macérations, souffrances et salut. En revanche il coïncide avec la connaissance de la vérité. De sorte que l'individu qui ne sait pas ce qu'enseigne le Libre-Esprit vit en enfer, au contraire de l'initié qui, affranchi par le savoir de la secte, connaît, lui, le paradis.

Pas de crainte, donc. Le châtiment éternel n'existe pas ; ni le salut pour toujours. Le ciel est une fiction. La seule réalité qui importe ? La terre, ici et maintenant. La tristesse, la peur, l'angoisse, le remords, le désespoir et autres passions tristes n'ont donc aucune raison d'être. Pour quoi faire ? Avoir peur de quoi ? Craindre qui ? Être triste pour quelles raisons ? Désespérer de quelle catastrophe ? Le Libre-Esprit conjure les occasions chrétiennes de gâcher sa vie par des fictions. A sa manière, sans les citer explicitement, Amaury de Bène prend position pour Démocrite qui rit contre Héraclite qui pleure. Être et vivre en Dieu doit conduire plutôt au rire qu'aux larmes. Persistance de la tradition des philosophes rieurs...

La résurrection n'est pas à entendre au sens de l'Eglise officielle, à savoir résurrection de la chair, vie éternelle, corps glorieux destiné à l'immortalité et à la béatitude, seulement pour ceux qui l'auront méritée par une vie de pénitence, de souffrance et de douleur. Elle ne se joue pas après la mort, mais durant la vie. Car l'individu ressuscite quand il accède à la pleine connaissance. Réminiscences gnostiques là encore : le salut se réalise ici-bas. Initié et affranchi, conduit par les sectateurs informés, le libertin spirituel connaît ce qui est advenu au Christ lui-même, dont le Libre-Esprit affirme qu'il n'est jamais ressuscité autrement que sur ce terrain symbolique : mort à lui-même quant à son ancienne existence, mais revenu à la vie grâce à sa conversion due à sa rencontre du discours thérapique.

4

Une gnose médiévale. A l'évidence, les thèses gnostiques se retrouvent dans la pensée d'Amaury de Bène. Notamment cette idée que la grâce suffit, que le salut est assuré une bonne fois pour toutes par la mort du Christ et que, fort de ce savoir, il faut consacrer le temps de sa vie à se réjouir plutôt qu'à se morfondre. L'existence étant dès lors écrite sous le signe du troisième temps – celui du Saint-Esprit –, toute action manifeste notre divinité, toute parole aussi, tout silence également. On n'échappe pas à cette évidence : notre parcours sur terre est l'une des modalités de l'existence de Dieu...

Puisque cette époque nouvelle se place sous le signe de la charité, le Libre-Esprit propose sa lecture. Décodage là encore... La charité chrétienne suppose l'amour du prochain comme soi-même pour l'amour de Dieu. Qui est le prochain ? L'Autre dans sa différence radicale, dans son altérité absolue. Certes. Mais pas l'aimable, trop facile... Le prochain caractérise le non-aimable, voire le détestable. Le commandement d'aimer autrui que l'on aime déjà – un père, une mère, ses enfants, ses frères et sœurs, ses amis... – ne présente aucun intérêt. Que serait une invitation au devoir de ce que l'on pratique déjà ? En revanche, aimer son bourreau, son maître, son persécuteur, voilà une réelle occasion de pratiquer l'amour du prochain...

Dans le Libre-Esprit, on ne prend pas l'autre en otage afin de gagner son paradis, on ne pratique pas une charité ou l'amour du prochain pour assurer son salut – puisqu'on est déjà sauvé... Dans la logique de la grâce et du rachat des péchés assuré pour l'éternité, informés par le goût des sectateurs pour le décodage de ce qu'ils perçoivent comme des allégories, il faut définir la vertu théologale d'une manière particulière : un libertin charitable pratique l'amour du prochain, certes, mais prioritairement l'amour de son corps. Le libertinage suppose le choix des joies de l'existence contre les pénitences catholiques. La joie du corps en premier lieu.

Dieu réside dans les plaisirs de la nature et non dans l'autorité qui les réprime. Le don de la possibilité de jouir vaut comme une invite à en user. A quoi ressemblerait un Dieu qui donnerait aux hommes et aux femmes un pouvoir en exigeant qu'ils n'y recourent pas, sinon à une instance perverse de castration. L'hédonisme suppose, autant que faire se peut, l'obéissance au mouvement que nous impose la Nature – l'autre nom de Dieu. La sexualité procède des formes prises par le divin dans le monde.

Quand ces relations débouchent sur une procréation, le baptême n'est pas utile. Outre que les sacrements ne servent à rien dans la logique de ce panthéisme hédoniste, il n'y a rien à se faire pardonner dans le fait d'entretenir des relations physiques et d'engendrer en dehors de contraintes comme le mariage – une autre fiction construite par le christianisme pour gâcher la vie des hommes. Tout être conçu par l'intermédiaire d'un Frère ou d'une Sœur du Libre-Esprit procède directement de la grâce qui le dispense d'un recours aux fables vaticanesques.

5

La haine chrétienne. A l'évidence, les thèses d'Amaury de Bène ne peuvent réjouir les catholiques apostoliques et romains. La pratique de la charité et de l'amour du prochain a des limites... Dans l'Eglise on aime l'Autre, s'il est Même et nous ressemble, pense comme nous, défend nos idées. Un philosophe qui clame qu'après la mort il n'y a plus rien ; que la grâce suffit et que les actes comptent pour zéro ; que le clergé et les valets de l'Eglise empêchent de vivre, tuent la vie ; que la sexualité doit se pratiquer librement ; que le corps fonctionne comme la grande raison ; que la lecture des textes suppose la liberté et non l'obéissance aux dogmes ; que les sacrements relèvent de la fiction ; que la nécessité impose sa loi ; et que par conséquent on ne saurait y échapper, quoi qu'on fasse – cet homme ne peut que fâcher l'Eglise... Jean le Teutonique affirme dans l'un de ses Sermons que les amauriciens sont plutôt des disciples d'Epicure que du Christ... Dont acte !

Les disciples d'Amaury de Bène se comptent par milliers. Certes, tous ne sont pas lecteurs de Scot Erigène ou des Ecritures. Parmi eux on distingue nombre de petites gens, de paroissiens sans grande culture. En 1204 la doctrine est condamnée par le pape. Amaury de Bène meurt en 1207. Le secrétaire du philosophe est livré à la justice par un délateur qui donne également une quinzaine d'autres noms. Dix des accusés périssent sur le bûcher dressé par les catholiques le 19 novembre 1209. Quatre partent pour la prison où ils passeront le restant de leur existence. Les autorités réitèrent leur critique en 1209 et 1211. Impliqué de manière posthume, on déterre Amaury. Puis on sort ses os du cimetière du monastère de Saint-Martin-des-Champs, on les broie, puis on les disperse parmi les ordures. Version médiévale de l'amour du prochain...

X

Willem Cornelisz d'Anvers et « le péché contre nature »

1

Le salut par la pauvreté. Willem Cornelisz d'Anvers appartient au bas clergé, quand il renonce à sa prébende et fonde un mouvement de pauvreté volontaire. Le christianisme primitif s'installe du côté des pauvres. Tant qu'il subit la persécution, il concerne globalement les sans-grades de la société. Au fur et à mesure, les ors du pouvoir et les palais aidant, la puissance publique possédée sans partage, l'Eglise vante les mérites de la pauvreté, certes, mais pour les autres... Les promesses christiques du premier rang du ciel réservé aux humiliés des derniers rangs sur terre valent pour les tiers, pas pour les prélats...

Si le royaume des cieux appartient aux pauvres, nul doute qu'au Vatican se compte un nombre considérable de damnés. Willem Cornelisz, lui, vit parmi les gens modestes, des tisserands en l'occurrence.

Fort de ce paralogisme intéressant – les riches et puissants du Vatican risquant bien d'occuper le dernier rang au ciel... –, il enseigne que seule la pauvreté assure d'une grâce et d'une perfection qui rendent possible toute action. Le dénuement installe par-delà le bien et le mal. De fait, les religieux seront tous damnés sans exception.

Willem Cornelisz critique les indulgences qui permettent aux gens d'Eglise, moyennant les dons des pécheurs aux bonnes œuvres, d'effacer les péchés et d'acheter une hypothétique sainteté. Tout se qui s'effectue dans la pauvreté échappe à la morale. Ainsi, – généalogie de la « reprise individuelle » des anarchistes du XIXe siècle... – le démuni que sanctifie la pauvreté volontaire peut sans vergogne et sans crainte des châtiments sur la terre comme au ciel – qui n'existe pas... – voler un riche pour subvenir à ses besoins...

2

Propriétaire de son sexe. De la même manière que le péché est absous par la pauvreté, la sexualité libre trouve sa légitimité dans l'état de dénuement du libertin. Démuni de tout, chacun dispose de sa sexualité et de l'usage absolument libre de son corps. Willem affirme qu'une femme peut se donner sans pécher si elle ne possède rien. Les Béatitudes l'enseignent : la pauvresse gagne son ciel par son état – et le ciel se trouve très exactement sur terre...

Pas étonnant, dès lors, que l'Eglise n'aime pas les facéties du sectateur du Libre-Esprit ! Légitimer le vol, voire un genre de prostitution, sous prétexte que les Ecritures enseignent l'excellence de la pauvreté, voilà un rappel à l'ordre que les gens de la loi chrétienne ne peuvent entendre sans broncher... Quand Willem Cornelisz meurt en 1253, l'année où Robert de Sorbon crée la future Sorbonne, le cadavre ne suffit pas. Quatre ans plus tard, les catholiques exhument son corps et le brûlent. Un de plus...

XI

Bentivenga de Gubbio et « l'occupation infâme »

1

La sainte et l'hérésiarque. Bentivenga de Gubbio, un Italien du XIIIe siècle, adhère d'abord à un mouvement franciscain. Les adeptes de François d'Assise (qui parle aux oiseaux et aux poissons, certes, mais sait aussi remettre à leur place les grands de ce monde) pratiquent la charité et la pauvreté volontaire. Les Frères mineurs évangélisent aussi bien dans le château féodal que dans la masure du paysan démuni. Bentivenga procède de cette ambiance spirituelle que pénètre probablement le Libre-Esprit souabe, très efficace dans ces temps-là.

Bentivenga a pris de la distance avec l'enseignement des franciscains, si l'on en juge par une conversation rapportée entre lui et Claire de Montfaucon au cours de laquelle, faussement naïf, il interroge la future sainte sur des questions de philosophie et de religion. Il lui fait part de quelques-unes de ses thèses : la possibilité pour l'homme de faire ce qu'il veut ; l'inexistence de l'enfer ; le risque pour l'âme de perdre le désir en cette vie. Trois bombes théologiques aux conséquences considérables.

Provoquant Claire, Bentivenga lui demande si un homme qui connaît charnellement une femme hors du mariage, et dans le seul dessein de « l'éjouissance » mutuelle, peut recevoir la communion le lendemain. L'Eglise catholique apostolique et romaine répond formellement non : selon sa doctrine, l'un et l'autre se trouvent en état de péché mortel et risquent la damnation éternelle en cas de mort sans repentance. Bentivenga de Gubbio affirme, lui, que Dieu pourrait faire que le péché ne soit pas. Autrement dit : que Dieu peut aller contre l'Eglise, donc qu'il dispose du pouvoir de manifester une force contraire à celle de l'autorité ecclésiastique...

2

L'impeccable apathique. Ce qui advient dans le monde, tout, absolument tout procède de Dieu. Les feuilles qui tombent des arbres ou la nuit d'amour de deux amants. Ni la chute des feuilles ni les caresses des amoureux ne ressortissent de la morale, de la faute, du péché, du bien ou du mal. Les unes obéissent à la loi de la chute des corps, les autres à la logique des chairs. Ni Claire la sainte prétendument inspirée par le Saint-Esprit, ni Bentivenga le partisan du Libre-Esprit ne choisissent d'être ce qu'ils sont ou de faire ce qu'ils font. Ni coupables, ni victimes, ils évoluent par-delà le bien et le mal... Ce qui advient obéit à la volonté de Dieu qui ne permettrait pas quelque chose de mauvais. Seule l'invention monothéiste du libre arbitre peut rendre l'homme responsable, donc coupable d'avoir préféré une chose à son contraire. En attendant, le panthéisme empêche cette machinerie diabolique.

Bentivenga enseigne l'absence de remords, l'innocence du devenir, la jubilation sans souci des menaces chrétiennes. Pour ce faire, il avance deux thèses essentielles. La première vante les mérites de l'apathie : nul besoin de participer à la souffrance du Christ ou à celle de son prochain ; préférons l'exercice de la sérénité dans l'accomplissement aveugle de la volonté de Dieu sous toutes ses formes. Mieux : jouissons de cette soumission aux forces du destin. La deuxième thèse enseigne l'impeccabilité : la grâce et la charité consubstantielles aux humains les installent de fait hors du péché : seconde leçon, donc, agir sans complexe, Dieu écrit notre histoire. Boire, manger, copuler, voilà autant d'activités indifférentes...

On ne converse pas impunément avec Claire de Montfaucon, devenue sainte par la grâce de l'Eglise catholique pour un certain nombre de vertus, certes, mais aussi probablement pour celle qui consista à donner le nom de Bentivenga de Gubbio à l'Inquisition italienne qui en fit le meilleur usage puisque, l'été 1307, il entre en prison à Florence pour y passer le restant de ses jours, flanqué de six compagnons d'infortune. L'homme du Libre-Esprit la tenait pour simpliste, stupide, absolument ignorante en tout, il n'aurait pas dû croire qu'elle pût manifester un gramme d'intelligence et de charité chrétienne.

XII

Walter de Hollande et « la liberté suprême »

Les costumes d'Adam. Walter de Hollande professe au XIVe siècle à Mayence, puis à Cologne. On lui doit un ouvrage, perdu, qui passe pour avoir synthétisé l'ensemble des thèses du Libre-Esprit – le fameux *Des neuf rochers spirituels* déjà cité. Il prêche les gens simples dans leur langue. Toute trace disparue, on peut difficilement reconstituer son mode d'action auprès des fidèles dont le nombre a pu être considérable. On le dit chef des Fraticelles et des Lollards, ces sectateurs du mouvement libertin.

Il organise des banquets orgiaques, un genre de parodie de la Cène et de la messe dans des soirées secrètes et nocturnes. Un Christ habillé de manière somptueuse, couronné d'un diadème et flanqué d'une Marie rayonnante. Tous deux constituent le couple primordial qui célèbre le retour à l'innocence édénique. Pour ce faire, un prédicateur nu donne l'exemple et invite l'assemblée à se dévêtir en signe de restauration de l'ordre adamite. Suivent des partouzes philosophiques en bonne et due forme, avec force chants et mouvements d'allégresse ! (D'aucuns – historiens d'art – tiennent les toiles de Jérôme Bosch pour des allégories ou des figurations de ces cérémonies adamites... Sans preuves véritablement convaincantes. Pour les célébrer ou pour les critiquer ? On imagine mal le très chrétien Philippe II collectionneur effréné des peintures d'un hérétique...)

Les catholiques n'aiment pas beaucoup cette scénographie joyeuse et le signifient à Walter en l'envoyant sur le bûcher en 1322 avec une cinquantaine de victimes, noyées dans le Rhin ou calcinées elles aussi sur un brasier. La répression continue...

XIII

Jean de Brno et « le nihilisme intégral »

1

Un Sade médiéval. Le XIIIe siècle et l'entrée dans le suivant permettent à quelques philosophes d'obtenir des lettres de noblesse ! Dans la tradition philosophique et théologique, saint Bonaventure passe pour le *docteur séraphique*, Duns Scot le *docteur subtil*, Guillaume d'Occam le *docteur invincible* et Roger Bacon le *docteur admirable*... On pourrait dire d'Amaury de Bène qu'avec son panthéisme amoral il excelle en *docteur hédoniste*, de Willem Cornelisz d'Anvers qu'avec son invite à la reprise individuelle – une idée de Ravachol plus tard... – il fonctionne à ravir en *docteur anarchiste*, de Bentivenga de Gubbio qu'il rayonne tel un *docteur apathique* en célébrant l'indifférence à l'endroit de la négativité du monde, de Walter de Hollande qu'il incarne le *docteur innocent*... Mais sans conteste Jean de Brno personnifie le *docteur sadien* – si l'on m'autorise l'anachronisme ! Car il formule jusqu'aux dernières extrémités les conséquences d'un panthéisme naturaliste et, de fait, matérialiste...

Jean et Albert de Brno, son frère, ont vécu vingt années dans un groupe de pauvreté volontaire à Cologne et huit ans dans la Liberté de l'Esprit. Inquiété par le pouvoir ecclésiastique, Jean abjure puis rejoint les dominicains et, avec eux dont c'est la spécialité, il collabore à la persécution de ses anciens compagnons libertins. A ce prix il échappe au bûcher. L'Histoire conserve de lui un genre de confession dans laquelle il donne les détails sur la doctrine du Libre-Esprit.

On y découvre la thèse d'un panthéisme radical et d'une exploitation jusqu'au-boutiste des conséquences de cette option métaphysique : un être au monde amoral – plus qu'immoral – dont le comportement, la pensée et l'action fonctionnent par-delà le bien et le mal. Jean de Brno – Brünn jadis, une ville de Tchéquie aujourd'hui – pose les bases d'un solipsisme ontologique, d'un nihilisme intégral et d'une temporalité écrite sous le signe absolu de l'innocence qui s'entend chez Sade ou Stirner, les radicaux de la pensée hédoniste...

2

Tradition du Libre-Esprit. Comment doit-on s'y prendre pour vivre dans le Libre-Esprit ? Jean de

Brno donne le mode d'emploi. D'abord vendre tous ses biens, se défaire de toute attache matérielle, y compris sa femme – intégrée dans les biens... Une précision tout de même : si l'on s'entend bien avec elle, l'intérêt nous contraint à ne pas nous en séparer. Mais l'intérêt seulement. Ce détachement s'accompagne d'une distribution de ses richesses aux pauvres. Le dépouillement se justifie quand il est total.

L'état de dénuement rapproche de la perfection. On parfait cet état en se moquant des prêtres, du clergé et des diktats de l'Eglise. Ne plus avoir libère l'être et le coefficiente d'un degré de spiritualité supérieur à la normale. La pauvreté volontaire commune aux disciples de François d'Assise et aux mendiants volontaires définit d'une certaine manière cette époque du Moyen Age. La naissance du capitalisme dans les limbes, l'explosion des richesses privées, les existences dispendieuses de membres du clergé, de commerçants et de propriétaires, la montée en puissance de l'argent qui règle l'ensemble des problèmes, produisent cette réaction parmi les exclus de la machine sociale et économique.

L'impétrant doit solliciter son admission auprès d'un collège de sectateurs du Libre-Esprit. Preuve que personne n'y décide souverainement et que seule la majorité décide. Autogestion et communalisme libertaire... Un couple se constitue alors, qui suppose une relation de maître à disciple. On apprend de l'autre en se conformant à ses actions : faire ce qu'il fait, dire ce qu'il dit, l'accompagner en tout et pour tout.

Habillé d'une tunique rapiécée, la tête dissimulée sous le capuchon, la mendicité est l'activité quotidienne.

Au prix de cette ascèse, la liberté devient intégrale : manger et boire quand on le désire ; avoir des relations sexuelles lorsqu'on l'entend ; la charcuterie, le vin et les femmes se pratiquent indifféremment pendant l'office ou en dehors. Si le besoin de dormir se fait sentir, on dort, peu importent l'endroit, les circonstances, les occasions...

Pour éviter les ennuis, la persécution, le bûcher, la prison, les sectaires pratiquent en catimini. Comme certains gnostiques de l'Antiquité au Bas-Empire. Les Frères et Sœurs du Libre-Esprit disposent d'un code érotique qui signifie discrètement la possibilité d'un contrat hédoniste. La Sœur pose un doigt sur le nez du Frère ? Elle l'invite à pénétrer dans sa maison. Elle se touche la tête ? Le Frère entre dans la chambre et prépare le lit. Idem avec la poitrine ? Il monte dans le lit et prodigue les premières caresses. Pour la suite, plus besoin de signes... Dans ce jeu amoureux, l'initiative vient de la femme, ce qui témoigne d'un genre de courtoisie libertine dans laquelle on ne demande pas au beau sexe de jouer un rôle secondaire et passif comme dans le Moyen Age chrétien – misogyne, phallocrate et violent pour leur corps. Bien sûr, on ne se confesse pas de ces pratiques puisqu'elles ne sont pas fautives. Le remords est banni – il n'a de toute façon aucune raison d'être...

3

L'assassinat, l'un des beaux-arts... Jusqu'ici, rien que de très normal : le tout-venant du Libre-Esprit. Grandes lignes, thèses habituelles, doctrine classique. Mais Jean de Brno pousse le bouchon plus loin. On ne sait s'il est animé d'un désir de formuler des idées de la raison excessives, afin de convaincre du bien-fondé de toute action légitimée et justifiée par la grâce ; ou si, comme tous les renégats en situation de parjure, il en rajoute sur le compte de sa secte pour mieux (faire) croire qu'il vient de loin, sa trahison paraissant d'autant plus méritoire...

A quoi ressemblent donc ces excès ? L'éloge du vol par exemple – déjà potentiellement légitimé, comme le reste d'ailleurs, chez les autres acteurs du Libre-Esprit. Exemple : on trouve de l'argent par terre, il nous appartient ; le propriétaire se fait connaître, on a le droit de ne pas le lui rendre ; il persiste, demande, exige, on peut lui résister par tous les moyens ; il récrimine, allons jusqu'aux insultes, voire aux coups ; il ne lâche pas prise, le meurtre est légitime. La grâce, toujours la grâce... Au regard du mouvement panthéiste des choses, la charité vaut le crime, car tout se passe par-delà le bien et le mal.

Autre cas de figure : la sexualité qui implique au moins un membre du Libre-Esprit est absolument libre et sans culpabilité. Débouche-t-elle sur la conception d'un enfant ? On peut le supprimer à la naissance... La pauvreté justifie l'infanticide qui n'est pas plus un péché que de garder l'enfant pour l'élever... Nul besoin de s'en ouvrir aux prêtres, de se confesser ou d'éprouver des remords. La liberté parfaite ne rencontre aucun obstacle que la puissance individuelle ne puisse dépasser. L'affirmation intégrale de soi manifeste la liberté intégrale, qui est aussi le pouvoir total de Dieu. Jean de Brno pousse à leur maximum les conséquences éthiques d'un panthéisme intégral. Pas de Dieu séparé, pas de morale inférieure ou supérieure à une autre, pas de bien distinct du mal, donc pas d'instance régulatrice transcendante, pas de juge, pas de culpabilité, tout ce qui advient s'écrit selon le pur règne de la nécessité. Pas de liberté, pas de libre arbitre, pas de choix, pas de responsabilité, pas de faute ou de culpabilité.

Ce qui advient ne peut pas ne pas advenir et procède d'une logique aveugle : elle régit le mouvement des astres et celui des hommes ; elle décide du tropisme des plantes et des paroles humaines ; elle suppose qu'en dehors de la nature, du réel, de ce qui est, rien n'existe, de sorte que « Dieu » nomme l'ensemble de l'univers visible et invisible, connu et inconnu. La conservation du nom de « Dieu », son usage à ces fins nihilistes, installent dans une perspective où tout se vaut parce que rien ne vaut. Le Dieu quelque part – théiste ou déiste – qui juge rend la vie impossible par la castration, l'interdit, la loi partout présents ; le Dieu nulle part, donc partout – panthéiste –, produit le même type d'effet mais en vertu d'autres attendus : sous son régime ontologique, l'invivable sévit faute de principes et de lois à même de déterminer les règles du jeu pour construire le vivable... Le Libre-Esprit fournit une aporie résolue par Spinoza – bon et mauvais par-delà bien et mal – mais réactualisée par l'hédonisme féodal du marquis de Sade...

XIV

Heilwige de Bratislava et « l'esprit subtil »

1

Béguines libertines. Les communautés de bégards et béguines voient le jour au début du XIIe siècle. L'étymologie de Littré renvoie à « prier, mendier » – l'activité principale et originaire de ces communautés. D'autres à une homophonie avec les albigeois. Rien de certain de ce côté... Si l'origine du mot paraît incertaine, la chose, elle, désigne une communauté d'hommes – pour les bégards – ou de femmes – les béguines – rassemblés par un désir de pauvreté volontaire pratiquée dans des groupes laïcs bien que partiellement chrétiens. La floraison de béguinages dans les Pays-Bas où la richesse de quelques-uns produit la pauvreté de tous les autres, manifeste le recours aux solutions contractuelles déjà célébrées par les épicuriens.

Ces communautés recueillent les mendiants, les

déshérités, les chômeurs, les victimes du système dur avec les pauvres. La volonté de pratiquer la charité se double dans les premiers temps d'une volonté d'évangéliser et de catéchiser. Des illettrés démunis y côtoient des veuves ou des riches tentés par la vie de pauvreté volontaire. Dans les villes, ces associations connaissent un succès considérable. Mille personnes à Paris en 1250, autant à Cambrai, le double à Cologne...

Les évêques s'occupent de ces béguinages. Ils gardent un œil scrupuleux sur ces groupes que ne lie aucun vœu de chasteté ou d'obéissance à un ordre monastique. Les gens d'Eglise n'aiment pas beaucoup que, dans les béguinages, on accueille les personnes modestes dans les jardins pour y enterrer leurs dépouilles. Car le prix de l'inhumation leur échappe, ce qui finit par représenter des sommes considérables. Le commerce des morts, le goût des cadavres et la passion pour l'argent qu'entretient l'Eglise catholique et romaine font qu'elle trouve dans la pratique charitable et gratuite des bégards matière à ressentiment et animosité. Pour le moins...

D'autant que, oisifs, pauvres, en groupe, les deux sexes mélangés vingt-quatre heures sur vingt-quatre, sans la loi religieuse au-dessus de leurs têtes pour leur interdire le libre usage d'eux-mêmes et plus particulièrement de leurs corps, des pratiques libertines apparaissent et commencent à faire jaser. Le Libre-Esprit sévit dans nombre de communautés et, sur le principe d'un salut assuré par la pauvreté volontaire, il invite à vivre sa vie sur terre et à créer dès à présent les conditions d'une existence joyeuse, ludique et libérée des entraves.

2

L'esprit subtil après l'ascèse. L'une de ces communautés néerlandaises du XIVe siècle se nomme l'Union des Filles d'Udillynde. Parmi les Sœurs et Frères du béguinage de Schweidnitz, Heilwige de Bratislava. Accusées par les dominicains de pratiquer selon le Libre-Esprit, une poignée d'entre elles rend des comptes à l'inquisiteur assisté de dix clercs après avoir été dénoncées par seize des leurs. L'entretien a lieu dans le réfectoire. Les minutes subsistent, elles permettent d'accéder aux motifs de la condamnation. Elles préfèrent le livre de la vie – disent-elles – aux peaux de vaches sur lesquelles sont consignées les Ecritures.

Les béguines pratiquent l'ascèse et la mortification. La pauvreté également. Elles troquent leurs vêtements pour des guenilles. Elles se frappent jusqu'au sang avec des fouets dont les lanières en cuir se terminent par des clous. Chacune leur tour, elles s'allongent sur le seuil de leur chambre pour que les autres les foulent et les humilient. Elles se privent de nourriture, d'eau et de sommeil. Ces méthodes ouvrent la voie à un état de perfection dans lequel tout devient possible puisque effectué dans la logique de la pureté réalisée.

Jouissance dans la souffrance, masochisme, diraient les psychanalystes. Négativité nécessaire à l'épiphanie d'une positivité, expliqueraient les dialecticiens frottés de théologie. Conservation et dépassement du christianisme, qui invite à détester le corps, certes, mais propose de rester à cet état de haine sans déboucher sur la clairière d'une jouissance possible, d'une joie légitime, d'une béatitude pensable. L'ascétisme se révèle moins une fin qu'un moyen – presque celui de la transe chamanique... – à même de révéler une stase – voire une ex-stase...

Ensuite, en proportion de leur descente au plus bas, les bégardes du Libre-Esprit montent très haut. Plus elles goûtent la haine de soi, plus elles sont à même de connaître la jouissance de soi. Et l'impunité. Car cette préparation ascétique transfigure la chair en cire vierge dans laquelle peuvent s'inscrire toutes les jouissances possibles et imaginables. Elles ont eu faim, soif, froid ? Leur liberté de manger, boire et se vêtir avec des habits magnifiques devient sans limite. Elles ont souffert, répandu le sang ? Leur droit au plaisir s'en trouve désormais absolu.

Bien sûr, la pure et simple satisfaction ne suffit pas. L'excès donne la mesure : manger, certes, mais de la viande à Pâques, c'est mieux ; boire, évidemment, mais de l'alcool, en excès ; coucher, bien sûr, mais avec qui elles veulent, quand elles veulent, le nombre des combinaisons – et leurs qualités – comptant pour rien : avec des bégards, avec des femmes, avec des gens de l'extérieur, en ayant recours aux voies naturelles ou à celles de Sodome, oui, mais pendant les offices, le sermon même, car le plaisir s'en trouve décuplé... Ainsi l'esprit subtil, rompu par l'ascèse, génère la perfection, puis laisse loin derrière lui l'esprit grossier dans lequel la plupart croupissent.

XV

Johannes Hartmann d'Amtmanstett et « la vraie béatitude »

1

L'innocence du devenir. Connu sous le nom de Jean le Tisserand, cet adepte du Libre-Esprit comparaît devant l'inquisiteur le 26 décembre 1367 à Erfurt. On ignore les détails, mais cette rencontre avec le pourvoyeur de bûchers nommé par le pape Urbain V ami de l'Empereur vaut au philosophe libertin quelque temps plus tard de périr dans les flammes pour ses idées, peut-être à cause d'un nouveau procès. Un de plus. Une quarantaine d'autres accompagnent Jean le Tisserand devant la barre. Le texte de l'interrogatoire subsiste intégralement.

Le panthéisme hédoniste des sectateurs du Libre-Esprit suppose ce que Nietzsche appelle plus tard *l'innocence du devenir* : comment en effet imaginer que la nécessité triomphe partout et que l'on puisse être tenu pour coupable de ce qu'elle décide en nous prenant en otage ? Le christianisme officiel part du principe que, pour punir et asseoir ses pleins pouvoirs sur le corps, il doit inventer une machine à fabriquer de la culpabilité : d'où l'invention du péché originel, cette faute transmise de génération en génération – par l'acte sexuel, dit explicitement saint Augustin –, d'où le postulat de la liberté, de la possibilité d'un choix, d'où l'existence d'un Dieu qui crée l'homme libre, mais lui interdit l'usage de sa *liberté libre* – disons-le dans les termes de Rimbaud...

Ainsi doté du libre arbitre, l'homme choisit de faire le mal quand il pourrait préférer le bien. Coupable d'une faute qu'il pouvait ne pas commettre, il est redevable d'une expiation. La punition ? Travailler, connaître la honte, enfanter dans la douleur pour les femmes, mourir, souffrir et transmettre cette malédiction jusqu'à la fin de l'humanité. Dès lors la vie sur terre offre une occasion d'expier. La souffrance devient nécessaire, la peine aussi, puisqu'il faut se racheter, même si le Christ affirme être mort pour racheter toutes les fautes de l'humanité et pour toujours.

Le panthéisme pulvérise ces fictions. Dieu existe, certes – le Moyen Age ne parvient pas à la négation pure et simple de la divinité –, mais il cesse d'être personnel, anthropomorphe, vengeur, séparé du monde et des hommes : il coïncide avec le réel et les humains. Nul bien nul mal, pas de remords, pas de crainte ou d'angoisse. La vie existe le temps du trajet terrestre, la mort n'ouvre pas sur un autre monde où il faudrait rendre des comptes. L'invention du Purgatoire au

XIIe siècle correspond à ce besoin de l'Eglise officielle d'ajouter de la négativité à la négativité et de culpabiliser encore et toujours : ce lieu intermède oblige à des prières, des actions de grâces, il contraint les survivants à éprouver de la culpabilité pour les défunts.

Jean le Tisserand et les autres sectateurs du Libre-Esprit balaient ces billevesées. Lorsque le dominicain inquisiteur flanqué de notaires (!) questionne l'accusé, il lui demande en quoi consiste le Libre-Esprit. Réponse : en la fin du remords. Autrement dit : en l'abolition du péché et de toute possibilité du péché. Le devenir impeccable, l'identification, voire l'identité avec Dieu. Le Parfait peut légitimement entreprendre tout ce qui assure son plaisir, affirme Jean devant les gens d'Eglise acoquinés aux gens d'argent...

2

De nouveaux sadiens. A la manière de Jean de Brno qui pose les bases d'une pensée que Sade défend en fin de période féodale, Jean le Tisserand et les siens reprennent cette idée que tout est légitime dans cette quête de la satisfaction radicale de ses désirs. Le crime ? Oui. Le meurtre ? Bien sûr. Le vol ? Certainement. Ce qui se met en travers de la volonté de jouissance mérite une débauche des moyens pour le détruire. Et sans aucun souci de ce qui peut relever de la morale, une règle du jeu tout juste bonne pour les imparfaits, les ignorants du fonctionnement de l'humanité, mieux : du fonctionnement de l'univers.

Le vouloir de Dieu est en tout, il est tout. Le Libre-Esprit invite à adhérer à ce grand mouvement du monde. Un genre d'*amor fati* avant l'heure et avant la lettre : apprendre à aimer son destin, quels qu'en soient les formes et les modes d'apparition.

En matière de sexualité, toute licence est bienvenue. Pas seulement ce que l'Eglise condamne – trop désirer sa femme légitime définit l'adultère chez Alain de Lille ! – mais au-delà : ainsi s'accoupler à sa mère ou à sa sœur, sur un autel de préférence... Sade reprend lui aussi ces arguments. Jean le Tisserand ajoute même que les relations sexuelles accroissent la chasteté, mieux : que l'union avec un partisan du Libre-Esprit restaure la virginité ! L'exercice de cette ascèse hédoniste confère le bonheur et transforme en Bienheureux...

XVI

Willem van Hildervissem de Malines et « le plaisir du paradis »

1

Eros et Thanatos dans le siècle. Willem van Hildervissem officie au Libre-Esprit de Bruxelles, dans une communauté appelée les Hommes de l'Intelligence. Bien que lecteur en Ecritures saintes chez les carmélites, il se voit demander des comptes par l'inquisiteur. A l'évidence, son enseignement et ses pratiques justifient que le catholicisme l'inquiète. Nous sommes en 1411 – Jeanne d'Arc attend son heure dans le ventre de sa mère. L'accusé abjure et évite le bûcher. On le condamne à la prison, puis à la réclusion dans un monastère de son ordre.

Le carmélite hétérodoxe défend une position radicalement hédoniste puisqu'il affirme que la vie est suffisamment une vallée de larmes pour qu'on n'ait pas besoin d'ajouter à la négativité. De fait, le spectacle du monde en ces temps sombres convainc de la pertinence d'une pareille thèse : la peste vient d'emporter des millions de personnes – un tiers de la population ; la guerre de Cent Ans sévit depuis plus de soixante-dix années, générant les pillages, les destructions massives de villages, de récoltes et de régions, les viols, saignant à blanc les populations civiles ; les famines apparaissent, conséquence de toutes ces catastrophes. Pourquoi dès lors ajouter à cela macérations, souffrances, expiations et célébration de la pulsion de mort ?

La proximité quotidienne des cadavres exposés au soleil, aux animaux errants, leur pourriture de charognes sans sépultures, la quantité incroyable et interminable d'enterrements bâclés dans des fosses communes, la crainte des brutalités et violences de la soldatesque, le joug féodal, la peur du lendemain, l'incertitude de survivre au manque de nourriture, aux épidémies, à la maladie, appellent à une compensation du côté de la pulsion de vie et de sa débauche. De manière réactive, tant de parfums de mort sollicite désir d'épuiser la vie tant qu'elle est là, y compris sur le terrain sexuel.

2

Un tantrisme belge. Willem van Hildervissem procède de ce versant-là du Moyen Age : célébrer la pulsion de vie, vanter les mérites de l'amour contre l'ascétisme, construire le paradis sur terre. Notamment en usant du corps comme d'un ami – jamais en ennemi. La relation sexuelle s'appelle le *Plaisir du paradis*. Elle se nomme aussi *acclivité*, un néologisme qui permet aux partisans du Libre-Esprit de parler à mots couverts pour garantir leur tranquillité, voire leur sécurité. L'idée ? Toute pratique sexuelle crée une ascension, la seule qui vaille la peine et mérite qu'on s'en occupe.

En lisant entre les lignes du document qui rapporte son procès, il semble que Willem pratiquait une sexualité sans émission de sperme – à la manière d'Adam au paradis ! Autant dire un genre de tantrisme belge qui, comme l'autre – celui des origines... –, suppose des techniques de respiration, une scénographie d'enchaînements de jeux et postures sexuelles, des pratiques de compression du sexe masculin à sa base, près du rectum, pour disposer du plaisir de l'orgasme sans risquer l'inconvénient de la procréation.

Dans une époque où la femme passe pour un réceptacle d'excréments – Georges Duby écrit sur ce sujet des pages définitives dans *Dames du* XII*e* *siècle. Eve et les prêtres* –, la fautive pécheresse à qui l'on doit tous les malheurs de la planète, la tentatrice qui pervertit le monde en impliquant le premier homme dans le péché de chair, la sorcière capable des pires transactions avec Satan, l'incarnation du mal qui copule avec le Diable, le Libre-Esprit pratique une érotique féministe dans laquelle le souci de la femme et de son plaisir sans danger d'enfanter prend une place cardinale. Une antithèse radicale aux positions officielles de l'Eglise...

XVII

Éloi de Pruystinck
et « la manière épicurienne »

1

Réforme contre Révolution. Gnostiques et partisans du Libre-Esprit jouent avec les Ecritures, les interprètent, prélèvent ce qui, dans le corpus de la Bible, justifie leur vision du monde – on l'a vu. Eloi de Pruystinck insiste sur le fait que, dans les livres retenus par l'Eglise pour fabriquer un canon à peu près cohérent, il subsiste tout de même des contradictions. L'exégèse, évidemment, l'Eglise n'aime guère... La Genèse le dit, l'obéissance aux articles de foi vaut mille fois mieux que le désir de goûter au fruit de l'arbre de la connaissance. Ce que refusent les libertins, déterminés à savoir plutôt qu'à se soumettre aux prescriptions de l'Eglise.

Le Libre-Esprit vit ses dernières années au XVIe siècle. Eloi le Couvreur – d'ardoises –, d'Anvers, rencontre Luther pour une confrontation de leurs options mutuelles. Le prêtre excommunié devenu le créateur de la Réforme a écrit ses thèses essentielles. *De la liberté du chrétien* date de 1521, ses *Thèses sur l'indulgence* de 1517. Certes il se rebelle contre le Vatican, le pape, le chantier de la basilique Saint-Pierre et l'argent drainé par les indulgences pour financer le projet architectural pharaonique, mais il ne souscrit pas pour autant au Libre-Esprit...

Eloi soumet ses thèses à Luther : chaque homme dispose du Saint-Esprit que définit très exactement sa raison ; chacun jouira de la vie éternelle indépendamment de ses comportements, la grâce suffit ; ni l'enfer ni la damnation n'existent ; la justice et la miséricorde de Dieu triomphent immanquablement ; la chair périt, certes, mais l'âme dure éternellement en Dieu ; la religion catholique enseigne des fictions et des fariboles, les Ecritures pullulent d'imprécisions, d'inexactitudes, d'erreurs ; la lettre compte moins que l'interprétation dont chaque membre du Libre-Esprit peut s'autoriser. Luther n'est pas convaincu... Trop révolutionnaire. (Entre parenthèses, je formule l'idée que nombre des thèses de Nietzsche sur le panthéisme de la force – nommée par lui *volonté de puissance* –, le triomphe intégral de la nécessité, l'inexistence du libre arbitre, l'inscription de toute réalité par-delà le bien et le mal, donc, de manière induite, l'innocence du devenir, la récusation des arrière-mondes et l'invite au sens de la terre, à l'immanence donc, ainsi que nombre d'autres positions philosophiques, peuvent procéder du Libre-Esprit. Non pas que l'auteur du *Gai Savoir* ait eu directement accès aux auteurs et aux thèses, ce qui paraît très improbable, mais il a pu prendre connaissance de ces doctrines par ce que Luther en dit en ferraillant contre elles dans les textes dispersés, mais nombreux, de son œuvre complète. Une piste...)

2

L'impératif catégorique hédoniste. D'une manière presque ironique, Eloi formule l'impératif catégorique hédoniste en parodiant saint Paul. On connaît l'enseignement de l'hystérique de Tarse : ne pas faire à autrui ce que l'on ne voudrait pas qu'il nous fasse. Cette morale négative prescrit un évitement. Le philosophe couvreur va au-delà et affirme, dans une phrase considérable, qu'il s'agit désormais, dans le Libre-Esprit et au-delà, de considérer comme l'impératif catégorique hédoniste : faire à autrui ce que l'on voudrait qu'il nous fasse. Révolution radicale...

Avec une pareille invite, l'hédonisme et la logique contractuelle qu'ils supposent trouvent leurs lettres de noblesse. Sauf délinquance relationnelle d'un individu qui pose comme désirable la pulsion de mort – et nie par là même toute possibilité d'intersubjectivité –, chacun veut jouir et ne pas souffrir. Conséquemment, en faisant à autrui ce qu'il aimerait pour lui-même, il fait jouir et il évite de faire souffrir. Un cran au-dessus de la morale négative de Paul, Eloi fourbit les armes d'une authentique éthique jubilatoire.

En 1526, Eloi est arrêté avec neuf de ses amis. Sa réputation est considérable, les loïstes, ses disciples, se comptent par milliers. On lui reproche de lire des livres interdits et d'enseigner des doctrines hérétiques. Hostile au martyre, dont il ne voit ni l'utilité ni le profit, il se rétracte. Bon rhéteur, habile dialecticien, il obtient le minimum : il est condamné à arborer à l'extérieur un signe qui le désigne comme hérétique. Il persiste pourtant à enseigner dans la discrétion. Pas assez, probablement, puisque l'année 1544 on l'arrête, le torture et le brûle. Il était pourtant prêt à se rétracter une seconde fois ! Une victime de plus dans le rang des philosophes libres assassinés par le christianisme...

XVIII

Quintin Thierry et « la liberté de la chair »

L'esprit contre la lettre. Nous voici pleinement dans le siècle de Rabelais et de Montaigne. Le Libre-Esprit brûle de ses derniers feux. De la même manière qu'il procède du gnosticisme, lui-même opposant au christianisme officiel, ce mouvement libertin ne meurt pas, il se transforme. Ses métamorphoses produisent, entre autres avatars, le libertinage érudit du XVIIe siècle, lui-même générateur de tempêtes intellectuelles à venir – autant d'occasions de saper le christianisme.

Pour l'heure, Quintin Thierry voyage : Poitou, Limousin, on le voit à Paris, il enseigne à Anvers, mais aussi Valenciennes, Tournai et d'autres villes de la région. Cet homme, qui parle aux déshérités et remporte leurs suffrages, raconte la liberté de l'esprit aux paysans dans les campagnes, ne sait lui-même ni lire ni écrire... D'où son usage particulièrement intéressé de saint Paul à qui il donne raison de croire que la lettre tue et l'esprit vivifie !

Puisque Dieu donne aux hommes la possibilité de vivre dans le plaisir, qu'est-ce qui justifie qu'on y renonce ? Quelle étrange perversion ? Sinon une singulière haine de soi, une pulsion de mort retournée contre sa propre personne... A la manière d'Eloi le Couvreur qui entreprend Luther, Quintin Thierry rencontre Calvin, cet autre amateur d'idéal ascétique. Le réformateur qui envoie Michel Servet au bûcher écrit un libelle, *Contre la secte fantastique des libertins spirituels* (1545), dans lequel vraisemblablement on trouve un écho des échanges de Quintin et autres partisans du Libre-Esprit avec Calvin...

Auteur d'un catéchisme, persécuté en son temps, jadis à l'origine d'un travail sur la clémence, Calvin ne s'embarrasse pas de l'amour du prochain. Quand il parle du penseur libertin, il dit : « cette grosse touasse de Quintin »... L'homme du Libre-Esprit fait l'éloge de la communauté des femmes et des biens, il transforme les relations sexuelles en mariage spirituel, il prêche la charité et joint le geste à la parole en prêtant sa femme. Quand dans une rue on le trouve en compagnie d'un cadavre, il dit être l'auteur du crime parce que tout est dans tout, que Dieu veut et fait tout, que lui Quintin obéit à cette loi et que, donc, il est redevable du mort, dans le caniveau comme du reste. A mort, disent catholiques et protestants faisant cause commune pour le pire – et depuis les premières heures : Quintin et trois de ses amis se font trancher la tête. Le combat continue...

TROISIÈME TEMPS

Le christianisme épicurien

1

Mais où sont passés les épicuriens ? Pendant plus de dix siècles, le rouleau compresseur chrétien n'épargne personne. La loi le soutient, la police, l'armée, la force publique, l'idéologie paulinienne dominent et triomphent sans partage, ne tolérant aucune déviance. L'orthodoxie catholique, apostolique et romaine se constitue en détruisant même les idées chrétiennes si elles ne servent pas l'Etat policier au pied de la lettre. Mais paradoxalement, la résistance au christianisme est souvent... chrétienne.

Ainsi, les gnostiques et les Frères et Sœurs du Libre-Esprit ne nient pas Dieu, ni même l'existence du Christ. Ils se contentent de déchiffrer autrement les textes que les autorités du Vatican obligent à lire d'une manière univoque. A partir de prémisses extraites des Ecritures saintes, dont celles de ce cher Paul de Tarse, les Simon, Basilide, Bentivenga de Gubbio et leurs semblables concluent à d'autres conséquences éthiques que celles des Pères de l'Eglise ou des philosophes compagnons de route de l'Eglise officielle. La Bible est une auberge espagnole...

La destruction des bibliothèques, la fragilité matérielle des manuscrits, la persécution des penseurs païens, l'interdiction des écoles philosophiques, la domination radicale du christianisme sur le terrain mental, spirituel et idéologique empêchent l'émergence de tout autre mode de pensée. Comment dès lors imaginer que puissent subsister les enseignements des sagesses antiques alternatives ? Un Cynosarge ou un Jardin en plein cœur de la chrétienté médiévale ? Une folie... Pas question que les abdéritains, les cyniques, les cyrénaïques ou les épicuriens puissent exister, même discrètement.

Le *Grand Système du monde* de Démocrite ou son livre *Sur le bien-être* ? Disparus... Les dix tomes de l'œuvre d'Antisthène, dont *Sur le plaisir* ? Introuvables. *Le Traité d'éthique* de Diogène ? Volatilisé... Le dialogue *Sur la vertu* d'Aristippe de Cyrène ? Pulvérisé... Les trois cents livres écrits par Epicure ? Rien n'a subsisté. Même chose pour les pages de Métrodore l'épicurien intitulées *Sur l'acheminement vers la sagesse*... Idem avec Philodème de Gadara ou Diogène d'Œnanda. Sans parler de philosophes de moindre importance dont le nom a été effacé de la surface de la terre. Le christianisme a jeté dans un brasier réel et symbolique une bibliothèque alternative forte de milliers de volumes essentiels. Haine de l'intelligence encore et toujours...

Epicure a écrit sur tous les sujets : la nature, les atomes et le vide, bien sûr, mais aussi les choix, les refus, les fins et les critères, ou bien la sainteté, les dieux, l'amour et l'action juste, ou encore les simulacres et les images, la musique et la justice, la royauté également, ailleurs la vision, le toucher. Le système épicurien ne laisse rien de côté : physique, éthique, religion, épistémologie, esthétique, politique, la vision du monde proposée par le philosophe du Jardin offre une alternative intégrale aux pensées spiritualistes, idéalistes et dualistes qui triomphent avec le christianisme.

On comprend que la doctrine d'Epicure devienne l'emblème de ce qu'il faut détester : l'hédonisme, le matérialisme, l'irréligion. On saisit aussi pourquoi le corpus épicurien fournit un vivier d'idées utiles pour combattre l'idéologie dominante. Le christianisme célèbre la pulsion de mort, la vérité des arrière-mondes, le mépris de la chair, la passion doloriste, la crainte des châtiments, la catastrophe du péché originel ? Epicure enseigne très exactement le contraire : l'amour de la vie, l'excellence de l'ici-bas, l'enracinement de la sagesse dans le corps, le goût pour les plaisirs, l'inexistence de dieux vengeurs, l'absence de culpabilité... De quoi vraiment fâcher l'Eglise !

Comme toujours avec les penseurs alternatifs victimes de cette destruction systématique et programmée, ce qui subsiste d'Epicure on le doit aux critiques de ses adversaires qui le citent au cours de démonstrations à charge... Cicéron et Plutarque, la plupart du temps. Mais on dispose également du magnifique ouvrage de Diogène Laërce, *Vies, doctrines et sentences des philosophes illustres*, riche des trois *Lettres* – à Hérodote, Pythoclès et Ménécée –, et des *Maximes capitales* (les *Sentences vaticanes* apparaissent beaucoup plus tard). Et l'histoire de l'épicurisme après le christianisme se confond en partie avec l'histoire de cette œuvre : du VIe au XIVe siècle, des manuscrits circulent et connaissent toutes les aventures imaginables. Mais grâce à ces copies, le travail d'Epicure ne meurt pas, protégé des regards inquisiteurs par la quantité considérable de pages de cet ouvrage.

L'invention de l'imprimerie modifie considérablement la donne. Vers 1450, le perfectionnement de la technique de Gutenberg permet la multiplication, donc la diffusion de cette œuvre. En 1472 paraît la première traduction latine de Diogène Laërce. L'édition princeps établie par Frobénius à Bâle date de 1533. Lucrèce survit grâce à des manuscrits copiés en Gaule ou en Irlande, puis en Italie où Poggio Bracciolini le découvre en 1417. A l'évidence la rareté des sources rend la diffusion de la pensée épicurienne très improbable. D'ailleurs, si par miracle ces œuvres avaient échappé à la destruction, leur contenu aurait été trop dangereux pour une transmission à découvert.

2

L'épithète infamante. Le terme « épicurien » sert à flétrir, insulter, déconsidérer. Depuis les pourceaux contemporains d'Horace, et du vivant même d'Epicure, le Jardin passe pour un lieu de perdition, un lupanar, un bouge, une taverne où règnent la luxure et l'immoralité. Diogène Laërce rapporte les malveillances colportées sur le compte du philosophe : grossier, vulgaire, glouton, buveur, cupide, souteneur, malhonnête, voleur d'idées, libidinal, prostituant son frère, etc. Cette caricature traverse les siècles, elle sert à discréditer l'œuvre et la pensée. Quand, à Athènes, Paul rencontre des philosophes qui se moquent de lui en écoutant son prêche sur la résurrection de la chair, il s'agit de stoïciens – et d'épicuriens...

Le Talmud, on ne s'en étonnera donc pas, utilise le terme pour réactiver l'habituelle déconsidération. Les rabbins s'en servent pour attaquer les Sadducéens, moins débauchés comme on le leur reproche que sectateurs du groupe rival des Pharisiens. Leur tort ? Ils pensent l'âme mortelle et la résurrection des corps une fadaise. Pour cette raison, et parce qu'ils se méfient des mouvements messianiques, les Sadducéens subissent les attaques des Pharisiens dont la piété et la vertu passent proverbialement pour ne pas être bien réelles ! L'hôpital pharisien qui se moque de la Charité sadducéenne...

Michna et *Guemara* – les deux parties constitutives du Talmud, l'une palestinienne et rédigée en hébreu, l'autre écrite en araméen, la langue parlée en Babylonie – entretiennent d'un personnage qui nie non pas l'existence d'un Créateur mais son implication dans le détail et le quotidien du monde. Son nom ? L'Apikoros – l'Epicurien... Les rabbins considèrent comme athée quiconque affirme l'inexistence d'un juge, donc l'impossibilité d'un jugement. A terme, en conséquence, le caractère fallacieux de la religion. A l'évidence, la négation de la Providence – et non celle de puissances démiurgiques – relève bien de l'épicurisme orthodoxe...

L'usage du mot dans la patrologie grecque et latine discrédite un homme ou une pensée. Ainsi les gnostiques Simon et Carpocrate dans *Contre les hérésies,* d'Irénée de Lyon. Ou Tertullien qui, dans *Le Mariage unique*, rapproche lui aussi sadducéens et épicuriens. Parfois certains reconnaissent la vertu d'Epicure et sa vie sobre, austère, droite, mais ils attaquent sa conception immanente du monde. Tous les chrétiens sentent qu'avec le philosophe du Jardin ils combattent une pensée qui met réellement en péril leur vision du monde, donc leur pouvoir sur le monde.

Malgré la scolastique médiévale chrétienne et l'amour courtois inspiré par le culte marial, la tradition épicurienne persiste aussi sur un terrain moins docte, moins littéraire ou philosophique mais plus populaire : par exemple dans les deux cent trente-huit poèmes des *Carmina Burana* (entre le XIe et le XIIIe siècle) retrouvés dans une abbaye de Haute-Bavière en 1803. D'où viennent ces textes ? De jeunes « goliards » dont l'étymologie signale, au choix, l'incarnation du diable, la gueule ou l'art de tromper ! Dans tous les cas, il s'agit de les présenter comme des ennemis de Dieu. Loin des universités, la poésie de ces étudiants fauchés, joyeux, libertins, bouffons, jongleurs, grands buveurs, artistes errants, ironistes et polémiques affûtés, souvent condamnés par des conciles locaux, effleure les possibilités de l'épicurisme sur un ton plutôt horacien, à la manière d'élégiaques romains qui auraient rencontré dans les auberges des auteurs de chansons à boire...

Frottés de Catulle, Tibulle ou Properce, épicuriens sur le mode campanien, ils aiment Bacchus et Vénus, mais détestent moins la religion que l'Eglise – les prêtres et les moines, les évêques et le pape –, les seigneurs et les riches et autres représentants de l'ordre établi. Ils vantent les mérites de la pauvreté, du jeu – de dés –, des tavernes, de l'amitié, de la chanson, de la versification, du printemps, des femmes, d'une sexualité ludique, joyeuse, déculpabilisée. « Obéissons à nos désirs – c'est là un comportement de dieux », affirme un auteur anonyme.

Epicure les inspire, la plupart l'ignorent probablement, quelques-uns peut-être... L'Eglise les combat : elle n'aime ni leur ironie, ni leur liberté d'esprit, pas plus leur vagabondage et leur mendicité. Au point que les goliards disparaissent au XIIIe siècle, victimes du zèle de leurs persécuteurs chrétiens. Le mot « goliard » sert dès lors à fustiger le trompeur, le railleur, avant de devenir, dans le langage judiciaire, synonyme de tenancier de maison close...

Au moment où les goliards s'effacent, Dante écrit la *Divine Comédie* (entre 1307 et 1321 – l'œuvre sera publiée seulement en 1472, plus de cent cinquante ans après la mort de Dante), dans laquelle les disciples d'Epicure gémissent en compagnie de leur Maître dans le sixième cercle de l'Enfer (X, 13-15). Ce cercle est le lieu le plus bas, le plus obscur, le plus lointain du ciel, le plus puant de soufre. Là s'y trouvent les hérétiques condamnés pour l'éternité à expier dans des tombes noyées de flammes pour avoir nié l'immortalité de l'âme. A l'époque, un épicurien désigne la plupart du temps un antichrétien, une personne qui ne croit pas en Dieu, à la nature incorruptible et éternelle de l'âme, au Jugement dernier et autres fariboles catholiques.

En malmenant le concept d'épicurien, en lui faisant dire autre chose que son sens réel – disciple d'Epicure –, en pressentant le danger que suppose une vision matérialiste de l'univers, les ennemis des atomistes transforment l'épicurisme en philosophie de combat et en ennemi privilégié. A raison, car Epicure fournit un arsenal capable de mettre à mal le christianisme au pouvoir en offrant une métaphysique, une éthique, une sagesse, une politique de rechange. Péchés mortels pour des philosophes...

3

Acheminements vers la clarté. Avec la Renaissance, le latin domine moins sûrement et le grec revient. Le grec, à savoir les auteurs grecs, donc la philosophie grecque. Leurs traductions latines permettent de renouer avec le continent intellectuel hellénistique et ses potentialités païennes préchrétiennes. Certes, le retour à Platon, Homère, Thucydide, Hérodote ne célèbre pas les retrouvailles avec Diogène ou Aristippe, mais appréhender des œuvres non contaminées par le christianisme offre les moyens d'une pensée alternative à la domination catholique.

Les conséquences de l'imprimerie débordent la révolution technique. L'établissement des textes devenu monnaie courante éloigne de l'approximation religieuse et assure la scientificité de la documentation. L'aléatoire, le bricolage politique, la copie intellectuellement fautive parce que idéologiquement fabriquée – à dessein ou non, l'inconscient collectif existe aussi... – laissent place à des méthodes de critique textuelle qui génèrent une herméneutique aux effets considérables dans l'Histoire.

On travaille à une précision nouvelle et inconnue : l'orthographe, la grammaire, la syntaxe, le style, la ponctuation, la prosodie importent désormais pour établir correctement une copie destinée à la multiplication et à la diffusion. Les érudits renaissants demandent à l'archéologie et à l'épigraphie une aide considérable pour aborder les œuvres en historien plus qu'en fidèle de la religion. L'histoire ancienne découvre un autre horizon que celui des peuples de la Bible, elle révèle d'autres mondes. Malgré le Dieu des monothéistes – pas encore contre... –, les savants composent désormais avec tous les dieux du Panthéon grec. La mécanique chrétienne va rouiller...

Le Livre révolutionne la pensée. Mais la forme également se modifie. On délaisse les lourdes méthodes d'exposition scolastiques. Ouvrir la *Somme théologique* de Thomas d'Aquin permet de constater combien l'architecture carcérale de l'exposé empêche une pensée fluide : on alourdit, on pèse, on ralentit l'intelligence ; on l'emprisonne dans des questions, des articles, des objections, des réfutations, des réponses, des solutions ; on corsète chaque développement dans une logique en trois temps ; on cite abondamment les autorités – la Bible, Aristote – pour justifier et légitimer les assertions ; on aborde des questions extravagantes : « Y a-t-il en Dieu composition d'essence ou de nature et de sujet ? » On se demande comment « l'ange peut se mouvoir localement »... Lourd, lourd.

La Renaissance expose autrement, de manière plus fluide, plus élégante, plus légère, plus agréable. Si j'osais, je dirais plus hédoniste... On découvre les Traités, les Dialogues, les *Essais*, les Epîtres, la Lettre, le Discours, autant de façons d'exposer moins rebutantes qui montrent plus et mieux le désir de transmettre, d'échanger, de partager, que la volonté de formuler pour les disciples incapables de lire sans la férule du maître qui verrouille l'interprétation. La forme nouvelle permet le rapport direct au texte, sans médiation, donc sans torsion intellectuelle ni contrainte idéologique.

Changement de forme, changement de fond également. Les questions oiseuses, techniques, pointues, à la limite du ridicule, chères à la scolastique, font place à des interrogations moins soucieuses du ciel que de la terre. On réinvestit la morale, l'éthique et la politique, on s'occupe moins de Dieu et plus des hommes. Au détail de la vie des Anges, de Dieu, des Démons, aux mystères de la virginité de Marie ou de l'Eucharistie se substituent d'autres sujets : Quelle place occupe l'homme dans la nature ? Quelles influences réelles, et non divines et fictives, déterminent les hommes ? D'où des interrogations sur le destin, les astres, la fortune, le libre arbitre...

Le Moyen Age disparaît. Donc le christianisme recule. Et vice versa. Doucement, imperceptiblement, sans brusquerie, certes. Mais sûrement. Les lettrés qui vivent cette époque doivent le ressentir. Pas forcément le savoir clairement et nettement, car la fin d'un monde se perçoit dans des craquements infimes, des micro-déplacements, toute une tectonique des plaques plus facilement repérable une fois achevée la dérive des continents.

Le christianisme reste au pouvoir, à l'évidence, et brutalement : comme nombre de Frères et Sœurs du Libre-Esprit, trucidés par l'Eglise, Jules César Vanini – surnommé le « Prince des libertins » –, plus panthéiste qu'athée, auteur de l'*Amphithéâtre de la Divine Providence*, est torturé puis mis à mort à Toulouse : langue arrachée, traîné dans la rue sur une claie, étranglé, brûlé, ses cendres éparpillées au vent pour cause d'impiété. Il avait trente-quatre ans. Nous sommes en 1619, dix-neuf années après le bûcher sur lequel le dominicain Giordano Bruno fut calciné par l'Inquisition sur le Campo dei Fiori à Rome pour cause, non pas d'athéisme, mais d'hétérodoxie. Place Saint-Pierre, on ne plaisante pas avec l'amour du prochain...

XIX

Lorenzo Valla et « la volupté »

1

Enfin Valla vint. Lorenzo Valla (Rome 1407-Rome 1457) apparaît dans ce climat intellectuel et idéologique. L'histoire des idées mentionne son nom avec une extrême parcimonie. Elle passe sous silence sa spécificité de philosophe et se contente la plupart du temps de le réduire à quelques lieux communs fabriqués à partir de la *Donation de Constantin* (1442) – qui démontre que le christianisme tient son pouvoir d'un faux document élaboré par ses soins –, ou des *Disputations dialectiques* (1439) et des *Elégances de la langue latine* (1435-1444), qui permettent de le cantonner dans le rôle de philologue obsédé par la restitution d'un latin pur.

En quoi consiste donc sa spécificité philosophique ? Lorenzo Valla développe, précise, formule et propose pour la première fois un christianisme épicurien. A priori l'expression semble un oxymore : la doctrine du Christ paraît s'opposer historiquement et intrinsèquement à celle d'Epicure. L'idéologie paulinienne et la philosophie du Jardin semblent n'entretenir aucun rapport, ou alors de contradiction, de franche opposition et d'impossible complémentarité. Et pourtant...

Pour savoir à quoi ressemble ce christianisme épicurien – une chance manquée par l'Eglise pour sortir le christianisme de son ornière mortifère... –, lisons Lorenzo Valla pour de bon. L'histoire de la philosophie officielle ne lit pas, elle se contente de reprendre les informations, souvent fautives, délivrées par les plus anciens historiens dans la discipline. Faute de lire les textes, à cause d'une écriture incestueuse qui reprend les fictions débitées par les précédents, on enferme Lorenzo Valla dans les malentendus : soit on le transforme en libertin dissimulé, en athée qui avance masqué, en cynique vulgaire ne croyant pas en Dieu mais défendant sa position sociale auprès de son oncle à la curie romaine ; soit on en fait un chrétien un peu fantasque, certes, mais dans le fond, apostolique et romain. Dans les deux cas on oublie son génie propre : la proposition d'une synthèse entre les deux écoles sœurs ennemies, au profit d'un christianisme nettoyé de ses implications dommageables à l'exercice du pouvoir temporel.

Si l'on soigne la lecture – et pas seulement d'un livre, mais de tous –, on saisit la cohérence de cette pensée. Sur Constantin et la volupté, sur le libre arbitre et la langue latine, sur la dialectique et l'élégance,

Lorenzo Valla développe une pensée inhabituelle, hors des cadres dans lesquels pense l'historiographie habituelle. D'où la fâcheuse tendance des historiens officiels à prélever dans l'œuvre ce qui permet d'enfermer la subtilité d'une pensée dans une boîte facile à étiqueter : le christianisme épicurien n'entre pas dans les catégories estampillées par l'histoire des idées, donc on tire à hue et à dia, puis on mutile sans vergogne : chrétien pas épicurien pour les uns, épicurien pas chrétien pour les autres. Dans les deux cas, on néglige l'originalité de l'auteur.

Habituellement et fautivement, on installe Lorenzo Valla dans la catégorie des épicuriens version pourceaux... On obtient ce genre de méprise en ne prélevant dans *Sur le plaisir* – le *De voluptate* – qu'un discours sur les trois. Or le premier est stoïcien, le deuxième épicurien, le troisième chrétien. Le tout dans l'esprit évolutif et progressif d'une dialectique marquée par la trinité, le rythme ternaire coutumier dans la scolastique et la rhétorique classiques. Valla se manifeste dans le troisième moment, le deuxième propose un temps nécessaire mais pas suffisant. J'y reviendrai dans le détail. En posant sans preuves qu'Antonio Beccaldi – un personnage ayant vraiment existé (Palerme 1392-Naples 1471), auteur d'un livre d'épigrammes obscènes : *Hermaphrodite* – fonctionne en prête-nom de Lorenzo Valla, on s'interdit d'aborder le détail de l'œuvre et de respecter son intégrité.

Et le troisième temps chrétien ? C'est une comédie, un subterfuge, un stratagème, une diversion, écrivent certains. Valla se cache, trahit, se dissimule, avance masqué. Epicurien, il tâche de tromper l'ennemi en envoyant de la fumée catholique ! Libertin, écrivant entre les lignes, il évolue ailleurs que là où il dit, et, bien sûr, il est absent du lieu où il parle ! Comment mieux mépriser un auteur, une pensée, une œuvre ? Comment mieux négliger la cohérence des agencements de plusieurs livres dans une existence ?

Lire *Dialogue sur le libre arbitre* (1443) suffit pour s'apercevoir que Lorenzo Valla croit en Dieu, et précisément celui des chrétiens. Pas question d'athéisme, de déisme, de matérialisme, d'atomisme : le philosophe défend la religion catholique, apostolique et romaine. D'où la nécessité d'aborder *Sur le plaisir* en regard de toute la production de Valla et pas seulement à partir d'un tiers de livre.

2

Tempérament, fougue et caractère. On comprend mal le ton de tel ou tel texte de Valla si, oubliant la biographie, on néglige son caractère, son tempérament, sa fougue. Quand certains historiens voient dans le ton de certains de ses propos une preuve de son ironie, de sa moquerie, de son habileté à se dissimuler, ils oublient une chose : le peu que l'on sache sur la vie de Valla révèle un personnage colérique, un nerveux, un sanguin, un atrabilaire, un hypersensible. Dans ses *Invectives*, Fazio signale un port de tête altier, un verbe rapide, une abondance de gestes, une précipitation dans tous ses mouvements. Sa vie se passe sous le signe des amitiés rompues et des fâcheries induites par des polémiques sur des points de détail.

Un personnage qui apparaît ainsi dans *Sur le plaisir* (Fra Antonio da Rho, son interlocuteur chrétien, un vieil ami de Milan) devient sa tête de Turc quand, dans l'un de ses ouvrages consacré à l'imitation de l'éloquence latine, da Rho manifeste son désaccord avec Valla sur l'usage du pronom *quisque*... Pas besoin de plus pour que le philosophe monte sur ses grands chevaux ! Il se fâche également avec des théologiens et des prédicateurs – Antonio Bitonto –, des juristes – Bartole –, des membres de la curie, le pape – Eugène IV –, son secrétaire – Antonio Loschi –, un bibliothécaire conseiller culturel – Panormita –, les universitaires, l'humaniste Poggio Bracciolini, le découvreur de Lucrèce, etc. En conséquence, il s'exile souvent, voyage beaucoup, passe de ville en ville, risque sa peau dans des règlements de comptes, échappe de peu à des passages à tabac ! Philosophe de choc...

Valla est un guerrier, un polémiste. Il mène un combat pour la vérité et ne ménage personne, pas même les personnages utiles pour faire carrière à Rome. Brillant dialecticien, orateur hors pair, subtil rhéteur, bretteur élégant, il met sa puissance de feu considérable au service de ses thèses exposées dans la clarté. Ainsi, quand il campe un épicurien, il en donne un portrait emblématique ; lorsqu'il parle du Paradis, il ne fait pas dans la demi-mesure et décrit la géographie céleste en militant convaincu – du

Quattrocento, rappelons-le pour ne pas perdre de vue l'épistémé du moment... Rien chez lui ne s'apparente au libertin masqué : Valla marche en soldat chrétien épicurien et avance à découvert.

3

Faux et usage de faux. Pour un individu qui avance masqué, pour un libertin soucieux de se préserver, pour un philosophe à double entrée, un prudent matois, Lorenzo Valla fait fort en publiant sous son nom *La Donation de Constantin*, un ouvrage qui peut lui valoir directement le billot et la hache ! Pas de pseudonyme, pas d'anonymat, pas de faux éditeur, pas d'informations erronées pour brouiller les pistes : le philosophe, fidèle à sa méthode agonique, polémique, combative, militante, affirme clairement que le document excipé par l'Eglise pour légitimer et justifier son pouvoir temporel est un faux fabriqué de toutes pièces. Et le prouve avec une méthode historique et philologique. Avec lui, la science s'active contre la prétention de la théologie à gouverner les hommes au nom de Dieu.

Ce livre, intitulé explicitement *Discours sur la donation de Constantin, à lui faussement attribuée et mensongère* – excusez du peu... –, date de 1442 : Lorenzo Valla a trente-cinq ans. De quoi voir sa carrière fusillée (qui plus est quand, comme lui, on prétend à un poste auprès du pape !), sinon finir sur un tas de bois attaché à un poteau, consumé par les flammes de l'Inquisition ! Pour signer un pareil livre, il faut un courage sans faille, une détermination franche et nette, une passion radicale pour la vérité sans souci du prix à payer. Y compris le plus fort...

A quoi ressemble le dossier ? L'Eglise prétend que Constantin le Grand a rédigé un texte par lequel il donnait l'Empire à la papauté. Le document daterait du IVe siècle. Cette donation permet donc au pape Sylvestre Ier d'exercer une souveraineté sur Rome, l'Italie, l'Occident. L'Eglise obtient également la primauté sur les quatre sièges principaux : Antioche, Alexandrie, Constantinople, Jérusalem. Le legs inclut également le palais du Latran, Saint-Pierre et les insignes impériaux. Ou comment rendre à Dieu ce qui appartient à César...

Pour démontrer la fausseté de cette donation, Valla s'appuie sur la philologie et dénonce les tournures : la langue de ce document trahit un latin mérovingien dans sa période tardive, aucunement celui de l'époque de sa prétendue rédaction... Certains mots contenus dans le texte sont inexistants au moment de la prétendue rédaction ! On y parle même de Constantinople alors que la ville n'existe pas, ni même l'idée dans l'esprit de celui qui va la créer.

Par ailleurs, le document fourmille de contresens et de faux sens, voire d'invraisemblances en quantité. Par exemple : comment Constantin, qui pense et agit toute son existence d'empereur pour construire un Etat stable après le démembrement occasionné par la Tétrarchie, pourrait-il sacrifier son projet le plus cher ? Pour quelles raisons ? Il voulait l'unité plus que tout et il aurait brisé son rêve réalisé ? L'idée même ne tient pas debout...

Admettons même ce geste de Constantin, Sylvestre ne l'aurait pas accepté : la réputation de ce pape est bonne, excellente même, et l'on imagine mal le souverain pontife contredisant le principe chrétien qui suppose que son royaume n'est pas de ce monde. Enfin, et pour les besoins du raisonnement, convenons que Constantin et Sylvestre aient passé cet accord : devenu souverain, le pape aurait frappé monnaie, comme toujours en pareil cas : or aucune pièce ne subsiste, la numismatique témoigne... Conclusion, ce faux a été fabriqué au VIIIe siècle pour légitimer le coup d'Etat permanent de l'Eglise sur l'Empire, déjà chrétien depuis le concile de Nicée.

4

Contre l'Eglise, pour la vérité. En écrivant ce texte radical, Lorenzo Valla s'attire évidemment des ennuis. Le pape Eugène IV et la curie projettent de se venger. L'amour du prochain a des limites. Le pardon des offenses aussi... Mis au courant assez tôt, Valla s'enfuit déguisé vers Ostie. Il passe à Naples, puis à Barcelone pour fuir la colère de l'Eglise. Sous la protection du roi Alphonse d'Aragon, dont il a été le secrétaire pendant dix années et pour lequel il avait écrit une *Histoire de Ferdinand, Roi d'Aragon* (un livre que son fils régnant n'avait pourtant pas trouvé plus hagiographique que ça...), il revient en Italie.

Entre-temps, Alphonse est devenu roi de Naples et de Sicile. Quand le pape meurt, son successeur Nicolas V lui donne l'autorisation de rentrer à Rome, sa ville. Il devient alors, suprême ironie, rédacteur puis secrétaire pontifical ! Fonction à laquelle il aspirait depuis longtemps et que des inimitiés tenaces au Vatican lui interdisaient d'espérer.

Valla sait qu'avec ce livre il travaille pour la vérité et que, pour être un bon chrétien, mieux vaut viser cette fin que plaire à l'Eglise. Dieu, pense-t-il, préfère qu'on s'acharne à la démontrer, même s'il faut pour cela aller contre la bureaucratie de Saint-Pierre qui entretient une erreur. Tant pis si le pape, ses cardinaux, l'administration de cette entreprise politique chrétienne en prennent ombrage. La charge de la *Donation de Constantin* vise l'Eglise, certes, mais pas le christianisme : mieux, elle s'effectue en son nom, pour une purification de son fonctionnement et une amélioration de son magistère. Eugène IV se fourvoyait, Nicolas V ne s'y trompe pas.

En attaquant le principe et les fondements de cette prétendue donation à l'origine du pouvoir temporel de la religion chrétienne, Lorenzo Valla agresse un pape qui guerroie, fomente des discordes entre les Etats et les princes, s'enrichit personnellement sur le dos des pauvres. Son œuvre paraît moins impie que pie : il veut rendre à l'Eglise sa vocation première et l'installer du côté de la paix, de l'amour du prochain, de la charité, de la fraternité, des pauvres, des miséreux et des sans-grades, des individus célébrés dans les Béatitudes... Si les catholiques avaient entendu en son temps ce message de Valla, nul doute que Luther aurait perdu deux ou trois raisons d'exister !

Dans le même esprit, et la même année, Valla écrit un ouvrage intitulé *De la profession religieuse* (1442). Il y critique la pratique monastique et attaque la prétention des moines à illustrer la perfection de la vie chrétienne. Quand le renonçant se croit au-dessus des autres croyants, le philosophe rabaisse sa suffisance. La vraie foi ne se trouve pas dans la communauté (souvent fort peu sainte) mais toujours dans la pratique des vertus théologales : foi, espérance et charité. Ces pages réjouiront Erasme qui, dans ses *Colloques*, s'en donne à cœur joie contre la gent religieuse incarcérée...

5

L'engagement chrétien. La charge anticléricale de Valla s'effectue au nom de la vérité du message chrétien. Pas en regard d'un projet libertin, athée ou déconstructeur du christianisme. La pensée du Romain vise une purification de cette religion, puis un retour à ses principes éthiques généalogiques. Le Christ passe pour le philosophe par excellence, celui qu'il peut retrouver sous le fatras scolastique qu'il ne manque pas de critiquer aussi souvent que possible.

Ainsi dans les *Disputations dialectiques* (1439), une véritable machine de guerre contre l'aristotélisme. La philosophie est amour de la sagesse, certes, mais la sagesse coïncide avec le message évangélique. Pas besoin pour elle de se perdre dans un embrouillamini de syllogismes, dans un entrelacs de subtilités dialectiques ou dans un labyrinthe formel. Tout ce qui suppose un passage par la philosophie – entendre : la philosophie scolastique... – éloigne du message chrétien.

La foi de Lorenzo Valla ne fait aucun doute. Chacun de ses ouvrages le montre. Elle ressemble un peu à celle du charbonnier... Le terme « fidéisme » semble correspondre à merveille pour qualifier sa position à l'endroit de la religion : il faut croire, cela suffit. Pas besoin d'utiliser la raison, d'en appeler à la démonstration, car les limites de l'analyse apparaissent vite dès qu'on aborde ce sujet. Dieu, sa nature, ses œuvres, son fonctionnement ?, autant de mystères impénétrables pour un homme si pitoyablement doté avec sa petite raison raisonnable et raisonnante...

Professeur de rhétorique à l'université de Pavie (1429 à 1433), acteur de joutes oratoires sur l'érudition philologique à la cour d'Alphonse V à Naples (1435), latiniste hors pair auteur des *Elégances de la langue latine* (1435-1444) – il connaît Cicéron et Quintilien presque par cœur... –, enseignant la rhétorique à Rome (1450), Lorenzo Valla pourrait jouer de sophistique et convaincre en bon scolastique. Il refuse et préfère en appeler, en deçà de la raison – ou au-delà d'elle... –, à une foi nécessaire et suffisante.

Cet engagement chrétien se manifeste dans *Dialogue sur le libre arbitre* (vers 1443), une poignée de pages dans lesquelles il se met en scène aux côtés d'Antonio Glarea débattant sur la fameuse question de la prédestination et de la liberté, du rapport entre déterminisme divin, prescience de Dieu et (in)existence du libre arbitre. L'argumentation ne manque pas de brio, elle est subtile, la dialectique impressionne, on reconnaît la puissance intellectuelle de Valla. Or il n'en fait pas usage, sinon pour conclure à la nécessité de renoncer aux questions sans réponses humaines possibles, car seules la croyance et la foi pure et simple permettent d'apporter une solution acceptable. Le philosophe démontre sa force de frappe conceptuelle, il prouve l'efficacité de sa mécanique intellectuelle, il donne des preuves de sa formidable cérébralité – et récuse le combat, puis prêche tel un curé de campagne...

6

Existence de Dieu contre liberté des hommes. L'exercice de style sur ce sujet confine au cas d'école : si Dieu existe, qu'il sait tout, voit tout, prévoit tout, quelle place pour la liberté des hommes ? Car si Dieu connaît à l'avance ce que les hommes vont vouloir puis faire, comment parler de choix, de liberté ou de libre arbitre ? Si la possibilité de choisir n'existe pas, les hommes ne peuvent être tenus pour responsables de ce qu'ils sont, disent ou font. Ni responsables, ni coupables donc, pas plus punissables... Nier la liberté, c'est décréter l'irresponsabilité, c'est aussi ouvrir la voie à l'impossibilité de châtier, dans ce monde comme dans un autre...

Comment dès lors concilier l'existence de Dieu, qui ne peut pas ne pas savoir, ne pas pouvoir, ne pas voir, ne pas vouloir tout (en vertu de ses qualités : omniprésence, omnipotence, omniscience), et la liberté des hommes ? Dieu veut tout, mais, afin de pouvoir être tenus pour coupables, les hommes doivent disposer d'un libre arbitre : cette dotation ontologique est nécessaire pour justifier l'arsenal policier de toute métaphysique qui compte et compose avec les obligations, les sanctions, la responsabilité, la culpabilité. Ainsi le judéo-christianisme.

Par ailleurs, si les hommes sont prédéterminés, comment croire à la possibilité de s'amender, de se modifier ou de se bonifier ? Tout espoir de devenir autre que ce que l'on est grâce à un travail de sa volonté disparaît au profit d'un fatalisme intégral : pas besoin de vivre en chrétien, de désirer se perfectionner dans la vie, puisque rien n'est possible à l'homme soumis au bon vouloir de Dieu. Lui seul détient la puissance de la grâce, du salut ou de la damnation. Les actes comptent pour rien. Cette option métaphysique ouvre la porte à la débauche, à la licence, à l'immoralité !

Voici les enjeux du débat : Dieu existe, l'homme n'est pas libre, il se contente d'obéir, rien ne relève de son vouloir, il n'est donc ni coupable ni responsable. Frères et Sœurs du Libre-Esprit concluent ainsi... Ou alors Dieu n'existe pas, les hommes peuvent choisir, ils sont à l'origine de ce qui a lieu, et on peut les punir ou leur demander des comptes. Comment concilier ces deux options qui paraissent contradictoires : l'existence de Dieu qui prédétermine et celle des hommes doués de liberté ?

Face à Antonio Glarea qui, non sans talent, joue avec toutes ces apories, soulève ces contradictions, repère ces incompatibilités, Lorenzo Valla aborde la question de la prescience divine : en vertu de ses attributs, Dieu ne peut pas ne pas savoir ce que les hommes vont faire. En même temps, les hommes restent libres d'agir. Voilà la position du philosophe. Comment le démontre-t-il ? En affirmant que Dieu prévoit nos actes, certes, mais que cela n'oblige en rien qu'ils s'effectuent nécessairement. Prévoir n'est pas prédire.

La possibilité d'un événement n'implique pas de fait sa réalisation. Quand Dieu prévoit un événement, il n'en est pas la cause : il sait ce qui advient, mais ne le veut pas. Le savoir divin ne suppose aucune effectivité sur la nature de la réalité. Pressentir n'est pas causer la nécessité qui, elle, obéit à ses lois propres ; prédire n'implique pas provoquer. Car la cause de ce qui advient procède du libre arbitre des hommes. Dieu ne veut pas l'usage que les hommes en font, mais son pouvoir suppose qu'il sache ce qu'ils vont en faire.

Exemple – de ma facture... – : Antonio défend sa position sur ce sujet. Dieu sait quelle thèse il va soutenir, mais n'est pas en lui la cause de cette option particulière. L'interlocuteur de Lorenzo croit incompatibles libre arbitre et existence de Dieu. Dieu sait qu'il croit cela, qu'il le pense, et va le formuler, mais Dieu n'a pas décidé qu'Antonio défende cette thèse plutôt qu'une autre, car seul le libre arbitre du philosophe agit dans cette affaire.

Antonio reste sur sa faim... Certes il voit l'habileté intellectuelle de Lorenzo, mais ne se trouve pas totalement convaincu. Le prétendu éclaircissement augmente l'obscurité. Comment dès lors, une fois résolue la question de la conciliation de la prescience de Dieu et de l'existence du libre arbitre, aborder le problème du vouloir de Dieu ? Que veut-il ? Comment veut-il ? Pourquoi veut-il ceci plutôt que cela ? Y a-t-il ou non des limites à son vouloir ? Jusqu'où peut-il vouloir ? Quand commence le vouloir des hommes ? Etc.

Valla refuse de poursuivre l'échange. Il a défini les règles du jeu au début de la conversation : une question, une réponse. Du brio, du talent, de la dialectique, de l'habileté rhétorique, il en montre et prouve son indéniable pouvoir conceptuel. S'il refuse une deuxième question ça n'est donc pas par incapacité intellectuelle. Le combat cesse car cette question est sans solution... Nul besoin de chercher une réponse inexistante !

Cette fin de non-recevoir suppose le mystère. Ce qui constitue le moteur du vouloir de Dieu, à l'évidence les hommes ne le sauront jamais. Les anges l'ignorent déjà, précise Valla ! Dès lors, comment les sous-anges que sont les créatures humaines pourraient-ils espérer dépasser en sapience et en sagacité des puissances qui leur sont infiniment supérieures ? La volonté de Dieu relève de l'impénétrable. Nullement objet de savoir, mais objet de foi. Kant ne dira pas mieux...

La foi suffit. L'humilité chrétienne doit supplanter la prétention de la philosophie à résoudre ces énigmes. Car souvent l'orgueil mène les prétendus amoureux de la sagesse : ils croient possible de savoir, ils se trompent. La raison expérimente ses limites. Saisir la nature du rapport entre vouloir de Dieu et activité des hommes, puissance divine et libre arbitre humain, surpasse les possibilités humaines. Or, ignorer les motifs de Dieu n'empêche pas de l'aimer et de le servir. La foi dans le Christ, la pratique de l'humilité et de la charité paraissent de loin préférables à la volonté de savoir. Permanence chrétienne de l'interdiction de goûter au fruit de l'arbre de la connaissance, ce péché mortel à l'origine de l'éloignement de Dieu et des hommes !

7

Un hédonisme chrétien... Après la lecture de ce bref dialogue, on voit mal comment faire de Lorenzo Valla un épicurien, un jouisseur, un libertin masqué... Avancer à visage couvert suppose plus de précautions ! Pas de zigzags conceptuels ou intellectuels, Valla pense et réfléchit en chrétien, il affirme sa foi sans ambages et préfère la pratique des vertus théologales – foi, espérance, charité – aux mécaniques philosophiques dont il montre pourtant sa capacité à les conduire à pleine vitesse : Valla peut jongler car il le montre, et bien, mais il conclut qu'il s'en dispense sur un sujet qui appelle d'autres recours et secours que la raison pure.

Informé par la lecture du *Dialogue sur le libre arbitre*, on évite de commettre l'erreur de lire *Sur le plaisir* (1431) comme un manifeste hédoniste et épicurien orthodoxe ! Valla ne professe pas ici une foi chrétienne indéfectible pour défendre ailleurs une position épicurienne radicale et emblématique tenue, en fait, non pas par lui, mais par un tiers dans son dialogue. D'autant qu'un troisième individu prend la parole après le disciple du Jardin et défend une position chrétienne qui ressemble à s'y méprendre à celle du philosophe romain... Lorenzo Valla persiste dans un christianisme épicurien, et – à ma connaissance – *Sur le plaisir* en apporte la première formule dans l'histoire de la philosophie en 1431. L'année du supplice de Jeanne d'Arc à Rouen...

Lorenzo Valla écrit ce dialogue à l'âge de vingt-six ans. L'année d'après, il en change le titre pour : *Du vrai et du faux bien*, probablement parce qu'on n'a pas compris son christianisme épicurien trop intellectuellement atypique, trop apparemment oxymorique, et qu'on s'est contenté sans débat d'une pure et simple condamnation à partir du titre – déjà... La radicalité d'une pareille thèse sélectionne les auditeurs capables d'entendre la bonne nouvelle. Et ils sont plus rares que les imbéciles incapables de penser en dehors des catégories reçues par l'époque.

Le livre comporte trois discours tenus à la suite ? On y entend successivement un stoïcien, un épicurien, un chrétien ? Il met en scène trois interlocuteurs,

Leonardo Bruni l'homme du Portique, Antonio Beccaldi le philosophe du Jardin et Niccolo Niccoli le penseur du Paradis chrétien, qui défendent chacun leur tour leur position ? Peu importe l'économie interne du livre, sa dialectique propre, son cheminement, son parcours rhétorique : il faut bien, pour certains mauvais lecteurs, que Valla soit épicurien sous le faux nez de Beccaldi en prête-nom...

Au fil des siècles, cette malhonnêteté intellectuelle se construit au prix d'un oubli, d'un déni, d'un mépris du discours chrétien qui conclut l'ouvrage et devient, selon les lecteurs – souvent universitaires... –, un prétexte, une comédie bouffonne, un artifice rhétorique pour masquer la violence du plaidoyer épicurien. Valla libertin, Valla athée, Valla matérialiste, Valla épicurien, mais jamais Valla chrétien – ce que pourtant il revendique de livre en livre ! Comment mieux éviter une pensée neuve et ses potentialités, puis la tuer dans l'œuf ?

La triade, la trilogie, la sainte Trinité également, les constructions en trois temps font sens. Début de l'équilibre, triangulation, Lorenzo Valla qui connaît la rhétorique, la sophistique et la logique, n'ignore rien des modes d'exposition dialectiques classiques. Son dialogue sur le plaisir obéit à cette architecture évolutive : le stoïcisme au degré zéro, premier temps d'un mouvement qui en comporte un deuxième – l'épicurisme – à même de signifier un progrès, certes, mais aussi d'annoncer plus et mieux le christianisme dans une résolution tierce et synthétique.

Prélever un discours sur les trois, l'attribuer sans

preuve à Valla, réduire le philosophe au propos de l'un de ses personnages (une figure d'exposition sur le mode dialogique, certes, mais aussi un individu qui existe bel et bien dans l'état civil de l'époque...), c'est mutiler l'œuvre en même temps que son auteur. *Sur le plaisir* défend clairement un *hédonisme chrétien*, voire un *christianisme hédoniste* qui n'oppose pas la pratique de la religion chrétienne à la philosophie épicurienne, bien au contraire, puisqu'il pense le plaisir telle une voie d'accès à l'essentiel : une pratique réellement, authentiquement chrétienne...

8

Honnêteté de la volupté, et retour. A la manière de Dante qui traverse l'Enfer puis le Purgatoire avant de parvenir au Paradis – dialectique subtile... –, Lorenzo Valla commence son périple avec Leonardo Bruni, porteur des couleurs stoïciennes. Pour lui, le souverain bien réside dans la vertu qui est une fin en soi. On connaît l'option austère de l'école philosophique, Valla n'y adhère pas, l'ascétisme héroïque ne lui convient guère. L'honneur et la gloire constituent autant de fausses valeurs et de ridicules vertus. La passion romaine pour le suicide est indéfendable. Caton, Scipion, Lucrèce ? Des fictions. Mucius Scevola, Regulus ? Des figures obsédées par la gloire...

Mais le pire à même d'être retenu contre les tenants du Portique c'est la tristesse, l'acédie qu'ils génèrent en plaçant si haut leurs vertus qu'elles demeurent impossibles à atteindre. On invite les hommes à pratiquer en héros, ils n'y parviennent pas ; par conséquent, ils traînent avec eux une intraitable mélancolie. Cette éthique inhumaine, au sens étymologique, déclenche des passions humaines, très humaines, de mécontentement contre soi. Un mécontentement fautif.

Une autre faute s'ajoute à la précédente : ils dissocient la vertu de toute transcendance. Dieu en l'occurrence. Car ils confèrent à la nature une place considérable. Leur panthéisme interdit tout compagnonnage avec le christianisme. Le Dieu créateur du monde et séparé de lui, voilà une impossibilité dans la vision du monde du stoïcien Leonardo. L'absence de Dieu distinct du réel, la vertu impossible en ce monde, la passion triste qui en découle, autant de bonnes raisons de ne pas être un disciple de la Stoa.

Antonio Beccaldi l'épicurien critique évidemment les thèses de Leonardo Bruni. L'opposition entre le Portique et le Jardin propose un cas d'école en philosophie : l'austérité contre la joie, l'ascétisme contre le plaisir, l'héroïsme contre la sérénité, l'apathie contre l'ataraxie. Elle travaille l'histoire des idées pendant de nombreux siècles : Epicure ou Cicéron, Sénèque ou Lucrèce, le choix vaut bien souvent, aux yeux des tenants de la philosophie officielle, comme aveu de moralité ou de débauche...

Au souverain bien stoïcien identifié à la vertu, Antonio oppose le plaisir et l'utile. Position officielle du Maître du Jardin. Car le plaisir est en accord avec la nature. D'où la nécessité d'entendre ses leçons :

les animaux et les enfants obéissent naturellement au mouvement qui les conduit vers la jouissance et leur fait détester déplaisir et souffrance. Ainsi, le plaisir doit être le guide des vertus. Là où le stoïcien croit à l'autonomie de la vertu, l'épicurien l'associe à la joie : on est vertueux par intérêt, par satisfaction à l'être.

La tradition oppose les plaisirs du corps à ceux de l'âme. Les premiers passent pour malhonnêtes, les seconds pour défendables. D'un côté, les pourceaux, la jouissance bestiale, la goinfrerie, la sexualité, la débauche – on connaît la musique ; de l'autre, la contemplation, l'amitié, la douceur, la conversation, la méditation. *Voluptas* contre *honestas* : les deux termes de cette alternative permettent habituellement de distinguer les libertins des gens fréquentables...

L'épicurien emblématique de Lorenzo Valla ne fait pas dans la dentelle : il défend tous les plaisirs sans distinctions... L'auteur du *De voluptate* charge le trait, certes, mais il met en scène un personnage conceptuel : la quintessence de l'Epicurien... – en même temps qu'une figure historique, contemporaine, connue pour son libertinage et ses frasques poétiques licencieuses. Le tempérament de Valla exclut la demi-mesure, il polémique, il combat, il milite. Sur la scène philosophique, Antonio porte l'habit d'un soldat de l'épicurisme, costume taillé pour lui par Valla dans un autre drap que le sien...

D'où une défense des jubilations les plus attendues, certes, mais aussi les autres... Boire de bons vins, manger des mets fins, jubiler de la beauté des hommes et des femmes, jouir de la santé, exercer au maximum ses cinq sens et se désespérer qu'il n'en existe pas cinq cents, plaider pour le luxe, d'accord. Mais Beccaldi charge un peu plus la barque : il célèbre l'adultère, la sexualité libre, la fornication, il critique la virginité, défend l'amour libre entre partenaires consentants, y compris entre frères et sœurs, religieux et laïcs, il prône également la communauté des femmes – sur le modèle de la *République* de Platon...

Sur le principe, l'épicurien considère que les animaux et les hommes se distinguent par des détails, mais se ressemblent pour l'essentiel : composés de matière, animés d'une âme corruptible, voués à la décomposition après la mort, nullement concernés par un destin post mortem, donc épargnés par les châtiments ou les récompenses, le philosophe et le chien – cher à Diogène... – subissent une même loi, celle de la nature. D'où la conclusion éthique de cette option antimétaphysique : seul importe l'usage de l'instant, le meilleur supposant une jouissance des biens de ce monde ici et maintenant. Dans ce cas, le corps sensuel offre la seule voie d'accès au salut.

Fidèle également sur ce point à Epicure, Antonio Beccaldi invite à rechercher l'utile, car toutes les lois supposent la poursuite intéressée d'une fin dissociable de la vertu – le plaisir. Jamais personne n'obéit parce que la loi est loi, mais parce que dans l'obéissance on obtient plus de satisfaction que d'insatisfaction. Par exemple, en ne transgressant pas on n'encourt pas les peines, les châtiments, la culpabilité et autres désagréments consécutifs à la désobéissance. Obéir génère le plaisir d'éviter le déplaisir. Respecter une règle pour des raisons d'intérêt ne rend pas pour autant ce respect impur. D'autant que la pureté n'existe pas...

9

Donc, un christianisme épicurien... Le troisième interlocuteur de l'ouvrage, Niccolo Niccoli, s'engage dans cette brèche ouverte par l'épicurien : l'intérêt, l'utilité, l'action, la vertu motivée par le plaisir. Il ne récuse pas la possibilité d'utiliser la joie, la jubilation, la satisfaction, le plaisir justement, la volupté, pour parvenir à d'autres fins, supérieures certes, mais associées : ainsi la contemplation de Dieu. Le plaisir de se préparer à un cheminement vers Dieu, d'y aller puis d'y parvenir, l'espérance entendue comme une occasion de bonheur, voilà en quoi le christianisme peut envisager un compagnonnage avec l'épicurisme. Le plaisir devient le moyen, le média, le véhicule de plus et mieux que lui : le commerce avec Dieu, le plaisir de Dieu.

De l'épicurisme, Lorenzo Valla ne retient pas le plaisir défini comme absence de trouble, l'ataraxie, mais l'utilitarisme, la théorie de l'intérêt ou de l'impureté, pour le dire dans le sens étymologique. Le plaisir d'Epicure qualifie l'état dans lequel on se trouve après suppression de toutes les occasions de souffrir. Loin des affections et passions triviales, le sage épicurien jouit du pur plaisir d'exister et coïncide absolument avec lui-même, en ami de soi.

A aucun moment donc le plaisir n'est une fin en soi, mais un moyen pour parvenir à plus que lui : la sérénité de se sentir dans la quiétude à l'époque du Jardin, la félicité d'une union avec Dieu – le vrai bien dans la seconde formulation du *De voluptate* – dans la perspective d'un christianisme épicurien. On ne doit pas aimer Dieu à la manière stoïcienne, par obligation, en vertu d'un genre d'impératif catégorique, ni lui obéir parce qu'il est Dieu, mais pour le bonheur que l'on retire de sa proximité, cette fois-ci en ami de Dieu.

Les techniques d'accès à cette volupté relèvent de l'ascèse classique des philosophies antiques : se libérer des passions tristes, ne pas consentir aux jouissances qui nous aliènent, donner seulement au corps ce qu'il peut prendre, sans mettre en péril la félicité chèrement acquise. Le chrétien ajoute : libérer en soi la part spirituelle afin de connaître, sur terre, ici et maintenant, le plaisir et la joie d'un mouvement vers Dieu. Le plaisir terrestre est donc un véhicule utile pour conduire au plaisir céleste, seul vrai bien.

10

Un Jardin extraordinaire. Le plaisir terrestre donne un avant-goût de sa formule céleste. La jubilation expérimentée par les hommes ici et maintenant annonce, mais de manière très sommaire et fruste, les vrais biens uniquement accessibles au paradis. Lorenzo Valla – du moins son porte-parole Niccolo Niccoli – en donne une description poétique, lyrique, et somme toute classique. Les descriptions du corps glorieux effectuées par Augustin dans *La Cité de Dieu* fournissent le modèle courant...

Au ciel, on s'affranchit des éléments : l'élu vole ou marche dans les airs, il se déplace à des vitesses sidérales, parcourt des vastitudes infinies pendant des durées impensables ; en toutes occasions, il ignore la fatigue ; le chaud et le froid sont sans pouvoir sur lui ; il marche sur les fleurs sans les abîmer, sur l'eau sans se mouiller ; il peut vivre sous l'eau, à la manière des poissons, sans aucune difficulté ; il circule entre les nuages aussi ; il règle les vents ; etc. Tout ce qui résiste sur terre fond au ciel, les difficultés disparaissent, l'impossible est aboli, la négativité résolue... Le bonheur !

La volupté expérimentée au paradis s'inscrit dans l'éternité ; sur terre elle se déplie dans le temps et la durée d'instants finis. Comment fabriquer, en attendant, un plaisir ici et maintenant avec ce christianisme épicurien ? En ne s'interdisant pas les jubilations associées à la pratique des vertus théologales. Croire en Dieu, pratiquer l'amour du prochain, attendre avec confiance l'heure certaine de la volupté enfin réalisée, voilà le mode d'emploi...

La construction philosophique singulière de Lorenzo Valla est épicurienne dans sa défense du plaisir comme moyen de conduire l'individu vers le souverain bien ; en revanche, elle est chrétienne dans la localisation du summum du plaisir non pas sur terre, mais dans un arrière-monde très improbable... Elle est chrétienne et épicurienne dans l'affirmation que la religion peut composer avec le plaisir, que les deux instances ne sont pas contradictoires, mieux, qu'elles se supposent et se complètent. Si Lorenzo Valla croyait au paradis comme à une réalité révélée par la foi, c'est une chose ; s'il le pensait à la manière d'une idée de la raison, d'un idéal, c'en est une autre. Mais rien n'interdit de penser qu'en plein Quattrocento il a cru aux deux options en même temps ! La Foi et l'Espérance permettent cette double entrée dans le monde des idées...

XX

Marsile Ficin et « les voluptés contemplatives »

1

Marsile Ficin brûle (pour) Lucrèce. Le christianisme épicurien inventé par Lorenzo Valla survit à son créateur pendant au moins deux siècles : à l'évidence le chanoine Gassendi, auteur en 1649 de *Vie et mœurs d'Epicure* et la même année d'un *Système de la philosophie d'Epicure*, propose lui aussi une version de cette sensibilité philosophique inédite. Pendant ces deux cents années, d'autres philosophes s'inscrivent dans ce mouvement : ainsi le jeune Marsile Ficin, auteur en 1457 d'un *Sur le plaisir* ou Erasme qui signe un *Colloque* intitulé *L'Epicurien* en 1533, mais aussi Montaigne, plus proche d'un épicurisme chrétien que d'un christianisme épicurien, certes, mais lui aussi chrétien et épicurien...

Concernant Marsile Ficin, l'information étonne. Car l'historiographie officielle insiste, évidemment, sur son platonisme : traducteur des *Dialogues* de

Platon, des *Ennéades* de Plotin, du pseudo-Denys, auteur lui-même d'une *Théologie platonicienne* (1482) dans laquelle il affirme qu'il suffit de quelques arrangements pour que les platoniciens puissent être considérés comme des chrétiens – comme il a raison ! –, auteur d'un célèbre et influent *Commentaire du Banquet de Platon* (1488), pendant toute la Renaissance Marsile Ficin passe pour le néoplatonicien emblématique, celui dont l'influence déborde son Académie platonicienne de Florence – dans la peinture d'un Ange Politien ou d'un Botticelli, par exemple. Or ce Marsile Ficin-là fut épicurien dans sa jeunesse...

A vingt-quatre ans (1457) Marsile Ficin écrit *Sur le plaisir*... avec plaisir, précise-t-il à Antonio, son ami dédicataire. Sa correspondance comporte aussi quelques échanges qui témoignent d'une influence aristippéenne et épicurienne. (Ces lettres ont été tout bonnement supprimées dans l'édition de ses œuvres par Kristeller, qui préfère écarter ce qui gêne la thèse généralement admise d'un Ficin politiquement correct : platonicien, chrétien, enfin pas épicurien...)

La même année, il rédige un commentaire personnel du *De natura rerum* de Lucrèce qu'il détruit par le feu. L'exégèse bigote parle de crise spirituelle chez Ficin, vite balayée grâce à un ressaisissement chrétien, un sursaut salvateur ! On peut aussi imaginer qu'il ne fait pas bon, même chrétien, professer des sympathies pour Epicure et ses disciples à cette époque. Le châtiment du bûcher renvoie autant à l'expiation d'un péché de jeunesse par le feu qu'à une élémentaire prudence quand on aspire à faire carrière dans l'Eglise catholique...

2

Les voluptés contemplatives. Le futur chanoine de la cathédrale de Florence (1487) commet donc un texte sur le plaisir. Péché de jeunesse. Mais petit péché, car si l'ouvrage montre une excellente connaissance des problèmes, questions et enjeux sur ce sujet dans la philosophie antique, on y cherche en vain une prise de position personnelle en faveur du philosophe de Samos. Définitions platoniciennes du plaisir, de la joie, de la satisfaction qui passent majoritairement par un commentaire du *Philèbe* ; renvoi aux critiques et objections effectuées par Aristote dans l'*Ethique à Nicomaque* ; examen des positions stoïciennes, cyrénaïques, sceptiques ; analyse des thèses de Démocrite, Eudoxe, Aristippe, Epicure ; du bel ouvrage doxographique, utile, en passant, pour mettre à disposition les idées hédonistes.

Marsile Ficin ne condamne pas le plaisir en soi mais relativement à son usage : modéré, il est défendable. Les plaisirs sont hiérarchisés : plus ils sont utiles à la méditation et l'union avec Dieu, plus ils présentent un intérêt. D'où l'éloge de l'ouïe et de la vue, bien sûr, les sens de la mise à distance, de l'immatérialité, de la cérébralité, des supports nobles (l'image et le son), et un classement décroissant vers l'odorat et le goût, puis le toucher, sens ignobles de la proximité avec la matérialité du monde et les supports vils (les odeurs, les saveurs, les contacts tactiles avec la chair du monde, le corps du réel, les objets).

On comprend comment dès lors le chrétien peut pratiquer légitimement certains plaisirs : en se contentant des sens qui permettent l'accès au divin. Ce qui favorise plus sûrement et intimement l'union avec la divinité obtient la bénédiction du jeune philosophe. La pureté platonicienne et la tranquillité épicurienne, la théologie de Platon et l'ascèse d'Epicure peuvent faire bon ménage avec le christianisme. De même aux yeux de Marsile Ficin une conciliation semble possible entre Platon et Epicure sur le terrain de la cosmogonie : la théorie des éléments développée dans le *Timée* peut se lire sans contradiction majeure avec celle des atomes telle qu'elle apparaît dans la *Lettre à Hérodote* d'Epicure. Marsile Ficin, qui ignore le grec mais aborde le sujet via les gloses faites par Guillaume de Conches sur ce dialogue platonicien sur la généalogie du monde, n'interdit pas une conciliation voire une assimilation des triangles platoniciens et des atomes d'Epicure...

Pareillement, la Vénus qui ouvre le *De natura rerum* et qui passe selon Lucrèce pour le principe vital, le souffle, la cause de toute la machine atomique du monde, n'existe pas sur un mode franchement contradictoire avec l'*anima mundi* de Platon. A la source d'un réel tangible, on trouve en l'occurrence deux noms différents, certes, mais ils formulent une même puissance génésique et généalogique. Là encore, Marsile Ficin embauche Epicure et Platon dans la construction de sa vision du monde.

3

Eloge du jaune d'œuf. Marsile Ficin brûle donc son Lucrèce et néglige son livre sur le plaisir. Puis il expérimente la joie chrétienne des prébendes florentines catholiques. Lorsque son protecteur Laurent le Magnifique meurt, il a la sagesse de se retirer du monde en campagne et de mener une existence somme toute assez proche d'un épicurisme bien compris. En lecteur probable de *La Vie solitaire*, cet excellent bréviaire de Pétrarque, plus épicurien qu'il n'y paraît...

Dans les *Trois livres de la vie*, il jongle avec la mythologie, le christianisme, les guides célestes, les fonctions psychiques et les guides humains, pour associer Mercure, la Volonté et le Père charnel, Phébus, l'Entendement et le Précepteur spirituel, puis Vénus, la Mémoire et la médecine du corps. Quincaillerie astrologique, mythologique, hermétique, alchimique, voire poétique ! L'ensemble culmine dans un éloge de la vie saine indexée sur les mouvements de la nature et particulièrement du soleil.

Se lever avec lui, donc, et profiter des premiers rayons, éviter le vin, la viande de bœuf, le gibier, le fromage fermenté, les lentilles, la moutarde, se garder des passions mauvaises, la tristesse, la colère, la solitude, recourir souvent aux bains, écouter de la musique, se promener à travers les prés en fleurs, vivre à l'air libre, conjurer l'ombre, aimer la pleine lumière. Et se nourrir de jaunes d'œuf dont l'or provient du soleil... Marsile Ficin, qui croyait aussi aux astres, aux esprits, craignait les présages météorologiques, portait crédit au langage des pierres, n'aimait pas les feux follets, commence son existence en théoricien du plaisir, vit en propagateur de la foi chrétienne mâtinée de platonisme – ou l'inverse... –, puis termine son existence tel un épicurien que n'aurait pas renié le Maître de Samos...

Peu de temps avant de mourir – trois ans précisément, en 1497 –, quand il publie à Venise *Des mystères de Jamblique*, il ajoute au volume... son *De voluptate* ! Quarante années après l'avoir écrit, en manifestant ce désir de ne pas oublier ce texte de jeunesse, Marsile Ficin montre qu'il n'a sûrement pas cessé d'être épicurien pendant toute son existence. Certes, sur la cosmogonie ou le nom à donner à la puissance constitutive du monde, l'Eglise pouvait ne pas trouver à redire au compagnonnage avec le philosophe du Jardin. En revanche, sur le terrain éthique, au regard de la morale hédoniste d'Epicure si proche de l'ascèse du philosophe florentin retiré du monde, on ne saura pas quel épicurien il aurait pu être !

XXI

Érasme et « le plaisir honnête »

1

La sage folie d'Erasme. Erasme de Rotterdam (1467-1536) reconnaît une véritable dette à l'endroit de Lorenzo Valla : les travaux de philologie et d'exégèse biblique du Romain déclenchent un réel enthousiasme chez celui qu'on présente classiquement comme le père de l'Humanisme – presque cent ans après Valla... Au point qu'il publie en 1505 les *Annotations sur le Nouveau Testament* de Valla, un manuscrit qu'il découvre dans la bibliothèque de l'abbaye norbertine de Parc, près de Louvain. Puis il rédige deux paraphrases des *Elégances de la langue latine* du même. La passion pour le latin, la nécessité de travailler les sources des textes prétendument révélés, de les lire en philologue, donc en historien, Erasme les tient de son maître italien dont il fait très tôt l'éloge dans sa correspondance. Quand il écrit son *Essai sur le libre arbitre* (1524), l'influence de Lorenzo Valla n'est point dissimulée.

Dès 1511, dans l'*Eloge de la folie*, Erasme précise les modalités de son christianisme épicurien. En affirmant qu'un christianisme authentique relève d'une sage folie, le philosophe recourt à l'ironie, à l'humour, au paradoxe. Le philosophe célèbre la folie : elle perpétue l'espèce humaine, fait le bonheur de la vie, prolonge l'enfance, recule la vieillesse, sature de désir la relation des hommes et des femmes, elle est nécessaire à l'amitié, soutient le mariage, inspire les exploits guerriers, génère les arts, rend la vie supportable, met du piment dans les banquets, etc. De sorte qu'il vaut mieux souhaiter être fou que sage...

Va pour la folie des bouffons, des marchands, des théologiens, des philosophes, des femmes, des courtisans. Mais celle des prêtres, des moines, des évêques, des cardinaux, des papes et des rois, eux aussi épinglés ? Erasme n'épargne personne et le rire devient jaune au fur et à mesure de la lecture... Ce chrétien n'aime pas le clergé, il manifeste même un réel anticléricalisme... Les prêtres ? Bien souvent des complices de la misère des pauvres... Les moines ? Des paillards... Les papes ? Des guerriers assoiffés de conquêtes, d'argent, de pouvoir, de puissance militaire et politique... Le rire d'Erasme dévaste une partie de l'édifice chrétien...

2

Ironique et insolent, mais chrétien... Que sauve-t-il, cet insolent, dans ce déferlement d'ironie ? Le

Christ. Lui et rien d'autre. Sa parole, son exemple, son enseignement, son témoignage, sa vie, sa douceur, sa sagesse, mais pas ceux qui s'en réclament pour défendre l'inverse – violence, brutalité, guerre, misère, exploitation, terreur, domination, servitude, etc. Erasme, mais Valla aussi, jouent le Christ contre l'Eglise et le clergé. En antidote aux diktats du Vatican, ils proposent la parole, la pensée et la philosophie de Jésus complice d'Epicure. Leur dessein ? Réformer l'Eglise pour sauver l'Eglise...

L'*Eloge de la folie* est connu, mais pas lu. L'immense réputation de ce livre fait que la plupart en parlent sans l'avoir vraiment étudié. Or, à la fin du texte, après l'exercice de style brillant sur la folie qui n'épargne personne, Erasme propose une ascèse qui conduit au plaisir : le vocabulaire qu'il utilise ne trompe pas – *joie*, *félicité suprême*, *vie bienheureuse*, *béatitude*, *océan de bonheur intarissable* –, l'union mystique en Dieu génère une jubilation sans nom. Folie donc de viser la purification – sur le mode platonicien – de son âme et la spiritualisation de son corps, folie l'amour de Dieu, folie le désir d'imitation du Christ, certes, mais quelle jubilation avec cette douce folie !

Comment connaître ce plaisir dans l'au-delà ? En lisant et en vivant ici-bas les Evangiles, en pratiquant les vertus théologales – foi, espérance, charité. Peu importent les menaces des prêtres ; les décisions de la hiérarchie ecclésiastique comptent pour zéro ; la prière des moines importe peu ; les diktats du souverain pontife ne valent rien ; seule pèse l'existence vécue dans l'imitation de Jésus, pauvre, humble, doux, pacifique, généreux. En appeler à la source fâche toujours les représentants du christianisme officiel, corrompus, riches, affairistes, belliqueux, violents, cupides.

3

Epicure chrétien ! Erasme chrétien, plus chrétien même que les officiels du christianisme, voilà qui ne fait aucun doute. Mais épicurien ? Comment l'est-il ? Comment et quand, où, de quelle manière ? Pour répondre à ces questions, il existe un *Colloque* – le dernier des cinquante-six – intitulé *L'Epicurien* (1533) dans lequel Erasme explique clairement sa relation à Epicure : le summum du dépouillement épicurien, c'est le christianisme.

Quand on vit comme Epicure l'enseigne, résolu à satisfaire les seuls désirs naturels et nécessaires, écartant tous les autres, soucieux de réaliser un état de paix intellectuelle et de sérénité mentale – l'ataraxie – identifiable au plaisir véritable et au souverain bien, on vit en chrétien... Luther le traite d'épicurien ? Qu'à cela ne tienne, Erasme revendique l'épithète haut et clair, puis dépasse le lieu commun du disciple d'Epicure assimilable au pourceau pour réhabiliter une figure philosophique injustement calomniée.

Les *Colloques* proposent des dialogues sur le mode socratique. Ces exercices servent d'abord à apprendre le latin avec une méthode pédagogique révolutionnaire établissant une relation fine et suivie entre maître et disciple. Parfois le texte est mis en scène sur le principe de la représentation théâtrale. Cette forme philosophique dispose de plusieurs entrées. Outre la transmission du latin et des techniques de rhétorique activées à l'oral après les représentations entre le maître et ses élèves, le colloque permet également une édification spirituelle. Sur les sujets les plus divers – le mode de vie préférable, la vie conjugale, la dignité des femmes, l'injustice de toutes les guerres, le mensonge, l'éducation des enfants, l'alchimie, etc. – Erasme transmet une éthique, une morale, une sagesse, une philosophie.

Evidemment, la question religieuse y est aussi traitée... Et comment ! Le penseur de Rotterdam laisse libre cours à son anticléricalisme et critique l'adoration des reliques, la pratique du jeûne ou du pèlerinage, le culte des saints et de la Vierge, la confession et les indulgences, de même il charge les moines, qu'il trouve corrompus, bâfreurs, goinfres. Les vœux de pauvreté, chasteté et obéissance ? Autant de contraintes qui génèrent des maux : le parasitisme social, les vices contre nature et la servitude par exemple.

A cette critique Erasme ajoute des invites : retrouver la foi des origines, agir en regard de l'esprit évangélique, lire directement les textes sacrés pour économiser la médiation du clergé inculte ou intéressé. Avec ces charges héroïques, Erasme critique le catholicisme, certes, mais en chrétien : il pointe les défauts de l'Eglise au nom d'un christianisme idéal et purifié. Réformiste, s'il avait été écouté, entendu, suivi, nul doute qu'Erasme aurait supprimé une partie des raisons qui expliquent l'avènement de son protestantisme. Mais voilà...

4

Le Christ au Jardin. Le dialogue intitulé *L'Epicurien* met en scène Hédon et Spudée. L'étymologie témoigne : le premier recherche le plaisir, le second définit l'homme sérieux. L'un revendique son épicurisme, l'autre paraît plutôt stoïcien, d'où la confirmation de l'exercice de style qui oppose classiquement le Portique et le Jardin. En parfait disciple d'Epicure, Hédon affirme identifier le plaisir et le souverain bien. A ses yeux, la vie heureuse comporte le moins de tristesse et le plus de volupté. Pour l'instant, rien de très hétérodoxe...

Là où Hédon tranche sur l'idée communément reçue concernant l'épicurisme, c'est, mieux que Lorenzo Valla, plus clairement et plus nettement, lorsqu'il affirme que les plus grands épicuriens sont les chrétiens qui mènent une vie sainte – et vice versa. La vie au Jardin d'Athènes suppose la sainteté que le christianisme authentique formule à sa manière. En quoi consiste la pire misère ? La mauvaise conscience. Le comble de la félicité ? Une conscience tranquille. La faute ? Ce qui détruit l'amitié entre Dieu et l'homme – et que rachètent pénitence et charité. Voilà de quoi reformuler l'ataraxie à la manière chrétienne :

la tranquillité d'âme de l'individu n'ayant rien à se reprocher, voilà la volupté suprême.

A l'évidence le souverain bien n'est pas le plaisir, mais Dieu. Mais le plaisir accompagne la vie chrétienne, il découle de son exercice : personne ne vit de manière plus douce que l'homme pieux. En conséquence, le plus misérable c'est l'impie. La pratique des vertus théologales et le comportement calqué sur celui du Christ, voilà matière à une vie de bonheur véritable. Les plaisirs terrestres sont futiles, secondaires, inexistants en regard de ceux-là.

Le corps exige, l'âme répond à cette exigence : forte, digne, grande et belle, elle peut avilir ou sauver. Lorsqu'elle résiste à la négativité, à la peine, à la douleur, à la souffrance, à la mort, elle excelle ; quand elle consent aux instincts, aux pulsions grossières, elle défaille. Les richesses, les honneurs, les satisfactions sensuelles grossières, les danses et les chants, les parfums et les vins génèrent des satisfactions illusoires et passagères. Une fois ces désirs satisfaits, ils réapparaissent et entraînent un esclavage qui entrave l'esprit et empêche la sérénité.

D'autant que leur satisfaction débouche sur un plaisir, certes, mais fugace et souvent payé d'un déplaisir : la généalogie de passions tristes, l'usure de sa santé, l'amoindrissement de sa force et de sa vigueur, l'apparition de maladies incurables – la syphilis, écrit Erasme –, l'accroissement de sa pauvreté, la disparition de sa sérénité, le bien le plus précieux. Or un plaisir payé d'un déplaisir n'en est pas un. De même, ces jubilations si souvent contraires à la morale dominante génèrent culpabilité et mauvaise conscience. Autant dire la négativité par excellence.

Le modèle de l'épicurien accompli ? Le franciscain dépourvu de tout, ayant renoncé à ce qui fait courir la plupart... Pas de femme, pas d'argent, pas d'envie de pouvoir, sinon sur lui-même. Le chrétien connaît la volupté véritable car il est mieux armé pour affronter la négativité consubstantielle à toute existence : la mort, la maladie, la souffrance, la vieillesse, les calamités, les périls, les catastrophes, les guerres. Le chrétien véritable n'ignore pas que les épreuves surgissent pour éprouver sa foi.

Le chrétien d'Erasme – à rebours du chrétien apostolique et romain – ne recherche pas la douleur et la souffrance, il ne les aime pas non plus, mais il sait les écarter par la puissance de sa détermination et de sa foi. Longanime, il fait face avec sérénité aux épreuves qui surviennent dans l'existence car elles comptent pour rien en regard de ce qui, post mortem, attend le chrétien ayant pratiqué dans l'esprit du Christ. Fortifié par l'espoir d'une volupté éternelle acquise en s'astreignant à l'imitation, le chrétien jubile d'une vie terrestre, condition pour l'obtenir.

L'usage des plaisirs terrestres suppose la modération. Une fois écartées les voluptés triviales, il s'agit d'en jouir avec mesure. L'abus de plaisirs, même permis, est déconseillé... Ainsi en matière de sexualité : Erasme ne consent pas à la haine du corps officielle chez les chrétiens, ni à la condamnation des relations sexuelles en dehors de la procréation, mais il estime la chasteté préférable. Le mari doit aimer sa femme à la manière du Christ son épouse ! L'aimer pour le plaisir sexuel qu'elle nous donne n'est pas aimer. Le vrai plaisir consiste dans la vie commune vécue sous le signe d'un partage harmonieux des mêmes valeurs. En vertu de cette idée, plus l'amour sensuel diminue, plus l'amour véritable croît...

5

Une horticulture transcendantale. Erasme consacre un autre colloque à envisager les possibilités d'un christianisme épicurien. Sans le dire dans ces termes, sans militer pour une conciliation franche et ouverte des deux mondes, mais en réalisant toutefois une couture de la meilleure facture entre la philosophie du Jardin et l'idéal des Evangiles. Erasme peint un christianisme joyeux, gai, hédoniste, qui célèbre la vie, l'amitié, la discussion, mais aussi la table, les nourritures terrestres. Dans ces pages élégantes, subtiles, les plaisirs corporels et les plaisirs spirituels n'apparaissent jamais séparés, mais se conditionnant toujours les uns les autres – comme si la séparation de l'âme et du corps relevait d'une fiction.

Le philosophe de Rotterdam aime les banquets, le principe des banquets. Il en publie pas moins de six dans ses *Colloques* : un *Banquet profane* compare les mérites du vin blanc et du rouge, du bœuf et du mouton, du bouilli et du rôti, du lapin, de l'oie, du porc, de la poule et du chapon, du foie gras, etc. ; un

Banquet poétique procède de la même manière, mais avec l'ïambe, l'anapeste, le spondée, le tribraque ; un *Banquet sobre* permet à ses personnages de fêter un Jardin sans pain ni vin, avec de l'eau et de la salade sans assaisonnement ; un *Banquet des conteurs*, comme son nom l'indique, réunit des diseurs de contes ; un *Banquet disparate*, sous le titre de *La grande chère*, met en scène Spudus questionnant Apicius sur la meilleure façon de réussir un festin ; et ce *Banquet religieux* (1522) qui décrit dans le détail un Jardin qui rappelle incontestablement celui d'Epicure...

Erasme raconte donc une Maison et son Jardin comme des occasions philosophiques. Mieux : comme des occasions de philosopher. L'exégèse met en perspective cet endroit et les maisons de l'imprimeur Froben à Bâle, du chanoine Jean Botzheim à Constance, de son ami si cher Thomas More à Chelsea, ou celle que le philosophe habita un temps à Anderlecht. Je tiens plutôt, hors contexte historique – au contraire d'Epicure en Grèce et de Philodème dans le golfe de Naples –, à une création philosophique d'Erasme qui transfigure cette Maison et son Jardin en personnage conceptuel, en figure nouménale, en idée de la raison, en lieu idéal. Pour le dire dans le mot créé six ans plus tôt (1516) par Thomas More, Erasme propose une « utopie » – à savoir un lieu imaginaire, inexistant, mais utile pour construire du réel dans sa direction.

Ce Jardin – au sens large du terme – comprend un jardin dans l'acception classique du mot, mais aussi une maison d'habitation et des bâtiments spécifiques : bibliothèque, hôpital... Il correspond aux bâtiments d'Epicure à Athènes : un lieu de philosophie, un lieu philosophique où se manifeste une pensée et s'incarne la manière de vivre qui l'accompagne. Cette école procède du Maître de Samos, certes, mais également du Christ considéré par Erasme comme un philosophe à part entière – le meilleur d'entre tous. Le Jardin du *Banquet religieux* est sans conteste celui du christianisme épicurien.

Quand Timothée s'adresse à Eusèbe, le propriétaire des lieux, et lui confie son impression de contempler les jardins d'Epicure, il ne froisse pas son interlocuteur. Au contraire. Eusèbe acquiesce et précise selon quels critères on peut penser ainsi : le plaisir, oui, bien sûr, mais un plaisir honnête qui permet de satisfaire les cinq sens par un genre d'horticulture et d'architecture transcendantales, en même temps qu'il délasse l'esprit, réjouit l'âme et édifie l'amoureux de la sagesse.

Transcendantal, ce Jardin l'est car il existe dans les limites de la simple raison. Objet de papier et non trace empirique, mais papier susceptible de devenir empirique, il correspond en tout point à un rébus. Rien ne relève du hasard, tout signifie, le détail fait sens. On peut y vivre sans rien voir, passer à côté de l'essentiel, certes, mais au regard exercé ou informé l'ensemble montre une réelle cohérence intellectuelle. Les fleurs, les peintures, les objets, les bâtiments, leurs agencements visent à produire un effet philosophique : le Jardin parle à qui l'écoute et sait entendre.

6

Le langage silencieux des choses. Evidemment, l'antique Jardin d'Epicure ne procède pas de lui-même. Un autre, plus célèbre encore, plus ancien aussi, le précède : le Jardin d'Eden – lui-même décalqué sur le principe des mirifiques et très réels Jardins d'Orient. Au Paradis, au milieu – voir la Genèse – se trouve une Fontaine, au pied de l'Arbre de vie. Dans le Jardin d'Eusèbe-Erasme également. Eau vive, eau claire, eau rafraîchissante, eau lustrale, elle symbolise la vie, l'immortalité, la jouvence.

Un canal relie cette fontaine à un égout extérieur et passe par la cuisine : il draine l'eau qui charrie les impuretés, les éloigne de la maison, nettoie, lave et purifie l'endroit. Ce cours d'eau coupe le Jardin en deux. Métaphore de l'usage potentiel de cette eau : elle sert aussi symboliquement aux hommes souillés, salis. Le rachat des péchés – les ordures de l'office – s'effectue grâce à ce courant régulier venu de la source primordiale et centrale dans le dispositif.

Dans ce Jardin se trouvent deux jardins : l'un regorge de plantes comestibles, l'autre de plantes médicinales. Le premier permet à Eusèbe une vie frugale, saine, sobre et économe. En n'achetant pas ses produits sur le marché, il économise un argent rendu disponible pour l'exercice de la charité. Le second permet les soins du corps, la conjuration de la maladie ou la guérison avec les simples. Car la santé du corps fonctionne de conserve avec celle de l'esprit : comment vivre en chrétien, pratiquer les vertus de l'Evangile, tourner son âme vers l'essentiel si le corps fait défaut ? Contre le dolorisme chrétien, Erasme célèbre la santé, le souci de soi, la propreté aussi.

La symbolique du jardin suppose une initiation : les fleurs et les fruits signifient. Aujourd'hui, la sympathie voluptueuse, la beauté ardente, la magnificence, la gentillesse s'épanouissent avec un bouquet de jasmin, de roses rouges, de tulipes et de fuchsias, quand la calomnie, la causticité, les pleurs, la méchanceté associent virone, dentelaire de Chine, hélénie, houblon. Bouquets hédonistes, bouquets détestables... Dans le Jardin d'Eusèbe – son nom signifie « le Pieux » –, plantes et fleurs sont accompagnées de petits panneaux explicatifs où se mêlent adages et vertus explicitées.

Un verger fonctionne tel un conservatoire d'arbres exotiques où se ramassent les merveilles de la nature habituellement éparpillées sur la totalité de la planète. Une volière existe sur le même principe, elle réunit les plus beaux spécimens d'oiseaux inconnus, aux couleurs bariolées et aux cris inhabituels. Un pré avec du gazon clos par une haie de ronces enlacées place cet espace sous le signe de la verdure. Or le vert symbolise la vie, la sève, la fonction chlorophyllienne, à savoir les noces du soleil – le principe génésique – et de la planète.

7

La nature et l'artifice. La nature tient donc une place de choix, certes, mais contrainte par la main de l'homme à signifier. Ce qui pousse, dionysiaque, existe dompté par un vouloir apollinien. Pas question d'un jardin sauvage. Le Jardin philosophique est construit, allégorique, voulu, décidé, choisi. Autant que sa formule orientale zen. L'herbe et l'arbre, le fruit et le légume obéissent au plan et au projet des hommes. La nature érasmienne est naturée par un homme habile dans la pratique d'un langage silencieux.

Par ailleurs, dans la plupart des pièces de cette maison, Eusèbe a commandité des peintures. A l'entrée, par exemple, là où la tradition païenne élit Priape, le dieu ithyphallique des jardins qui protège des oiseaux et des maraudeurs, Eusèbe fait représenter saint Pierre, le traditionnel gardien des clés du Paradis ; dans la salle d'été, des scènes religieuses – la Cène entre autres moments bibliques – côtoient des représentations païennes – Cléopâtre, Alexandre le Grand, etc. ; ailleurs, on pénètre dans la galerie des souverains pontifes mais aussi des empereurs – pas question que le spirituel l'emporte sur le temporel, ni l'inverse ; et puis, un peu partout, des trompe-l'œil rappellent l'immensité de la nature : des lacs, des mers, des fleuves et les animaux associés. Des oiseaux et des poissons aussi.

Et puis, non loin des fleurs naturelles, le peintre a représenté... des fleurs. Pour quelle raison ? Afin de montrer combien le talent des hommes excelle dans la représentation des merveilles de la nature, bien sûr, mais combien aussi, en regard de ces merveilles à proximité, le plus bel art échoue devant la plus simple des créatures de Dieu. L'art montre en abyme que le créateur de celui qui représente si bien ces créatures évolue, lui, dans un registre mille fois supérieur. Une esthétique apologétique, en quelque sorte. Du trompe-l'œil et de sa vertu édifiante !

Et puis, les fleurs véritables dégagent des parfums sublimes. Ce que nul artiste ne restitue. Aucun artifice ne parvient à créer une fragrance, une odeur de rose ou d'œillet aussi subtile que la réalité. Dans le combat qui oppose l'artefact et la nature, la seconde gagne, et de très loin. En passant, Eusèbe en profite pour célébrer le nez à égalité avec la vue ou l'ouïe. Ce refus de hiérarchiser les cinq sens en fonction de leur possible usage religieux n'effleure pas Erasme : l'olfaction compte autant que les autres sens. Habituellement, l'idée se trouve chez les penseurs matérialistes...

8

Une architecture symbolique. Le bâtiment relève de l'intelligence d'un architecte – invisible, absent dans le texte, et sur lequel on ignore tout. Métaphore, là encore. L'ordre, l'harmonie, l'équilibre et la signification supposent une volonté préexistante. Le désordre, le chaos, le hasard ne peuvent produire cette mécanique conceptuelle raffinée. L'esprit des lieux suppose un esprit qui souffle dans les lieux.

Probablement le vouloir d'Eusèbe, si l'on se souvient de l'étymologie de son nom : Eusèbe, c'est le Pieux, l'incarnation de la Foi.

L'ombre et la lumière renvoient aussi à la symbolique : les ténèbres infernales et la clarté céleste, la nuit des puissances sataniques et le jour éternel des élus. Eusèbe prévoit un savant usage de portes et de fenêtres coulissantes, de volets mobiles – intérieurs et extérieurs – qui permettent de multiples modulations. Pour se préserver de la canicule, on clôt, on se repaît de la fraîcheur de l'intérieur, on déambule dans les galeries protégées par des colonnes de couleurs ; pour éviter la rudesse des hivers aux journées courtes et aux nuits longues, on profite des baies vitrées, des espaces ouverts sur le Jardin. Avec la possibilité de méditer à partir du spectacle construit pour ravir l'œil et l'esprit.

Car le but visé par Eusèbe reste la sérénité, l'amitié avec soi-même, la conjuration du mal absolu : la mauvaise conscience. La vie quotidienne placée sous le signe d'un épicurisme authentique qui réduit le plaisir à la satisfaction des seuls désirs nécessaires – voire un peu plus qu'Epicure lui-même n'y consent... – inclut des exercices spirituels, une pratique méditative : le Jardin offre l'occasion de cette ascèse mentale – là encore sur un principe familier au sage zen...

L'agencement des bâtiments permet également ce savant mélange entre la recherche intellectuelle du philosophe et la pratique spirituelle du croyant. Ainsi la bibliothèque, forte de peu de livres, mais tous de qualité, jouxte une petite chapelle – ou l'inverse ! De sorte que la lecture des auteurs anciens – Platon, Cicéron, Plutarque – ou canoniques – Paul –, la méditation des Ecritures ou le travail des Evangiles appellent aussitôt, y compris sur le terrain topographique, la prière, le recueillement, le rapport silencieux avec le sacré. Autre moyen de méditation : le balcon de la bibliothèque, qui donne sur l'étendue du Jardin...

Dans une autre salle, Eusèbe montre à ses amis un globe terrestre et des cartes le long du mur. (On songe au *Géographe* de Vermeer de Delft, un siècle plus tard...). Dans cette pièce se trouvent les portraits du Christ et de quelques grands hommes. Symbolique ? La mission civilisatrice planétaire du christianisme, son dessein englobant, non pas par le biais de conquêtes historiques, militaires ou guerrières – Erasme, c'est le philosophe pacifiste emblématique –, mais selon l'ordre de la foi, de la charité et de l'espérance. La pratique évangélique des vertus théologales seule réalise cette conquête sur la totalité des terres cartographiées au mur.

Et puis – comme Thomas More – Erasme n'oublie pas un hôpital dans le périmètre de son édifice, mais à l'écart, afin de permettre aux malades qui nécessitent une quarantaine leur prise en charge par la communauté. Le contagieux, le malade – métaphore là encore... – n'est pas exclu, pas inclus non plus, mais il a droit à un traitement pour recouvrer la santé et retrouver le chemin du Jardin.

9

Une convivialité hédoniste. Dans ce lieu magnifique, vivre confine au chef-d'œuvre. Les convives se retrouvent dans un écrin idéal qui favorise conversations, échanges et convivialité. Erasme recourt à des personnages conceptuels et nomme des Figures associées à des qualités essentielles. On ignore tout de leur âge, de leurs fonctions, de leur physique, de leur vêtement. La fin du dialogue – au moment où Eusèbe distribue des cadeaux – révèle quelques traits de caractère, une psychologie, une ébauche de tempérament qui correspondent peut-être à des personnages réels. Ironie, humour et drôlerie coutumières chez Erasme, un philosophe rieur lui aussi...

L'onomastique lève un peu le voile : Eusèbe, donc, on le sait, incarne la Piété. Mais les autres ? Timothée ? Il honore Dieu. Théophile l'aime. Théodidacte est instruit par lui. Chrysoglotte ? C'est l'homme à la langue d'or. Urane ? Le Céleste. Sophrone ? Le sage et le tempérant. Eulale ? L'individu qui dit le Bien. Néphale ? Le sobre. Autant de variations sur le thème de la Vertu et de la Piété.

Ces neuf personnages – dix avec le serviteur – prennent également en charge la symbolique du neuf : les Muses, les Chœurs qui hiérarchisent les anges chez le pseudo-Denys, le principe organisateur des *Ennéades* de Plotin, le nombre du ciel, celui de Béatrice chez Dante – elle-même symbole de l'amour. Neuf correspond également au dernier de la série des chiffres. En ce sens il annonce une mort et une renaissance, un aboutissement et un recommencement, la fin d'un cycle. Pourquoi ne pas oser cette idée : la fin (désirée) du christianisme officiel et d'Etat, puis l'avènement d'une (possible) ère nouvelle grâce au christianisme épicurien ? Neuf, zéro, un...

Epicuriens, ils boivent et mangent des nourritures terrestres, bonnes et vraies ; chrétiens, ils lisent des textes de la Bible et les commentent à tour de rôle autour de la table. Chrétiens épicuriens, ils ne négligent ni les plaisirs du corps, ni ceux de l'esprit et ne privilégient aucun des deux ; mieux : ils considèrent que toute satisfaction ici induit un plaisir là. Goûter des cuisines raffinées, converser entre amis, prendre plaisir à une promenade dans le Jardin, pourvu que cette joie ne contrevienne pas aux principes évangéliques, c'est jouir de la vie, donc plaire à Dieu qui l'a faite pour qu'on en profite.

Le banquet s'ouvre par une purification. Physique, certes, pour des raisons de propreté, mais symbolique également : on n'approche pas la table impur, car tout repas s'effectue dans une forme de citation de la Cène. Dans ces agapes, les convives mangent du symbole, comme à la messe, mais moins le pain pour le levain de l'Eglise ou le vin en mémoire du sang du Christ que les produits du jardin. Or les produits du jardin sont également les produits du Jardin : autrement dit, des symboles de la perfection de la création, des effets de cet ordre réalisé dans l'utopie épicurienne et chrétienne d'Erasme.

Eusèbe donne le détail du menu : du vin en provenance du domaine, des légumes, du chapon, une épaule de mouton premier choix – dixit Eusèbe... –, quatre perdrix et une magnifique coupe de fruits – pastèques, melons, figues, poires, pommes et noix. Nous sommes loin de la rigueur austère et monacale, loin même du petit pot de fromage et du pain sec d'Epicure, loin aussi du péché de gourmandise édicté par l'Eglise officielle qui associe la faute et le plaisir pris à manger et boire – voire à l'idée même de bien manger et de bien boire... Epicurien, Erasme l'est plus dans l'esprit du Cercle campanien que dans la lettre du Maître de Samos.

10

Le verbe et la chair. Entre une cuisse de perdrix et une tranche de pastèque, des lectures servent de prétextes à échanges et débats. On peut manger en même temps, précise Eusèbe – de la laitue et des œufs, à ajouter au menu ! Puis les neuf convives échangent à partir des thématiques induites par les extraits : les qualités d'un bon roi ; le mode de vie le plus approprié pour mener une vie philosophique ; les rapports entre sacrifice et miséricorde ; la sainteté de Socrate ; la critique des dépenses somptuaires engagées par l'Eglise pour construire églises et monastères ; l'erreur de croire suffisante la pratique des rites et sacrements de l'Eglise, et non des

Evangiles, pour être chrétien ; et autres questions de cet acabit.

Parmi celles-ci, le corps. Prenant le contre-pied de la doctrine officielle de l'Eglise, Eusèbe refuse de faire du corps un ennemi. Pour quelles raisons ? Ni adversaire, ni tombeau – une pierre dans le jardin de Platon... –, le corps existe en compagnon de l'âme. Le problème ne se pose pas en termes dualistes, ni monistes. Encore moins matérialistes. Erasme évite ici la question de l'immatérialité ou de l'immortalité de l'âme, encore plus celle de son destin post mortem. A ses yeux, corps et âme constituent un tout : privilégier une partie provoque des mutilations dommageables.

Comment envisager l'âme sans le corps ? Ou l'inverse ? La vie philosophique, la pratique chrétienne, l'équilibre entre la méditation et l'action exigent un esprit et une chair en bon état. Or l'interdépendance est manifeste : un corps malsain, malade, empêche l'âme d'effectuer un travail spirituel ; de même, une âme en mauvais état produit sur le corps des effets négatifs. Erasme aime la santé, autant que la propreté. La mort, la douleur, la souffrance ? Très peu pour lui... Il préfère la joie, le bonheur, le plaisir, le contentement. Et pour ce faire, les nourritures terrestres présentent autant d'intérêt et de nécessité que les nourritures spirituelles.

A une âme pure, tout est permis. Erasme n'interdit donc rien sur le terrain corporel en soi, mais relativement à l'usage. Loin de lui l'idée de récuser toute libido. Et si dans le dialogue il reprend à son compte les propos misogynes de l'époque – les femmes incapables de philosopher, tout juste bonnes à discuter entre elles ou avec des enfants, colériques sur le modèle de Xanthippe, à former et éduquer par leurs maris... –, le philosophe convient également que rien ne paraît plus désirable qu'une épouse selon son cœur. Le couple ataraxique de Lucrèce...

11

Devenir l'ami de soi-même. A la fin du banquet, Eusèbe offre un cadeau à chacun. Plaisir d'offrir, plaisir de donner, plaisir de recevoir. Quatre livres, deux montres, une lampe et un plumier avec des roseaux de Memphis, voilà les paquets. Certes, chacun manifeste son bonheur à l'idée de recevoir un présent. Mais Erasme, malin, ironique, profite de ce don pour induire et solliciter un contre-don chrétien : il souhaite développer chez Timothée la sagesse qu'il possède déjà et lui donne un petit livre, un recueil de *Proverbes* de Salomon ; à Sophrone il offre une montre dalmate sous le prétexte de lui permettre, car il en est économe, un meilleur usage de son temps – pas dupe, l'intéressé comprend qu'Eusèbe rappelle l'exactitude au paresseux... ; à Théophile revient l'Evangile de Matthieu pour affermir son amour de Dieu ; à Eulale les Epîtres de Paul ; à Chrysoglotte la petite lampe pour qu'il puisse, dit Eusèbe, satisfaire sa passion de grand lecteur – mais aussi pour que ce dormeur invétéré veille davantage ; Théodidacte reçoit les plumes pour célébrer la gloire du

Christ ; Urane hérite de traités moraux de Plutarque ; Néphale, d'une montre également, lui qui dépense son temps parcimonieusement...

Le plaisir se donne mais n'exclut pas pour autant l'édification, la construction de soi. Au contraire, il en est l'auxiliaire. Les livres chrétiens côtoient les textes païens, le Christ et Plutarque se complètent, Paul et le stoïcisme font bon ménage, pourvu que l'ensemble converge vers la pratique évangélique, la seule façon de vivre en chrétien authentique. Au cours du banquet, avec les agapes, les mets et le vin, la discussion et l'échange, le commentaire des sentences bibliques, les neuf protagonistes expérimentent l'épicurisme et le christianisme sans sacrifier l'un à l'autre.

Eusèbe prend congé de ses amis qu'il invite à prendre leur temps au Jardin, voire à y passer trois jours si bon leur semble. Puis il joint le geste à la parole : il parle en chrétien ? Il vit, pratique et agit de même. Trois tâches l'attendent dehors : aider un malade à aborder la mort ; réconcilier deux ennemis ; régler un différend entre deux têtus. A l'évidence, l'amour du prochain motive ces comportements généreux et bienveillants, amicaux et doux. Nul doute qu'Epicure aurait agi de même...

12

Epicure christique et Christ épicurien. Erasme rappelle l'étymologie : Epicure – *epikouros* – est celui qui sauve. Mais qui mieux que le Christ sauve ? Ainsi le Christ sauveur et le Christ épicurien, voire l'Epicure christique, donnent la formule du salut : un composé de sagesse païenne et de sapience chrétienne, un mélange de l'austérité du Jardin d'Athènes et de la vertu du Jardin des Oliviers, un mixte d'ataraxie grecque et d'espérance catholique, de volupté dans l'ascèse et d'ascèse pour la volupté, un compagnonnage entre le philosophe au petit pot de fromage et le prophète au poisson, voilà l'équation de la volupté authentique et du bien véritable.

La possibilité d'un christianisme épicurien disparaît avec l'apparition de la Réforme – et de son corrélat la Contre-Réforme. Dans les premiers temps, elle prend partiellement en charge ce que l'Eglise catholique, apostolique et romaine n'a pas su faire : s'amender, se modifier, se rapprocher des pauvres et des petits, en finir avec l'implication de l'Eglise dans les conflits politiques coûteux en vies humaines, abolir le luxe et le faste de la vie comme au Vatican, moraliser le clergé à tous les degrés de la hiérarchie ecclésiastique, retrouver le sens du message évangélique dissimulé sous un fatras de gloses officielles.

Luther et Calvin portent le fer dans un organisme corrompu. Valla et Erasme, entre autres, auraient pu servir à un renouveau du christianisme, moins relié à la pulsion de mort, plus soucieux de la pulsion de vie, plus désireux de pouvoir spirituel que de pouvoir temporel, moins obsédé par César et un peu plus tourné vers Dieu. En passant à côté des potentialités du christianisme épicurien, l'Eglise se prive d'une chance de se revitaliser en s'humanisant.

Après le passage de Luther, en pleines guerres de religion, Montaigne modifie, voire inverse les perspectives. Il fait évoluer le christianisme épicurien, en formulant un épicurisme chrétien. La recette dissimulée dans les *Essais* ? Un peu moins de christianisme, un peu plus d'épicurisme... Le mouvement philosophique alternatif au courant dominant prend cette direction, pendant que l'Eglise opte pour la Contre-Réforme : à partir de Lorenzo Valla, Epicure devient nettement le philosophe emblématique du combat contre le christianisme officiel.

XXII

Montaigne et « l'usage des plaisirs »

1

Physique de sa métaphysique. Contrairement aux affirmations catholiques, apostoliques et romaines – Blaise Pascal en tête, Bossuet, Malebranche, les jansénistes pour suivre, puis tant d'autres dans la foulée –, Montaigne ne s'aime pas. Pour cette raison justement il se met à nu à longueur de pages, et ce pendant vingt années : de 1572, date de la première ligne écrite des *Essais*, à septembre 1592, l'année de sa mort au château de Montaigne.

On lui reproche d'avoir raconté son petit sexe, révélé son impuissance, détaillé ses digestions difficiles, énuméré ses coliques, autopsié ses calculs rénaux, établi la liste de ses médiocrités intellectuelles et de ses indigences corporelles. Certes, mais pourquoi refuser de voir que ces exorcismes supposent une entreprise singulière : apprendre à s'aimer, composer avec ce qui a priori paraît indigne d'être aimé ? Car le projet qu'a Montaigne de se peindre ne vise pas l'égotisme, le narcissisme, l'amour immodéré de sa personne, mais la juste estime de soi d'un individu qui doute d'être aimable – au sens étymologique – et souhaite le devenir, d'abord pour lui-même.

Entre l'excès d'une détestation de soi, à quoi le christianisme prépare très sûrement, et celui d'une excessive passion prise à son propre commerce, Montaigne cherche la voie médiane. L'autoportrait n'est pas à son avantage. Il se concède bien deux ou trois qualités morales, des vertus comme la foi et la conscience, la franchise et la liberté, la facilité de mœurs aussi, mais après la lecture des trois livres de son unique ouvrage, il reste un sentiment étrange : Montaigne brosse le portrait d'un homme qui, au physique et au moral, ne s'épargne pas. Masochiste ? Pas vraiment, mais loin d'être à lui-même son meilleur ami... Fâché avec lui-même, il donne l'impression d'entreprendre son travail de construction de soi pour produire, le temps aidant, une figure finalement digne d'être aimée.

Au physique, Montaigne souffre d'un handicap constitutif : sa petitesse. Quand parfois on le visite dans son domaine et lui demande le chemin qui conduit au maître de la maison, il constate, de visu, combien son défaut de prestance induit une présence au monde fragile, déficiente, douloureuse, qui suppose la nécessaire conquête d'un artifice à même de la compenser. Si l'on n'apparaît pas au regard d'autrui comme repérable et distinct, il faut se rendre repérable et distinct.

La différence vécue dans sa chair contribue évidemment à la construction d'un tempérament inquiet et soucieux de tout ce qui, sous toutes ses formes – des cannibales aux sorcières en passant par les fous et les mal formés congénitaux –, manifeste la différence, le bizarre, l'étrangeté, la monstruosité. Car Montaigne se dit en même temps « miracle et monstre » – tard, dans le dernier livre de ses *Essais*, quand vraisemblablement il peut (se) dire qu'à partir de ce monstre il est devenu par l'écriture un miracle.

Petit, fort, poilu, bien vite et trop tôt chauve, barbu, dormard, maladroit de ses mains, pas habile du tout, sans aucun talent, nul en sport, aucunement mélomane, ni musicien bien sûr, incapable d'écrire tant ses mains sont gourdes, pas plus à même de tailler sa plume ou de harnacher ses chevaux, inapte à chasser avec un oiseau ou à parler correctement à ses animaux. Et puis, ajoute-t-il en confidence sur lui, avec la petitesse, le visage agréable et une bonne proportion du corps comptent pour rien.

Sexuellement, Montaigne n'a pas caché grand-chose... Ses contemporains – et tant de suivants... – veulent bien le portrait, mais couvrent d'un voile pudique cette question que le philosophe trouve déterminante. Marie de Gournay caviarde une édition pour reléguer dans l'ombre ces confessions impudiques : jeunesse libidinale, initiation de bonne heure, collection de femmes, propension probable aux prostituées dans sa jeunesse, même chose en voyage – contrairement à ses dires... –, rien de très inhabituel.

Sa santé sexuelle fut grande – il parle d'un record de six « assauts » !, la métaphore guerrière est signée de lui. J'imagine ces prises de places fortes successives et dans la même nuit... Son impuissance très tôt apparue – vers la cinquantaine définitivement, mais avec des annonces beaucoup plus tôt – en semble d'autant plus pénible. D'où quelques développements dans lesquels il confie son talent pour faire de nécessité vertu en passant des nuits à caresser plus qu'à chevaucher à la manière soldatesque comme dans ses vertes années !

Son recours à quelques vers des *Priapées anonymes* lui permet, via une citation – souvent il cache l'essentiel derrière des emprunts sans signature –, d'avouer au lecteur un sexe court, pas bien gros non plus et une « lésion énormissime » – sans qu'on sache au juste la nature de cette particularité, mais nous pouvons imaginer le pire. A quoi il faut ajouter cette fameuse maladie de la pierre qui transforme en calvaire le quotidien de cette existence pendant quatorze ans – au point que le suicide effleure plus d'une fois la pensée de cet homme douloureux.

Petit, maladroit, doté d'un petit sexe bien vite inopérant, Montaigne se décrit sans complaisance. Quand il avoue au détour d'une digression la coïncidence de sa métaphysique et de sa physique, on peut sans trop extrapoler affirmer que ce corps qui pense compose avec un corps qui pèse... La chair de Montaigne fonctionne en généalogie de sa pensée. Ses confidences intimes, anatomiques, physiologiques, médicales, diététiques, sportives, libidinales installent les *Essais* du côté des documents exceptionnels dans l'histoire des idées, pour qui souhaite envisager les mystères de la fabrication d'une pensée et de la constitution d'une vision du monde. Jamais autant que là on n'assiste à la construction d'une philosophie qui entend transformer des faiblesses en forces – condition sine qua non de toute survie, puis de toute existence.

2

Souvenirs d'un homme sans mémoire. Au moral, Montaigne ne se présente pas non plus sous ses meilleurs atours ! Souvent il insiste sur son manque de mémoire. Il oublie qu'il a lu un ouvrage, fait une chose, rencontré quelqu'un. Dans le cours de son livre, il se trompe sur certaines dates sans qu'on sache toujours si la faute relève d'une volonté délibérée ou d'une réelle incapacité à se souvenir : en rapportant celle du testament de La Boétie ; sur celle de la composition du *Discours de la servitude volontaire*, le livre de son ami ; sur l'âge de la mort de son père ; sur le temps qu'il avoue avoir consacré à la traduction du livre de Raymond Sebond pour faire plaisir à son géniteur.

Mais Montaigne ne saura jamais compter. Les chiffres et lui font mauvais ménage – son père le sait qui transmettra l'héritage à son épouse, non à son fils, tant il connaît l'incapacité de son Micheau (le nom qu'il lui donne enfant...) à gérer correctement le domaine. Dans sa jeunesse, il dilapide l'argent ; dans ses voyages, plus tard, il transporte toujours avec lui une petite cassette pleine d'or – les auberges, les femmes vénales, les extras... Or le texte des *Essais* fustige la petitesse et la vanité de l'avarice – qu'il semble pratiquer avec constance...

Son esprit ? Lent. Son train ? Nonchalant. Son courrier traîne, il ne l'ouvre pas tout de suite. Pour quoi faire ? Pas doué pour la politesse ou la courtoisie. Irrésolu en tout : magistrat treize années, maire de Bordeaux deux fois quatre ans, plusieurs fois mandaté par le roi pour des missions diplomatiques de la plus haute importance – de l'une d'entre elles dépend pour la France de devenir protestante ou de rester catholique ! –, à la tête de cent personnes dans son château, on imagine mal les conséquences de cette incapacité à trancher, prendre des décisions, délibérer...

A ce point décalé, Montaigne affirme qu'il ne sait pas nommer ou reconnaître les outils dans son domaine ; que très tardivement il apprend que le levain sert à faire lever le pain, et ce que signifie faire cuver son vin ; qu'il est dans l'incapacité absolue de donner un nom aux légumes de son potager ; que dans la ferme, il ne peut effectuer les travaux les plus communs, préparer son cheval pour une balade par exemple. Gentilhomme campagnard, on imagine un modèle pour un décalé portraituré par La Bruyère !

Mélancolique, Montaigne connaît les affres d'accès dépressifs : pas en forme, il se laisse glisser sur la mauvaise pente et repeint tout en noir. Il voit le pire partout et se démoralise. Faut-il lire dans ces symptômes névrotiques le signe d'une incapacité à tuer le père qui, lui, semble selon ses dires très exactement l'inverse de son fils : allègre, sportif, délié, habile, cultivé ? A l'évidence, Pierre Eyquem fonctionne comme une ombre gênante pour ce fils emprunté, encombré, trébuchant dans le monde, perdu dans le réel comme un zombie, errant tel un pauvre hère fantomatique...

Son hypersensibilité trahit en effet un être fragile, émotif. Ce chasseur ne supporte pas la vue du sang. La souffrance des animaux le met dans un état déplorable. Si l'on égorge un poulet devant lui, il tourne de l'œil... Montaigne le familier des actes héroïques des Romains, le contemporain de la geste des grands hommes stoïciens, cet ami de Caton, ce frère d'Epaminondas, ce philosophe qui compile nombre d'anecdotes où le sang coule, où la bravoure, le courage et la virilité débordent, ce Montaigne-là confesse la larme facile...

3

L'étrangeté à soi-même. Ce corps singulier que sa mère porte onze mois, comme s'il hésitait à venir au monde, devient donc celui d'un petit homme à la sexualité défaillante dont la présence au monde semble contrariée par une raison obscure, mais déterminante. En excellent analyste des profondeurs, Montaigne pense les années inaugurales décisives pour la construction d'un caractère et d'un tempérament. Aux nourrices, il donne le rôle majeur dans l'élaboration de la sensibilité.

La sienne ? Une paysanne à laquelle on le confie dès la naissance. Né au château, Michel vit deux années en compagnie d'une famille de paysans simple et sobre, non loin de la propriété familiale. Il prend là des habitudes d'austérité pour toujours – il préfère le lard et l'ail aux sucreries... L'amateur de Sparte, le défenseur perpétuel de Lacédémone – muet sur les prétendues vertus d'Athènes... – conclut l'odyssée des *Essais* par un éloge de la vie simple, de la frugalité des gens de peu et de la volupté épicurienne – au sens philosophique du terme...

Après deux années (1533-1535) passées dans une modeste chaumière, Montaigne revient à la maison familiale, au château. On connaît l'histoire : le père rapporte d'Italie, après sa campagne de soldat pour François Ier, des idées sur l'éducation des enfants, la pédagogie, la manière de transmettre les manières. En connaisseur d'Erasme et des thèses du *Plan des études* – parues peu de temps avant, en 1511 –, Pierre Eyquem entreprend l'éducation de son fils. Pour ce faire, il met en pratique les idées essentielles du philosophe de Rotterdam : solliciter l'intelligence et non la mémoire ; viser une tête bien faite, et non une tête bien pleine ; donner un rôle cardinal aux textes anciens ; respecter la liberté et l'individualité des enfants ; pratiquer en conversant quotidiennement.

Concrètement ? Concrètement il met son fils entre les mains d'un précepteur allemand qui s'adresse uniquement en latin au philosophe en herbe. Lui et tous les gens de la maison se mettent à la langue de Cicéron ! Jusque dans les environs on parle comme les Romains de l'époque républicaine – au point que, dans la région, des termes latins passent dans la langue courante. Après le sol en terre battue où les paysans nourriciers parlent gascon, Montaigne entend une autre musique, une autre langue, et parle bien vite latin couramment. Excellente chose pour un contemporain de Quintilien... mais quinze siècles plus tard !

Le père fabrique un enfant génial, mais décalé, inapte au monde. D'autant que Montaigne – on ne sait pour quelles raisons... – subit une fois encore un déracinement : il est envoyé au collège de Guyenne à Bordeaux, où il apprend ce que signifie devenir étrange à soi-même : âgé de six ans, latiniste parfait – utilisant donc une langue morte pour langue maternelle ! –, « Micheau » découvre le monde, les autres et donc lui-même. Mais lui-même comme un autre. Parlant une langue étrangère, incapable de communiquer avec ses semblables, manquant d'une langue véhiculaire, interdit de parole pour échanger et communiquer avec les enfants de son âge, ses contemporains, il expérimente le solipsisme, physiquement, charnellement.

Décalé dans son collège, il perd son latin, n'acquiert pas de nouvelles connaissances, s'ennuie, se trouve dans l'incapacité de lier une relation affective avec un camarade de son âge et devient le protégé d'un pédagogue du lieu (d'aucuns soulignent qu'à cette époque, la communauté pédagogique du collège pratique les amours socratiques... Rien de prouvé...). Ce dernier l'entretient dans sa fiction et lui conseille Virgile, Ovide, Horace et les Elégiaques, Térence et Plaute, puis les comédies italiennes – saines lectures pour un enfant entre six et treize ans ! Régime sévère, horaires stricts, vacances rares : il est loin le temps béni des heures vécues sous le signe d'Erasme !

Pas plus que ses réveils d'enfant au son de l'épinette au château ne transforment Montaigne en amateur de musique, encore moins en praticien d'un instrument, son éducation romaine n'en fait un individu adapté à son époque : sans fin il cherche Rome en plein XVIe siècle, dans son amitié avec La Boétie, dans sa bibliothèque, dans son écriture, dans ses mœurs, dans son éthique, dans sa vie quotidienne, dans sa tour construite comme une cité latine, il vise la compagnie de Plutarque ou de Sénèque à défaut de pouvoir entretenir une conversation avec ses contemporains.

4

La conversion hédoniste. Obéissant à son père, Montaigne entame des études de droit et devient magistrat. De ses années de formation (1549-1553) – Paris ? Toulouse ? – à la vente de sa charge de conseiller au Parlement de Bordeaux (1570), il consacre plus de vingt années à cette discipline. On l'a dit juriste averti et magistrat consciencieux... L'aubaine vient de la mort du père, tellement aimé, célébré, vénéré dans les *Essais* que je me demande si Montaigne ne compense pas un peu sa joie de constater que la mort du père le dispense d'un travail qu'il aurait dû accomplir par ses propres moyens des années en amont pour être en paix avec lui-même.

Aubaine, car en mourant le père le libère de la nécessité de gagner son pain quotidien, il peut désormais vivre de ses rentes. Certes, il lui faut exciper d'un second testament pour accéder à la fortune léguée dans un premier par le si bon père à son épouse par-dessus la tête du fiston, mais, bon... Devant cette petite fortune, Montaigne quitte son travail à l'âge de trente-huit ans, le 28 février 1571 – date anniversaire : Montaigne aime ces chiffres... Il fait graver dans sa tour une citation – latine comme il se doit... – dans laquelle il proclame en substance : bon débarras, désormais, je me consacre à moi-même... Quelques mois plus tard, il commence la rédaction des *Essais*. Le petit homme disgracieux et pas gâté par la nature, le Romain de Gascogne partout exilé et nulle part chez lui, l'héritier orphelin désormais comptable d'un règlement avec la figure du Père, a rendez-vous avec lui-même. Mais il ne sait pas encore qui est cet être avec lequel il a pris date. Il le demande aux *Essais*...

5

Un livre pour qui *?* Pour tous et pour personne, dit Nietzsche de son *Zarathoustra*... Et les *Essais* de

Michel de Montaigne – non *Les Essais*... – à qui sont-ils destinés ? D'ailleurs existe-t-il jamais un autre public que soi-même ? L'écriture peut-elle viser autre chose qu'une mise au point avec soi, une catharsis, une purification aristotélicienne ? Viscérale, sincère, authentique, la fabrication d'un livre obéit aux lois de la psychologie des profondeurs. Montaigne n'est pas dupe du fonctionnement de l'être : zones d'ombre, plis de la petite enfance, forces sombres et déterminantes, nécessités psychologiques, donc physiologiques... Nombre d'incises dans son texte témoignent de sa lucidité sur le moteur inconscient de la conscience.

L'avertissement au lecteur en ouverture du premier livre donne la version gravée dans le marbre, pour le public : Montaigne écrit pour les amis, la famille, les parents, dans un dessein domestique et privé, sans souci de gloire, de réputation. Il souhaite laisser après sa mort une trace utile pour qu'on le connaisse plus sûrement. Malgré tout il invite le lecteur à consacrer son temps à autre chose qu'à le lire ! Il affiche donc son désir post mortem d'être apprécié plus justement qu'il se croit aimé au moment où il écrit. Justification et légitimation de soi après soi : l'entreprise procède d'un réel souci de révéler un être qu'il s'agit donc de décrire.

Faut-il voir dans cette destination avouée de la parentèle la raison d'une série singulière de silences ? Pour un homme qui place son entreprise sous le signe de la vérité absolue, radicale – du moins autant que les convenances le permettent... –, l'absence de sa mère, de sa femme, de ses sœurs, de ses enfants, sauf quelques mentions en passant – Montaigne joue aux cartes avec femme et fille ; Montaigne assiste à une leçon entre Léonore et sa préceptrice sur l'usage du mot « fouteau » ; Montaigne avoue n'avoir jamais frappé son enfant... –, les femmes du château n'existent pas dans les *Essais*, alors que le père y apparaît sans cesse sous son meilleur profil.

Outre ces silences, ce livre majeur contient également des mensonges avérés. Ainsi la prétendue noblesse de Montaigne. Nombre de pages fustigent le goût des honneurs, la vanité des lignages qui dispensent d'une valeur personnelle, le ridicule des hochets sociaux. Pour autant, Montaigne clame haut et fort, et à plusieurs reprises, une noblesse qui date seulement de quatorze années avant sa naissance ! Pas de quoi pavaner en écrivant – une fois dans les *Essais*, une autre dans l'*Ephéméride* dans lequel il consigne les faits et gestes familiaux – que la terre de Montaigne est celle de ses ancêtres, celle dans laquelle ils ont mis leur affection et leur nom. Le père comme seul ancêtre ? Allons... La famille descend de commerçants bordelais et toulousains ayant fait fortune dans le poisson fumé, avec possiblement une ascendance juive portugaise, mais sans rien d'assuré.

Pour autant, pendant son voyage en Italie, en Allemagne, en Suisse, il offre bien volontiers son blason en guise de carte de visite prestigieuse. A sa mort, comme il n'a pas d'héritier mâle, qu'il déplore le manque d'un gendre auquel transmettre ses terres, son nom, son savoir, il lègue ses armoiries à Charron. A Rome enfin, Montaigne postule pour être citoyen de la Ville éternelle, non sans avoir déjà demandé, puis obtenu des années plus tôt – juste après la mort du père... –, d'être élevé au grade de chevalier dans l'ordre de Saint-Michel, puis de gentilhomme ordinaire de la chambre du roi.

Pierre Eyquem aussitôt disparu, il fait biffer sur les documents officiels tout ce qui trahit une trop récente noblesse. Il supprime le nom du père – Eyquem – pour retenir seulement celui de sa terre : de Montaigne... Pas besoin d'être grand clerc en psychanalyse pour remarquer ces coïncidences : mort physique du père, assassinat symbolique du cadavre par l'anéantissement de son nom, puis récusation d'un lignage réel, enfin revendication d'une filiation symbolique plus ancienne via la noblesse. A lui qui affirme haut et clair que celle-ci s'acquiert par la seule valeur personnelle, il reste à effectuer le travail qui lui permettra de ne pas recourir en vain à ces artifices pour construire en urgence un être qui tient debout...

6

Une parole couchée. Les *Essais* ne sont donc pas un livre pour sa famille, ses descendants, ses amis, mais un livre pour lui-même, dans l'esprit des *Pensées pour moi-même* de Marc Aurèle – étrangement absentes des *Essais* !, c'est l'auteur préféré de son père... –, aussi, et surtout, dans la perspective de ce que Freud appelle le roman familial. Car Montaigne affabule, passe sous silence, exagère, ment dès qu'il s'agit des membres de sa famille. Il fictionne un lignage dans le dessein de se constituer une identité – symptôme en psychanalyse de névroses en relation avec le complexe d'Œdipe qui supposent – dit la théorie analytique – le rabaissement et l'exaltation des parents, le désir de grandeur, l'aspiration à contourner les pulsions incestueuses, l'expression de la rivalité fraternelle – ah ! ce frère mort dans un accident de pelote, probablement amant de la femme de Montaigne ! On ne peut écarter d'un revers de la main cette hypothèse du roman familial. Elle mérite à elle seule une analyse très complète...

Ni pour les siens, ni pour la mémoire de l'ami défunt auquel Montaigne ne consacre pas le Tombeau annoncé (il renonce en effet à publier le *Contre Un* dans son ouvrage et témoigne ainsi d'un comportement pour le moins... inamical !), les *Essais* ne paraissent à aucun moment ce que son auteur prétend qu'ils sont. Les trois volumes publiés relèvent bien plutôt d'un projet d'autoanalyse – là encore au sens freudien – avec le lecteur en tiers, mais nullement d'un testament pour la parentèle...

Par ailleurs, je m'étonne de n'avoir jamais lu que Montaigne n'a pas écrit les *Essais*. Nulle part on ne lit cette information, encore moins, donc, son analyse. Pourtant le philosophe précise à quatre reprises dans le texte qu'il n'écrit pas mais dicte. Il parle, il parle en marchant dans sa tour, il parle à un tiers qui note. Tiers absent, dont on ignore tout. Un serviteur, un ami ? On ne sait... Mais par quatre fois on peut le constater : Montaigne dit même que l'un de ces scribes indélicat est parti un jour avec une liasse des feuillets dictés sous le bras sans jamais revenir... Peut-être existe-t-il quelque part des chapitres inconnus du manuscrit princeps !

Montaigne l'affirme : il dispose d'une bonne vue, certes, mais ne peut pas lire trop longtemps et doit se faire aider par un tiers. Probablement le même individu à qui il confie ses improvisations en déambulant devant les mille livres de sa librairie, dont ceux légués par La Boétie à sa mort. Qu'on imagine donc la méthode : vraisemblablement, un individu lit à haute voix des passages de livres peut-être choisis par Montaigne – ou prélevés au hasard... – qui brode, laisse aller sa pensée, ses idées, sa méditation à partir de ce support. Un genre d'association libre, de cadavre exquis intellectuel...

7

Haine des livres du faiseur de livre. Notre héros lit peu. Il le dit... Seulement quand l'ennui menace, si la mélancolie vagabonde. Pas par passion dévorante ou pulsion maladive. Ni par envie de faire des livres avec ceux des autres, une manie qu'il conspue à longueur de pages et trouve très active chez ceux qu'il assassine dans le chapitre intitulé *Des pédants*... La glose et l'entreglose ? Très peu pour lui... Souvenirs de son éducation érasmienne : le livre, oui, bien sûr, mais la vie plutôt !

On lui lit des livres, donc. Il ne dit pas en quelles proportions il accède à un texte via un tiers ou directement. Si le volume lui résiste, que l'analyse lui semble trop complexe, il insiste une fois, mais pas deux. Et laisse le livre hermétique sans insister et sans complexe. Car il n'aime pas la philosophie pure et dure. Il préfère les publications agréables, faciles et plaisantes, avec lesquelles il apprend à mieux être, vivre à propos et bien mourir. Mais jamais au-delà d'une heure entière... Il note sur l'intérieur de la couverture quelques mots de synthèse, les dates de l'achèvement de sa lecture, puis signe. Enfin il précise qu'après la quarantaine il n'a plus lu un seul livre en entier...

Dans tous les cas de figure, il avoue que le temps passé au commerce des livres lui paraît dommageable à l'exercice du corps. Marcher dans la librairie, dicter les commentaires qui lui viennent à l'esprit en lisant ou en entendant un tiers lui lire des livres choisis, des passages précis, ou pris au hasard, voilà une activité à laquelle il consacre pourtant un long temps de sa vie et dont il avoue, quand elle se termine, qu'il lui doit de véritables plaisirs – autant que la conversation des hommes intelligents ou le commerce des belles et honnêtes femmes.

La matière de son livre, il récuse que ce soit d'autres livres. Les lectures, les citations ne constituent pas la structure et l'armature de sa pensée, mais ses occasions, ses prétextes et ses déclencheurs. Aux bibliothèques il préfère la vie, aux livres, l'existence – les balades dans sa campagne, les chevauchées dans la nature, la visite de ses terres et de ses gens. On ne trouve pas dans sa librairie les œuvres complètes de Guillaume d'Occam. S'il défend des positions nominalistes, il ne les doit pas à la fréquentation de la *Somme de toute logique*, mais à celle de ses vignes, de ses voisins, voire à ses voyages dans les provinces françaises ou en Europe.

8

Le corps aéré de la voix. L'expression est de Montaigne lui-même et elle caractérise les *Essais* ! Prenons-y garde... Elle explique tout. Le livre procède donc de choses dites. Quand on s'interroge sur la structure interne, cachée, voilée, dévoilée, secrète, lorsqu'on cherche des palindromes structurels, dès qu'on procède en numérologue comptant le nombre d'*Essais*, cherchant quelle place occupe celui-ci en regard des autres, on projette un souci étranger à celui de son auteur – mauvais en calcul, pas doué pour les chiffres, encore moins pour les architectures insidieuses...

Montaigne parle les *Essais*, au fur et à mesure. Le tiers copie à la vitesse de la voix du narrateur. Le philosophe marche, parle, s'arrête, réfléchit, reprend, continue et laisse aller son imagination, il improvise. Pas de composition – le fantasme très mode d'une époque obsédée par la structure fait des ravages dans les années 1570... –, pas de plan à la manière scolastique : l'œuvre irradie tel un immense éclat de rire lancé en direction des machines de guerre médiévales caparaçonnées de rhétoriques aristotéliciennes : question, article, objection, réponse, solution, numérotation, autant d'artifices auxquels Montaigne ne croit pas une seconde.

A cette quincaillerie conceptuelle, il oppose la parole libre, joyeuse, déliée. Il se rit de l'appareillage pseudo-scientifique des Médiévaux. Sauts et gambades plutôt que verrouillages et formes savantes. Le flux héraclitéen lui va, il brode, coud, ajoute, ne retranche jamais. Lire Montaigne en lui rendant justice suppose de l'écouter, l'entendre, installé dans un fauteuil, près d'une cheminée, puis de se mettre à disposition de cette parole conservée par écrit mais construite oralement. Qu'on ne l'oublie pas : l'invention de Gutenberg date de 1455 et le livre, objet en vogue, n'a pas encore effacé la tradition orale qui tient le haut du pavé avant cette date.

Les *Essais* proposent un genre de paroles gelées, à la manière de celles de Pantagruel dans le *Quart Livre* – les paroles gelées d'un homme qui se cherche, se parle, parle et tâche de se trouver par cette occasion. Des mots prononcés dans le calme de la tour du château, avec un témoin qui les note, certes, mais surtout des mots prononcés par un homme qui se parle à lui-même dans le dessein de découvrir son identité. Le fameux « Que sais-je ? » peut se lire aussi : que puis-je savoir sur moi de fiable, de sûr et de certain qui me permette de conclure à la certitude de mon être ? Un genre de « qui suis-je ? ». La parole montanienne prime, les *Essais* restent, mais accidentellement, accessoirement, comme un aide-mémoire, un genre d'éphéméride plus étoffé que le Beuther avec lequel il conserve trace des faits et gestes de sa famille. Les *Essais* sont l'éphéméride échevelé de son parcours en direction de lui-même. Car il ne se chercherait pas s'il s'était déjà trouvé...

9

Avoir dans la bouche une langue morte. L'oralité relève donc du tropisme d'une époque en cours de conversion au livre, à l'édition, à la publication. Mais aussi d'un mouvement propre à Montaigne. Car – souvenons-nous – cet enfant a dans la bouche une langue morte, cadeau singulier mais empoisonné de son père, dès ses premières heures de présence aux autres. L'image du monde passe par la langue qui le véhicule, le raconte, le transporte et le déchiffre. Les signes chinois et japonais créent une intelligence orientale – l'inverse aussi...

Le latin va pour un esprit, une âme, un caractère romains. Dès lors, que faire de cette schizophrénie ? Une langue antique et romaine apprise et pratiquée comme une langue maternelle dans un temps renaissant, qui plus est sur une terre gasconne... Montaigne a pour langue maternelle une langue... paternelle et fantasmée ! En lieu et place de paroles chaudes, vivantes, il hérite de mots froids comme les cadavres. Comment composer avec ce destin funeste ?

Montaigne parle en français pour se défaire du latin. Mais il ne cesse de vivre comme un Romain, avec en tête les faits et gestes de ce peuple qui le fascine. Le château de Montaigne constitue une Rome miniature du fait de son père ? Il crée son château dans le château – la *citadelle intérieure* de Marc Aurèle... – avec sa fameuse tour. Et là, en compagnie des Anciens, avec un scribe pour témoin, il parle, se parle, n'arrête pas ce flux de paroles notées par le scribe inconnu d'un chef-d'œuvre universel.

L'écriture, il n'aime pas... Pendant son voyage en Italie, il parcourt l'Europe avec un groupe d'amis dans lequel se trouve un homme dont on ignore tout, mais qui tient le journal de bord de l'équipée dans le détail. On ne sait pour quelles raisons Montaigne se sépare de lui, mais quand il hérite du manuscrit il découvre l'intérêt de ce travail. Dès lors il prend lui-même la plume pour continuer, mais avoue son manque d'emballement. A-t-il parfois dicté des passages, des sentiments, des impressions à ce compagnon de voyage ? On pourrait le croire au vu de l'harmonie des deux temps de l'ouvrage.

Dans les *Essais*, il utilise nombre de métaphores qui confirment son abord oral de l'entreprise : il parle au papier ; il n'enseigne pas mais raconte ; il confie que son travail s'apparente à une conversation libre. Certes, il aurait aimé un interlocuteur à même de recevoir ses lettres, un Lucilius comme prétexte à organiser sa pensée. A défaut, il se parle à lui-même et, en verbalisant, il formule : en cherchant, il trouve. La voix génère une heuristique ; la librairie devient le cabinet ; la déambulation dans cet espace clos et limité crée une logique hypnotique ; les livres lus et les citations prélevées dans la bibliothèque ressemblent à une technique d'association libre : les *Essais* deviennent une trace, un journal de bord de cette autoanalyse. La trace, le journal de bord.

10

Voix d'accès aux Essais de soi. Quand il joue à ce jeu pratiqué par tous un jour ou l'autre : lequel des cinq sens sacrifierait-on le premier s'il le fallait ?, Montaigne répond : la vue et l'ouïe. Il veut bien ne pas voir, ne pas entendre – un aveu ! – de ce qui a lieu du monde, mais pour rien il ne sacrifierait la parole. On le comprend : aveugle, il ne verrait pas les larcins de ses employés ou les frasques de sa femme avec son propre frère ; sourd, il n'entendrait pas les récriminations ou les silences encore plus pénibles de sa propre mère, voire les remarques de son père ; mais muet ! Muet, il n'aurait pu écrire les *Essais* !

Il aime les échanges verbaux, les joutes oratoires qui permettent aux cervelles de se frotter et aux trouvailles de germer. Mais qui peut bien donner la réplique à un penseur aussi fameux ? La Boétie, dans l'idéal, d'autant qu'il n'est plus là, fonctionne en partenaire emblématique – mais mort... Pierre de Brach ou Charron, plus tard Marie de Gournay ? Certes, mais Montaigne voit plus haut : il vise les grands Anciens, les penseurs et les philosophes de l'Antiquité, qui – bonus... – parlent la langue de son enfance !

Aidé par cette oreille absente et cette ombre disparue, Montaigne dicte donc ses *Essais*. Si l'on connaît son écriture, ce n'est aucunement celle des manuscrits, mais celle des ajouts, additions et commentaires de sa propre parole, qu'il trace sur le papier de l'édition de ses trois livres. Ainsi, de 1588 à 1592, Montaigne annote de trois mille commentaires le seul premier livre, auquel il ajoute un deuxième (1580), puis un troisième (1588) : entre les premières éditions du premier livre et l'ultime préparée par lui – et amputée d'un tiers par un relieur maladroit... –, Montaigne commente ses paroles transcrites, il ajoute un commentaire écrit à sa voix fixée sur le papier. Jamais il ne supprime : comment, d'ailleurs, ce qui a été dit pourrait-il ne pas l'avoir été ?

11

Excréments, fagotage et fricassée. Dans le cours du texte, on découvre que Montaigne tient parfois en haute estime ce qu'il a fait, et parfois pas. Il utilise une série de métaphores et d'images pour qualifier son travail : une *galimâfrée*, une *marqueterie mal jointe*, un *fagotage*, une *fricassée barbouillée*, les *excréments d'un vieil esprit*, ailleurs il parle de *la gargouille d'une fontaine qui donne*. Effectivement, le flux d'un cours d'eau, celui du fleuve d'Héraclite, convient absolument : comme on ne se baigne jamais deux fois dans le même fleuve, et qu'on n'évite pas d'y avoir plongé le corps un jour, on ne peut empêcher ce qui a eu lieu !

D'où la peinture du passage plus que de l'être, le souci d'une dynamique au lieu d'une volonté de saisir le statique. Les trois livres bougent, bruissent, tremblent, ils frémissent, s'étirent, se contractent, longs ou lents, apaisés ou fougueux, obscurs ou éclairants, précis sur un sujet, vagues sur un autre, à l'épicentre de la question annoncée en tête de chapitre ou franchement dans la digression – quand parfois la digression n'a pas pour thème... la digression ! –, consacrés à des thématiques sérieuses – la mort, l'amitié – ou apparemment futiles – les pouces, les coches !

Les *Essais* essaient. Ils essaient des tons, des styles, des pensées, mais aussi des avis, des idées, ils testent, ils fouinent, fouillent car il s'agit de trouver et de débusquer la perle – souvent devenue malheureusement, au fil des siècles, la formule dans laquelle la pensée se fige : « philosopher c'est apprendre à mourir » ; « un ami véritable est une douce chose » ; « le but de notre carrière c'est la mort » ; « vivre, notre grand et glorieux chef-d'œuvre » ; « nature est un doux guide » ; etc. Avec des paroles vivantes se fabriquent des pensées mortes.

Cet orateur à entendre passe pour un écrivain aux yeux des philosophes et vice versa. Autant d'occasions d'évacuer cette vérité : il réunit les deux puissances : un style et une pensée, un ton et une vision du monde. Montaigne n'invente pas, il n'en avait cure : créer un néologisme ? Pour quoi faire... Occupation de penseur assis ! Il préfère parler le langage de ses paysans, celui des halles – dit-il – et des gens de peu : en français, en gascon s'il le faut. Créer un personnage conceptuel ? Et puis quoi encore... La philosophie n'est pas dans l'invention de barbarismes, de fumées ou de langage abscons, elle habite dans la parole qui guérit, sauve et aide à vivre, donc à mourir – l'inverse tout autant. Et Montaigne se dit prêt à utiliser toutes les ressources de ce qu'il... *entend* !

Un philosophe ? Un créateur de fictions, un individu qui met au point une poésie sophistiquée, disent les *Essais*. Le journal de cette mise au point, voilà le livre de philosophie. Pourquoi les *Essais* ? Parce que Montaigne essaie tant qu'il ne trouve pas. Essayer, c'est chercher, bricoler, tenter, oser, avancer et reculer, faire part de ses doutes, découvrir des certitudes admirables ou déboucher sur des impasses. Cette forme correspond bien à la parole en mouvement, jamais arrêtée, artificiellement et fautivement figée. La voix va, elle seule importe. La trace de cette voix, c'est déjà moins elle...

Juste un mot, encore, sur l'oralité de Michel de Montaigne. Sur son goût pour la parole libre, le verbe lâché, capricieux et joyeux ; sur sa passion pour cette musique créée sur place, parfois notée, mais dès après le moment qui suit l'improvisation, sans partition a priori ; juste un mot sur sa fin, sa mort – lui qui savait combien les derniers jours, les dernières heures donnent sens à ce qui a précédé. Cet homme qui avait en bouche une langue morte a souffert d'une esquinancie – un œdème de la gorge – qui l'a empêché de parler pendant trois jours. Selon la lettre que Pierre de Brach envoie à Juste Lipse, Montaigne a regretté pendant ces soixante-douze heures de n'avoir pas eu à proximité quelqu'un pour lui *dicter* son état d'esprit...

12

Pilloter les Anciens... Montaigne utilise une jolie métaphore quand il affirme qu'il *pillote* les fleurs à la manière des abeilles pour faire son miel... Car effectivement il butine, va, vient, passe de l'un à l'autre, mais fréquente toujours les mêmes pâturages. Aux fleurs modernes ou contemporaines, il préfère les anciennes. Pour une ou deux références au Tasse, à Machiavel, à Buchanan, Luther ou Montluc, combien d'acteurs du florilège païen ! Sur ses poutres, d'ailleurs, comme dans un genre de ciel constellé de lettres au-dessus de sa tête, il fait graver cinquante-sept citations qui, à part une phrase de Michel de l'Hôpital, procèdent toutes du corpus de l'Antiquité.

Dans sa tour, en cette pièce des livres, sous les solives qui placent au ciel non pas Dieu, mais les dieux de la littérature et de la pensée antique, Montaigne crée un monde à sa main, peuplé de figures anciennes, ses contemporains. Là il parle latin, du moins il pense en romain, puis formule en français ses remarques dans un monde qu'il n'aime pas :

décadent, mauvais, corrompu, pervers, menteur, barbare, cruel, sanglant, il n'a pas de mots assez durs pour fustiger son époque. D'où son refuge dans la géographie d'un cabinet de philosophe et dans l'histoire d'un monde d'hier, d'avant-hier.

La tradition recherche des périodes, des strates dans les *Essais*, elle avance un triple Montaigne : stoïcien, sceptique, puis épicurien. Quand on voit combien le livre lui-même se construit par des ajouts, des couches superposées, il devient difficile de progresser horizontalement dans l'œuvre si l'on cherche à la pénétrer verticalement, en visant les profondeurs et les soubassements.

La pensée de Montaigne n'est pas *successivement* marquée par telle ou telle empreinte, elle est *sans cesse* travaillée par l'Antiquité tout entière dont on oublie la plupart du temps qu'elle ne se borne pas à ces trois temps classiques. Quid, en effet, de Platon et d'Aristote ? Ou des cyniques et des cyrénaïques ? D'Héraclite également... Les *Essais* relèvent moins du chantier de fouilles pour archéologues que d'une centrale atomique sans cesse sous tension antique – mais avec toutes les forces qui construisent le monde ancien, pas seulement avec les énergies qui procèdent d'Epicure, Sénèque et Sextus Empiricus.

Notre homme ne lit pas pour effectuer une glose supplémentaire ou livrer sa lecture en critiquant les hypothèses des auteurs qui l'ont précédé. Il n'écrit pas une thèse, un mémoire, un livre, comme tous ces pédants qui mettent du désordre dans une œuvre, déplacent les blocs, bougent les meubles, réagencent la pièce et croient penser alors qu'ils effectuent un travail de déménageur... Sa bibliothèque n'est pas la matière de son livre, retrouvée en mille morceaux dans des fragments plus ou moins cités et référencés, mais un réservoir d'images, de pensées, d'anecdotes utilisées pour amorcer la parole qui porte avec elle la pensée. Et libère l'autoportrait d'un philosophe inquiet de lui-même et soucieux de prouver la validité de son être.

Montaigne aime la philosophie pour les gens du commun et de la rue, les interlocuteurs du monde antique. Aux antipodes d'une pensée destinée aux professionnels, aux philosophes de métier, aux fonctionnaires de la pensée – qui pour cette raison ne le reconnaissent pas comme l'un des leurs, et ils ont bien raison... –, il vise d'abord l'édification de soi. Si son livre peut ensuite servir au lecteur, tant mieux, mais il n'existe pas d'abord pour les autres. D'où son art de grappiller tout ce qui est utile à son projet. Ce qu'il prélève dans les ouvrages de sa bibliothèque sert d'abord son dessein : élaborer un miel sans pareil...

13

Jouer Socrate contre Platon. Les Grecs ne sont pas ses préférés. D'abord parce qu'il apprend la langue d'Homère plus tard que le latin, puis la retient mal. Ensuite parce que le tropisme ontologique et métaphysicien des philosophes de l'Hellade correspond mal à son désir de penser la vie, l'amour, la mort, l'amitié, l'ici-bas. Le ciel des Idées de Platon ? Très peu pour lui... Le Nombre de Pythagore ? Il n'y croit pas plus qu'aux Atomes d'Epicure... Des fictions... Des amusements... Il va jusqu'à douter que ces trois-là aient pu croire à pareilles balivernes ! Montaigne récuse la pensée spéculative, le théorétique et l'idéalisme sous toutes ses formes. Comment dès lors trouver son bonheur chez les Grecs ?

Dans l'*Apologie de Raymond Sebond*, Montaigne moque les options pythagoriciennes concernant la métempsycose et la métensomatose. Donc celles de Platon qui démarque absolument ces thèses... Quelle idée, cette âme immatérielle séparée du corps et destinée au paradis – mis en parallèle par les *Essais* avec celui des musulmans, tout aussi fautif... – ou à l'enfer selon la vie vécue par son ancien hôte !

Sans nier clairement l'existence de l'âme immatérielle, mais tout en associant puissamment son existence à un corps inséparable, Montaigne écarte ces délires concernant une vie après la mort, un monde au-delà du monde, un quelconque destin post mortem. Si quelque chose a lieu, dit-il, ça n'est sûrement pas sur le principe de la vie avant la mort – avec jouissances, béatitudes, joie, etc. De quoi plaire au Vatican !

Sur la forme, il n'aime pas non plus l'auteur du *Phédon* : trop alambiqué, n'allant pas directement au fait, emberlificoté dans la logique de ses dialogues, dense à l'excès aussi, avec un rythme beaucoup trop lent à ses yeux. Les enchaînements dialectiques, la rhétorique spécieuse, les parleries inutiles, les constructions lui déplaisent également à cause de leurs effets dans l'Histoire. Montaigne voit bien le lignage, la filiation qui conduit de Platon à la haine de soi et du corps des chrétiens. Et il n'est pas un tenant, lui, de l'idéal ascétique. Les *Essais* ne cessent de fustiger quiconque considère le corps en ennemi. Platon ne pouvait être un ami...

Sa lucidité – elle n'a pas encore fait assez de disciples, aujourd'hui, sur cette même question... – lui fait bien distinguer Socrate et Platon. Il voit juste en séparant nettement la créature du philosophe bricolée comme une fiction pour ses dialogues et la réalité historique du Silène à la ciguë. Autant Platon ne lui chaut pas, autant Socrate est son héros : courageux, déterminé, vertueux, disposant d'une immense puissance de conviction, honnête, droit, le héros de l'agora qui invite chacun à se connaître ne pouvait que séduire le solitaire qui vise le même objectif dans sa tour...

Et puis, il apprécie le penseur qui affirme son inscience : Socrate sait une chose, c'est qu'il ne sait rien. Le fameux scepticisme tout le temps supposé chez Montaigne dans l'histoire traditionnelle des idées oublie que le philosophe opte moins pour Sextus Empiricus – qui conclut à la suspension du jugement – que pour Socrate, convaincu que le savoir n'a pas grand bénéfice en dehors d'une obligation de chercher encore et toujours, donc de préférer la quête à la trouvaille.

Disciple réel des pyrrhoniens, Montaigne arrêterait sa recherche, la jugeant tout aussi vaine que le restant. De même, il suspendrait son jugement, trouvant impossible de distinguer le bien du mal, le bon du mauvais : comment, dès lors, pourrait-il écrire parmi les plus belles pages contre la destruction des civilisations lors de la découverte du Nouveau Monde, contre l'usage de la torture, contre la persécution des sorcières, contre la déconsidération des cannibales, s'il n'avait su où se trouvaient des vérités autrement préférables : le respect des différences de culture, de couleur, de pensée... A la manière d'un Socrate doutant beaucoup, mais pas de tout, Montaigne laisse place à autre chose qu'au renoncement apathique des disciples de Pyrrhon.

Platon, non ; Socrate, oui, mais déplatonisé ; Pyrrhon, sûrement pas ; Aristote, pas du tout... Les *Essais* lui donnent une place quasi nulle. Certes il connaît l'*Ethique à Nicomaque* mais n'en fait guère usage. Sur l'amitié pourtant, ou sur la modération, la juste mesure, il aurait pu trouver matière à pilloter pour son propre miel, mais non... L'ombre du Stagirite lui déplaît car il voit en Aristote – à juste titre... – l'autorité de la scolastique, et pour cette raison ne l'aime pas beaucoup...

14

Diogène et Cie. Son amour d'un Socrate dissocié de sa caricature platonicienne lui fait aimer les figures de Diogène et d'Aristippe, essentiellement préoccupées de sagesse pratique, ici et maintenant, soucieuses d'une ascèse utile pour se construire comme une individualité souveraine, autonome et libre. Quand il convoque Aristippe de Cyrène, Montaigne met en avant sa passion forcenée pour l'indépendance, pour une vie vécue sans avoir à rendre de comptes à personne – sauf à soi.

Avec ces deux exceptions antiques, souvent cachées, dissimulées, oubliées – on leur préfère les machines de guerre platoniciennes et aristotéliciennes, utiles pour creuser le lit chrétien... –, Montaigne partage un nominalisme radical. Or le nominalisme est l'une des composantes essentielles de tout hédonisme : quand les Idées existent, elles résident dans un Ciel où elles menacent à la manière de dieux mauvais. La lecture verticale du monde transforme toujours la terre en vallée de larmes, au contraire des appréhensions horizontales qui rendent possibles des vagabondages joyeux.

A Platon qui croit aux Idées, Diogène répond par le geste, l'humour, l'ironie : contre l'idée d'Homme défini comme un « bipède sans plumes », il ne fourbit pas une diatribe en trois points, mais plume un poulet et le lance dans les jambes du philosophe idéaliste contraint dès lors, sous les lazzis, d'ajouter à sa définition : « et aux ongles plats »... La lanterne de Montaigne éclaire le monde réel, la réalité fragmentée, diverse, multiple, ondoyante, changeante, elle illumine le flux et découvre le fleuve comme vérité du monde. Mais jamais les Idées...

A ce nominalisme, ajoutons également une confiance absolue en la nature : les cyniques et Montaigne aiment les animaux et donnent, chacun avec leur bestiaire, des leçons aux hommes en les invitant à préférer la voie de l'imitation de la nature aux sirènes de la culture et de l'artifice. Le poisson masturbateur, la souris mangeuse de miettes, le hareng traîné en laisse, la grenouille dans son eau glacée apprennent aux hommes l'autonomie, la frugalité, la détermination, l'endurance ; la chatte au château, le *pillotage* des mouches à miel, le vol des *arondelles*, la baleine et son petit poisson offrent autant d'occasions de méditer sur la proximité des bêtes et des hommes, le déterminisme et la nécessité à l'œuvre dans le vivant – humains compris... –, la complémentarité harmonieuse de tout ce qui compose le monde... Sans parler de l'alcyon et du ciron qui migrent dans l'histoire de la philosophie !

Aux cyrénaïques, dont l'œuvre a péri plus grandement que celle des cyniques, Montaigne emprunte la passion de son héraut, Aristippe de Cyrène, pour la liberté absolue, puis l'identification du souverain bien et de la volupté, non pas épicurienne et négative – l'absence de trouble –, mais en mouvement, active, dynamique. Le feu d'artifice des derniers chapitres du livre III procède de cette sensibilité hédoniste : une confiance donnée au corps, à la chair, aux sens, au plaisir, une aspiration à la vie heureuse, joyeuse, à un gai savoir, une culture du corps sans fausse pudeur, autant d'idées prélevées dans le corpus de l'homme de Cyrène, lui aussi farouche opposant à Platon et aux platonismes...

15

Un stoïcisme épicurien ! L'opposition entre le stoïcisme et l'épicurisme paraît bien souvent artificielle, surtout chez Sénèque, l'auteur de prédilection de Montaigne. Pour des raisons de stratégie politique – et de politique politicienne... –, Cicéron renvoie artificiellement dos à dos ces écoles qui se ressemblent par plus d'un point. Les *Lettres à Lucilius* le montrent bien souvent. Sénèque lui-même, honnête, ne refuse pas d'utiliser telle ou telle idée d'Epicure s'il la trouve juste. Sur la question de la mort, du suicide, du dépouillement par exemple, Jardin et Portique professent des opinions identiques.

Montaigne pense par-delà ce préjugé d'école. Ni stoïcien à une époque, puis épicurien à une autre, il pillote dans un monde où il prélève sa dîme. Aux stoïciens, il emprunte l'idée qu'il n'existe pas une objectivité de la douleur mais une perception subjective et construite. Ainsi le réel suppose avant tout une représentation sur laquelle nous avons du pouvoir. Pas les pleins pouvoirs, certes – on ne dispose pas des moyens d'annuler par son seul vouloir une crise de pierre... –, mais assez pour obtenir des résultats tangibles et augmenter sa sérénité. Idée utile dans une perspective hédoniste...

A Epictète, il reprend cette distinction entre ce sur quoi on a du pouvoir et ce sur quoi on n'en a pas. Sur ce qui échappe à notre volonté, il ne sert à rien de s'exciter, se fâcher, se courroucer, en pareil cas il vaut mieux apprendre à subir, supporter et s'abstenir.

Cette séparation du domaine d'une action possible et de la part incompressible avec laquelle il faut composer ouvre également des voies considérables pour construire une morale hédoniste. Une crise de gravelle s'appréhende sans problème avec les catégories formulées par les philosophes de l'époque impériale. Avec des limites, certes, car Montaigne ne défend pas ceux qui légitiment la douleur en prétendant qu'elle permet d'exercer et de mesurer ses forces.

A plusieurs reprises, les *Essais* abordent la question du suicide. Dans le fouillis de l'exposé où l'on peut lire les thèses anciennes, les anecdotes des héros de la mort volontaire, la position officielle de l'Eglise, on décèle finalement les sympathies de Montaigne pour l'option stoïcienne : décider de sa fin est une bonne chose, car il s'agit de vivre non pas ce que l'on peut mais ce que l'on doit. Pour éviter la souffrance, une mort pire ou un déshonneur, cet expédient païen offre un véritable cordial.

Les épicuriens avancent cette même idée. Epicure le premier, Lucrèce aussi. Et Montaigne connaît très bien ces deux auteurs, autant que les poètes élégiaques du second épicurisme, romain, moins austère que celui des origines. Bien avant Gassendi, mais un siècle après Lorenzo Valla, puis Erasme, il réhabilite la mémoire d'Epicure dont il rappelle la morale austère, les principes stricts, puis la vie exemplaire et vertueuse. Contre les calomnies, Montaigne opère une authentique réhabilitation française. La première dans la pensée.

Au père du Jardin, il emprunte un nombre plus

grand d'idées qu'aux stoïciens. En vrac : vivre selon la nécessité n'est pas une bonne chose, mais il n'y a nulle nécessité de vivre selon la nécessité ; la mort ne nous concerne ni mort, ni vivant : vif, elle n'est pas là, mort, nous n'y sommes plus ; c'est toujours la bonne heure et le bon moment pour philosopher, pour cette activité, nul n'est jamais ni trop jeune ni trop vieux ; parmi les désirs, certains sont naturels et nécessaires, d'autres non ; le bien-être est identifiable à l'absence de trouble, qui définit en partie le bonheur ; la douleur est supportable, car si elle ne l'est pas, on en meurt ; à Lucrèce enfin il emprunte cette idée que si le désir nous travaille trop, le premier corps venu fait l'affaire pour nous débarrasser de sa tyrannie trop pressante...

Cette synthèse entre les principes éthiques du Portique et du Jardin écarte la physique, voire la métaphysique des deux écoles. Aux premiers, Montaigne laisse la cosmogonie panthéiste, le matérialisme énergétique ; aux seconds il abandonne le radicalisme de la théorie atomiste. La morale, oui, les principes éthiques, certes, la sagesse pratique, sans conteste, les exercices spirituels, les maximes à l'usage de comportements effectifs, évidemment, mais rien au-delà. Pas de monisme, pas de matérialisme, pas de polythéisme, car Montaigne est... chrétien.

16

Récupérations bigotes. Tout a été écrit sur la religion de Montaigne, tout et le contraire de tout... D'aucuns parlent de son athéisme, or c'est faire peu de cas de sa franche et nette condamnation des positions athéistes, de son opposition à toute irréligiosité et de son affirmation explicite d'être né dans la religion catholique, apostolique et romaine et d'aspirer à mourir dans cette foi ; à l'autre extrémité, certains soulignent ses sympathies pour la Réforme : que faire, dès lors, du renoncement de Montaigne à publier le livre de La Boétie dans ses *Essais*, sous prétexte qu'il favorise ce parti dont l'existence représente un progrès vers la négation de Dieu ? Comment lire les passages où les *nouvelletés* de Luther sont présentées comme des maladies susceptibles de tuer le corps catholique ?

Ailleurs, une ethnologue juive veut absolument que Montaigne soit marrane et défend cette position en estimant juive l'étymologie d'Eyquem. Ainsi, Montaigne l'étant lui-même, La Boétie aussi – d'où la raison de leur amitié... –, les *Essais* procèdent de la tradition herméneutique juive, l'humour du philosophe ne peut qu'être juif (même si la judéité se transmet par la mère et que celle-ci était catholique !), il faut bien que le Périgourdin cache sa religion juive pour éviter les persécutions, mais passe sa vie intime à vivre en juif : la preuve, il dit recourir tous les jours au Notre Père, une prière explicitement juive... CQFD !

Montaigne avait prévu la malhonnêteté des glossateurs habiles pour tirer vers eux les positions complexes d'un penseur, simplifier ses dires, le caricaturer et lui faire dire ce qu'il n'a pas dit. Voire le contraire... Exemples : si le penseur ne confirme jamais qu'il est juif, c'est qu'il l'est ; s'il affirme l'existence de Dieu, c'est qu'il n'y croit pas ; s'il avoue sa sympathie pour l'église catholique, c'est qu'il cache une franche haine pour elle ; s'il passe sous silence la Saint-Barthélemy dans ses *Essais* et que les pages de son Ephéméride à la date des massacres d'octobre à Bordeaux sont arrachées, c'est qu'il sacrifie à Luther et Calvin. Montaigne demande audience au pape ? Preuve qu'il s'agit bien d'un libertin...

Or il existe des textes explicites, des pages claires, des phrases qui ne souffrent pas l'interprétation fallacieuse ; et puis la biographie témoigne : on ne peut faire dire au livre et à la vie ce que très franchement ils n'affirment pas ! Laissons de côté les options athées, protestantes et juives, qui procèdent de la récupération la plus grossière et la plus déontologiquement indéfendable. La probité contraint à lire finement, à débusquer et mettre en perspective les affirmations qui ne se contredisent jamais : la religion de Montaigne est subtile, personnelle. A sa main, à sa convenance. Elle est la religion d'un homme libre pas plus entravé par le ciel que nécessaire...

17

L'ex-voto du philosophe. Montaigne revendique un catholicisme modéré. L'expression peut faire sourire... Comment définir un catholicisme modéré quand les guerres de religion font rage pendant trente-cinq années, que le massacre de la Saint-Barthélemy fait trois mille victimes en une nuit, que, venues de l'Eglise, les excommunications se succèdent et avec elles les tortures et les supplices ? Comment dès lors, et dans ce climat, penser et pratiquer en modéré ?

Justement : si ce catholicisme n'est pas modéré, alors il ajoute à la violence de part et d'autre. Au plafond de sa librairie, une seule citation – je l'ai dit – provient d'un contemporain : Michel de l'Hôpital. Homme de paix, diplomate, ami des poètes, empêcheur de l'Inquisition en France (édit de Romorantin en 1560), on lui doit l'édit de janvier 1562 sur la liberté de conscience, et du culte public et privé.

Vraisemblablement, cette position correspond à celle de Montaigne dont – rappelons-le... – le frère cadet et deux sœurs communient dans la religion de Luther. Comment ne pas être tolérant dans ces cas-là, lorsque les familles sont ainsi travaillées par les guerres de religion ? Seule la modération la rend possible... Elle suppose des compromis, une souplesse, une liberté qui récuse l'obéissance absolue à la Ligue autant qu'aux partisans de la Réforme. Ni guelfe, ni gibelin... Ailleurs donc.

La vie de Montaigne est catholique : par exemple, dès l'âge de vingt-neuf ans, alors que rien ni personne ne l'y contraint, il prête serment de fidélité à la religion catholique au Parlement de Paris ; à trente-huit ans, lorsqu'il renonce à la vie publique, s'installe au château et rentre dans sa tour, il y veut une chapelle dédiée à saint Michel bien qu'il existe déjà un lieu de culte dans le château, à quelques mètres. Dans sa chambre, il fait aménager une ouverture pour suivre la messe célébrée au rez-de-chaussée quand la gravelle le tient au lit. A quarante-quatre ans, il effectue un pèlerinage à Notre-Dame-de-Lorette : il fait ses Pâques, communie, achète un ex-voto en argent qui le représente à genoux avec sa femme et sa fille, placés sous la protection de la Vierge. A cinquante-neuf ans, quand il meurt, un prêtre lui donne l'extrême-onction – demandée par ses soins ; il s'éteint d'ailleurs, dit la légende, pendant l'élévation...

Difficile de lire les *Essais* comme si cet homme n'avait pas vécu ainsi ; difficile également de regarder ces faits et gestes comme si Montaigne n'avait jamais écrit une seule ligne... Le catholicisme du philosophe suppose le consentement à la règle du jeu, l'obéissance à la loi commune du pays dans lequel il se trouve. En terre musulmane, Montaigne aurait vraisemblablement montré une fidélité à la religion de Mahomet ; à Persépolis il aurait été mazdéen ; à Genève un siècle plus tard, calviniste ; au pôle Nord, chamaniste ; et bouddhiste à Lhassa...

Montaigne n'aime pas son époque. Conservateur, il redoute plus que tout le changement qui occasionne des bouleversements, donc de l'intolérance, du sang versé, des guerres. La France est catholique ? Il est catholique... Sans plus. Il montre des signes d'appartenance et pratique la religion de son roi et de sa nourrice – pour le dire dans les mots de Descartes... –, sans forfanterie. Ni bigot ou cagot, ni athée ou anticlérical, mais *laïc* dit-il, à savoir conscient que la religion agit tel un ciment social, une occasion communautaire utile au fonctionnement de toute société. Sa religion catholique est une pièce de son édifice politique conservateur.

18

Un épicurisme chrétien. Va donc pour le catholicisme, mais sûrement pas aveuglément, en abdiquant tout esprit critique... De sorte qu'on peut consentir à l'option le plus généralement admise par la critique : Montaigne fidéiste. Certes, le fidéiste affirme la nécessité de se contenter de la foi et de refuser toute justification rationnelle des dogmes. Pas besoin de demander à la raison des preuves de l'existence de Dieu ou de l'excellence de la religion catholique. Y croire suffit... Le fidéisme récuse toute possibilité de théologie. Et toute aliénation de la philosophie à son service. D'où une installation de la discipline sur le seul terrain qui lui convienne : l'immanence.

Mais ce fidéisme convient seulement pour penser, aborder et appréhender l'*Apologie de Raymond Sebond*. Encore que dans ces pages mêmes Montaigne ne recule pas devant l'usage de quelques argumentations pour prouver l'existence de Dieu et déduire l'architecte à partir de l'architecture, ou en appeler à l'ordre du monde pour supposer un grand ordonnateur par exemple, autant de coups de canif portés à l'orthodoxie fidéiste...

Dans le reste de son grand livre, Montaigne ne s'interdit pas certaines tentatives de rationaliser un certain nombre de questions religieuses. Les miracles par exemple, qui nomment ce qui échappe à notre pensée et à notre intelligence de la situation. Ou la forme de Dieu, déduite à partir des catégories et contraintes du rationalisme humain : bien avant Feuerbach, Montaigne affirme que l'homme se représente Dieu à son image, impuissant à penser autrement qu'à partir de lui-même...

Je tiens plutôt chez Montaigne pour un épicurisme chrétien... Oxymore bien utile pour qualifier ce catholicisme modéré : chrétien parce que catholique, et modéré grâce à l'option épicurienne. Car Montaigne n'accepte pas l'idéal ascétique de la religion. Il veut bien dire son Notre Père, assister à la messe, déposer des ex-voto, solliciter un prêtre pour l'extrême-onction, mais pas mourir de son vivant, ni renoncer à l'usage de son corps. Car, en voulant transformer l'homme en ange, le christianisme officiel en fait une bête, dit explicitement Montaigne – un couple dont Pascal se souviendra...

Contre l'enseignement de l'Eglise, l'auteur des *Essais* fustige ceux qui pratiquent une religion de la virginité et plaint les femmes car on exige d'elles l'impossible sur ce terrain ; il demande qu'on ne rende pas le divorce désirable en compliquant inutilement son accès ; il justifie le suicide en considérant qu'une existence devenue douloureuse n'appartient pas à Dieu, mais prioritairement à celui qui souffre ; il récuse radicalement tout le dolorisme venu de l'église Saint-Pierre qui invite à l'imitation de la passion christique et légitime la douleur comme une épreuve salvifique.

A cette critique du mépris du corps chez les chrétiens, il ajoute une critique métaphysique en réfutant le théisme : Dieu ne veut pas ce qui advient dans le moindre détail, comme le croient les tenants du Vatican. En pensant de la sorte, Montaigne évite de sacrifier à un Dieu anthropomorphisé qui verrait tout, entendrait tout, saurait tout et voudrait tout, jusque dans le plus infime de la vie des humains... Son Dieu relève nettement du panthéon des philosophes – loin devant celui d'Abraham et de Jacob.

En réfutant cette conception d'un vouloir de Dieu confondu aux mouvements du monde, Montaigne n'est pas sans entretenir une relation avec les adeptes du déisme (le terme naît d'ailleurs en 1564 dans *Instruction chrétienne*, sous la plume de Pierre Viret). Pour eux Dieu existe, certes, mais aucunement dans un rapport de causalité avec le quotidien. A la façon de l'horloger de Voltaire, il crée la montre, mais n'est pas responsable de son retard possible... En défendant pareilles idées, Montaigne illustre une forme singulière et inédite de rapport au ciel : un genre de déisme français ! Qui ne voit là une réminiscence des dieux épicuriens, indifférents au destin du monde et des hommes ?

19

Déplaire au pape. Critique à l'égard de la théorie chrétienne du corps, puis à l'endroit de la métaphysique théiste, Montaigne attaque également la cosmogonie céleste des tenants de l'Eglise officielle : il l'a constaté sur lui-même lors d'un accident de cheval, l'âme et le corps sont intimement liés. Ce qui touche l'un affecte l'autre. Dans le livre troisième, il parle même des « mouches et atomes qui promènent (sa) volonté » – ou du cerveau comme lieu de l'âme... De là à conclure à une option franchement matérialiste, puis à la conception d'un corps essentiellement composé de matières, il n'y a qu'un pas...

De même, Montaigne s'attaque au paradis des chrétiens, une erreur aussi nette que celle des musulmans sur le même sujet. On rit bien volontiers du ciel des partisans de Mahomet, mais pourquoi pas de celui des tenants du Christ ? On sourit au paradis tapissé, paré d'or et de pierreries, peuplé de *garces* – comme on dit alors – toutes très belles, dans lequel le vin coule à flots, la nourriture aussi ? Certes, on a raison, car il s'agit d'histoires et de fictions destinées à *emmieller* les naïfs que sont les hommes. Mais comment ne pas voir là également une critique du paradis des chrétiens, peuplé de promesses tout autant fictives ?

Comme si cela ne suffisait pas, il dresse également un tableau critique des positions de l'Eglise dans l'Histoire et devant elle : ainsi avec Julien l'Apostat. L'empereur n'apostasie pas car il n'a jamais été chrétien... Comment apostasier une religion qu'on n'a pas eue ? Montaigne fait un portrait très élogieux de cet homme d'Etat qui, au moment où l'Eglise devient officielle et en profite, s'évertue à restaurer les cultes païens et la religion polythéiste – tolérante, elle, et syncrétiste.

Julien ? Un homme chaste, juste, frotté de philosophie, vertueux, pas sanguinaire, sobre, austère, cultivé, excellent soldat, vaillant et courageux, croyant à l'existence d'une âme immortelle, vraiment pieux : comment ne pas aimer un tel modèle de vertu antique ? Il faudrait lui préférer Constantin, qui convertit l'Empire en même temps que sa personne et à qui l'on doit – Montaigne est le seul philosophe de tous les temps à l'avoir jamais affirmé – des autodafés, des bûchers, des crimes, des meurtres, des exactions, une destruction de la majeure partie du savoir et de la sagesse antiques ? Car, les *Essais* l'affirment : la destruction chrétienne de ces bibliothèques a plus nui aux lettres que tous les feux barbares...

A la réhabilitation de Julien, Montaigne ajoute, en passant, un éloge de Copernic, tenant de l'héliocentrisme et de la révolution des planètes sur elles-mêmes puis, ce qui aurait ravi Julien sectateur du Soleil invaincu !, autour du soleil. Or la position officielle de l'Eglise est géocentriste : Dieu a créé la terre parfaite, elle ne peut évoluer en périphérie de l'univers... Pour défendre les mêmes idées, Giordano Bruno monte sur le bûcher en 1600, condamné par l'Eglise, et Galilée y échappe de peu grâce à une rétractation en bonne et due forme.

Etre chrétien, dit Montaigne, c'est être « juste, charitable et bon ». Voilà. En dehors de cela, nul besoin de croire que le corps est détestable, que les femmes doivent cultiver la virginité comme un trésor, que Dieu s'occupe du destin de chacun dans le détail, que l'âme est immortelle, que le Paradis existe, l'Enfer aussi donc, que Julien est détestable et Copernic à persécuter.

Etrange Montaigne ! Il sollicite une audience papale lors de son voyage à Rome... Bien évidemment il l'obtient. Grégoire XIII surélève sa mule pour que le philosophe puisse la lui baiser en se penchant un peu moins que les autres. Les détails importent, ils expriment les degrés dans l'amour du prochain... Le philosophe soumet ses *Essais* à la censure du Vatican. Entre le 25 décembre 1580, où il assiste à la messe de Noël, et le 20 mars 1581, date à laquelle on lui rend son livre, Montaigne visite Rome, la patrie mentale – et la partie mentale... – de son enfance.

Les officiels de la censure ont lu. Pas bien, si l'on en juge par leur incapacité à relever tout ce qui pouvait vraiment déplaire à l'Eglise. On lui demande d'utiliser un peu moins le mot *Fortune*. A la place, *Dieu* ferait meilleur effet, lui dit-on. Et puis il cite des auteurs hérétiques : Buchanan, Théodore de Bèze par exemple. Enfin, il fait l'éloge de Julien ! Plus quelques broutilles. Il entend les remarques et n'en fait rien du tout. Tout Montaigne est là : catholique, il soumet son ouvrage à l'Eglise, car il veut lui être fidèle, mais quand il s'agit de choisir entre fidélité à soi et fidélité à l'Eglise, il ne tergiverse pas une seconde. Chrétien, certes, mais épicurien avant tout : à savoir jaloux de sa liberté de penser, d'écrire, de lire. De vivre.

20

Un lièvre sans poil ni os. Montaigne évolue clairement dans le camp nominaliste, comme tous les antiplatoniciens, Diogène le Cynique et Aristippe le Cyrénaïque les premiers. L'existence d'un réel irréel, au-delà du réel, lui semble extravagante. Pas de ciel des Idées, pas de Paradis, sa formule religieuse, pas de transcendance non plus, pas de lecture verticale du monde avec au sommet une fiction vénérée et génératrice d'aliénation. Une idée ? « Autant parler d'un lièvre sans poil et sans os », écrit Montaigne...

L'homme n'existe pas. Bien avant Foucault, il enseigne la mort de l'homme, comme avant lui Diogène et son coq déplumé... Mais cette mort de l'idée d'homme ne va pas sans l'affirmation de l'existence d'une pluralité, d'une multiplicité, d'une diversité des hommes. Montaigne récuse le modèle, l'idéal type, mais pour mieux appeler au souci des réalités terrestres, concrètes, immanentes, incarnées. Les *Essais* cherchent moins l'Homme – avec une majuscule... – que ce qui définit Michel de Montaigne dans sa complexité infinie. Et paradoxalement, en cherchant un homme particulier, lui, Montaigne, trouve l'homme en général, car à ses yeux chaque individu résume l'humaine condition.

« Que sais-je ? » signifie : que peuvent savoir les hommes ? « Qui suis-je ? » veut dire : que sont les hommes ? Ces questions fondent une anthropologie moderne parce que débarrassée des attaches avec le divin, la divinité, Dieu, les dieux ou la transcendance sous toutes ses formes. La Renaissance se définit par un immense effort pour laisser Dieu à sa place, la religion aussi ; après s'ouvre aux hommes un boulevard considérable pour l'exercice de leur liberté.

En progressant vers la connaissance de soi, le philosophe avance sur sa connaissance des hommes en général : l'analyse de soi passe par des considérations sur les cannibales du Brésil rencontrés à Rouen, les sorcières brûlées sur les bûchers de l'Inquisition, la folie du Tasse visité dans sa prison de Ferrare ; elle suppose des considérations sur le procès de Martin Guerre à Toulouse auquel il assiste, ou encore l'assassinat de Coligny, l'exécution de Marie Stuart, voire les sièges, guerres et autres péripéties rapportées dans les trois livres du grand ouvrage.

21

Une pensée du fleuve. Les tenants de l'Idée défendent Parménide et son immobilité, sa lecture du monde hors le temps et l'espace, son goût pour l'éternité, l'immensité, l'infini plutôt. Son indifférence radicale à l'endroit de l'Histoire. Les partisans du réel honorent Héraclite et sa mobilité, son inscription de toute réalité dans le flux, le mouvement, donc le temps et l'espace. L'Obscur n'entretient aucun commerce avec les Idées, il sait que le Feu et la Foudre gouvernent le monde... Au couple Démocrite qui rit et Héraclite qui pleure, Montaigne préfère le rieur... Mais à choisir entre Héraclite l'immanent et Parménide le transcendant, il opte pour le premier. Défenseur du rire et de l'immanence, Montaigne récuse le christianisme qui pleure, aime la douleur et fait du ciel un horizon indépassable.

Partisan du fleuve, car il sait devoir ne jamais s'y baigner deux fois, Montaigne tourne résolument le dos à Platon et consorts. Le réel ? De l'insaisissable, du mouvement, du flux, de l'eau qui coule, du sable entre les doigts. Ce qui est passe, ne s'incarne jamais définitivement, ne dure pas, apparaît, puis disparaît aussitôt. La vérité ? Une forme visible dans un moment donné, dans un lieu donné, dans un temps donné. L'époque passée, rien ne dit qu'il s'agira toujours d'une vérité...

Montaigne reprend à son compte les options des ennemis emblématiques de Platon, les sophistes, pour qui l'homme est la mesure de toute chose. L'opinion présentée comme une certitude définitive cristallise un état des lieux ponctuel, mais vite caduc. Relativisme, perspectivisme : on ne peut mieux avancer une machine de guerre contre les prétentions aux vérités éternelles. Celles de Platon, évidemment, mais aussi et surtout celles de l'Eglise.

On comprend qu'il puisse parler de la « grossière imposture des religions » – une phrase passée inaperçue chez les censeurs du Vatican ! : elles ne sont que des occasions fautives, parce que inscrites dans l'Histoire, d'exploiter la faiblesse des humains, de jouer avec leurs peurs, leurs angoisses, leur misère, quand ils sont dépourvus de repères et de certitudes. Le nominalisme mène la guerre contre les idéalismes, il agit en cheval de Troie dans l'histoire de la philosophie officielle...

En définissant la vérité comme un moment dans un mouvement, en attirant l'attention sur le flux qui dure longtemps et non sur le point de l'instant aveuglant, Montaigne invente à sa manière la dialectique moderne. En même temps il prend date pour un usage hédoniste du temps, une invite à vivre l'instant et l'emplir avec densité. On affirme faussement que le temps n'existe pas chez Montaigne : il est, mais la définition de son être, c'est le passage, le mouvement, le *branle* pour le dire dans son terme.

22

Les sens et la parole. Le réel passe. Bien. Mais ce passage se voit, se remarque, s'entend, il suffit d'écouter toute musique. L'essence des choses est impénétrable, certes, mais pour la pure et simple raison qu'il n'existe pas d'essence. Pourquoi courir après ce qui n'existe pas ? La théologie et quatre-vingt-dix pour cent de la philosophie – toute la philosophie officielle... – se trompent en voulant construire des châteaux avec des fictions, du vent, des fantômes, des *flatus vocis*.

Le monde se saisit exclusivement avec les cinq sens. C'est trop peu pour accéder à Dieu. Les cinq sens sont moins trompeurs que limités dans leurs possibilités. Sur une planche, entre les tours de Notre-Dame, on expérimente les pouvoirs de l'imagination. Cessons donc de croire qu'avec ce petit bagage sensoriel et sensualiste on peut partir à la conquête du monde et en découvrir les mécanismes cachés, les lois secrètes. Montaigne conclut simplement à l'impossibilité de toute science.

La précellence du flux sur l'immobilité n'empêche pas de considérer la vérité comme la forme prise à un moment donné par une perception, une affirmation relative : est vrai ce qui le paraît momentanément avant un dépassement possible et probable. Le prétendu pyrrhonisme de Montaigne dissimule son relativisme et son perspectivisme sophiste – au sens philosophique du terme : Protagoras et Gorgias, relativistes et perspectivistes, enseignent eux aussi des vérités ! Au premier chef : l'homme mesure de toute chose.

Et quand les *Essais* chargent les chrétiens qui détruisent les civilisations du Nouveau Monde en 1492, on constate l'erreur d'affirmer que Montaigne est sceptique, qu'il manifeste un authentique pyrrhonisme, qu'il saccage l'idée de vérité, qu'il avance dans la direction d'une confusion des valeurs annonciatrice du nihilisme. Son nominalisme de combat ne l'empêche pas de se battre pour son idée de la vérité. Tout en sachant que cette idée sera caduque plus tard, le temps passant. Car la vérité des vérités, c'est le temps qui passe.

Dans ce monde où tout bouge, où l'on ne sait ce qui distingue la veille du sommeil – Descartes s'en souviendra... –, où nos perceptions sont faussées par nos états d'esprit et nos états d'esprits changeants comme le vif-argent, sur quoi tabler pour construire ? Comment faire pour ne pas vivre enfermé dans le solipsisme mental, l'autisme intellectuel ? De quelle manière prendre place dans le monde ? Réponse : en être de langage. En individu qui croit au pouvoir du verbe.

Montaigne nominaliste sait que le mot ne signifie pas autre chose qu'un moyen, une technique pour communiquer. Le signifié évolue à part du signifiant, mais les deux instances relèvent de la même lecture immanente du monde. Homme de parole et d'oralité, du verbe et de l'échange, de la conversation et des mots, il s'emballe toujours pour défendre la vérité trahie, oubliée, contrariée : rien ne l'insupporte plus que le mensonge. Pour un sceptique ne croyant à rien, le parti pris farouche de défendre la vérité contre le mensonge vaut profession de foi nominaliste : anti-idéaliste, opposé à l'existence d'entités universelles au-delà du mot, mécréant en matière d'idées générales à l'existence autonome, ne croyant qu'aux réalités singulières, réduisant les mots à une convention utile et nécessaire pour briser la solitude ontologique, Montaigne prend date sur la philosophie contemporaine soucieuse de renverser le platonisme.

23

Autobiographie du monde. D'où une religion de l'immanence. Toute la philosophie de Montaigne se résume à un éloge du monde réel, concret, terrestre. Elle aime et célèbre la terre, l'ici-et-maintenant, l'incarnation, la chair. Elle se dit avec le lard et les oignons, les paysans et les vignes, le goût des baisers accroché dans les moustaches, le vin clairet et les huîtres, les voyages et les lectures, les cannibales et les cavaliers, la *police des sauces* et la *science de gueule*, les odeurs de Venise, les chiens et les chats, les cures thermales et la diététique, les coches et les prostituées, Rome et la peste, les sorcières et les médecins, les feux de cheminée – ce qu'il appelle dans une expression devenue célèbre depuis Nicolas Bouvier : *l'usage du monde*...

Montaigne ne pense aucune idée sans l'expérience autobiographique qui la suscite et sollicite, jamais en théoricien, toujours en praticien du monde : là où tous les philosophes procèdent en autobiographes – les idées ne tombent pas du ciel ! –, il pratique une politesse à l'endroit du lecteur et raconte d'où viennent ses idées, de quelles expériences elles proviennent. Le verbe monte de la chair, l'idée sort du réel, la dictée de sa vision du monde s'effectue après son usage dudit monde.

Il rapporte les détails de sa vie sexuelle ? c'est pour théoriser sur ce sujet et produire des idées utiles à tous ; il raconte une rencontre avec des brigands en forêt ou des malfaiteurs venus le cambrioler dans son château ? c'est dans le dessein de disserter sur l'excellence du sang-froid et de la détermination ; il livre ses états d'âme sur sa petite taille ? oui, mais afin de penser la différence ou le regard d'autrui constitutif de l'être de chacun ; il parle de sa chatte ? certes, avec pour objectif de méditer sur une définition de l'intelligence animale et, partant, celle des hommes ; il détaille sa maladie de la pierre, comptabilise les jours de rétention de son urine ? évidemment, mais il veut ainsi penser la maladie en général, le corps, la liaison de l'âme et de la chair, la mort aussi. L'autobiographie n'est pas une fin en soi, mais le moyen de parvenir à des idées – une épistémologie. En cherchant il se trouve ; il trouve même plus et mieux que lui : une vision du monde et des choses.

Les idéalistes parlent de l'âme ? Montaigne de son corps. Ils s'excitent sur Dieu, le Ciel, les Idées ? Montaigne sur la Nature, la Terre, le Réel. Ils s'appuient sur la Religion, mettent le Christ en avant, l'Eglise aussi ? Montaigne croit plutôt à la Philosophie, à Socrate, à sa Librairie. Ils célèbrent l'Un et l'Eternité ? Montaigne le Divers, le Multiple, l'Eclaté, le Fragmenté et le Temps présent. Ils font des livres avec les livres ? Montaigne avec sa vie. Ils pensent mais ne vivent pas ? Montaigne pense et vit. Idéalistes contre nominalistes, le combat reste d'actualité...

24

Un hapax existentiel. Dans cet ordre d'idées, la conversion hédoniste de Montaigne se saisit en regard d'un événement autobiographique. Il quitte le monde mondain pour retrouver le monde de sa tour – ses livres à lire, son livre à écrire, ses ancêtres véritables : ses contemporains les Romains – parce qu'il a expérimenté, dans sa chair, une expérience sans double – le hapax : une seule occurrence... –, traumatisante, au sens premier du terme, mais, comme toutes les situations limites dans lesquelles la mort existe au plus proche, libératrice de forces architectoniques. Car Montaigne philosophe naît réellement le jour où il manque de mourir dans un accident de cheval qui donne lieu à l'une des plus belles pages de la littérature philosophique de tous les temps.

Nous sommes en 1568. La Boétie a disparu depuis un lustre, Montaigne est marié depuis trois ans, son père vient de disparaître une poignée de semaines en amont ; on sait par ses confidences qu'il traverse une période sombre, dépressive, mélancolique. Il a trente-cinq ans. L'histoire de sa conversion est rapportée quatre ans plus tard dans le chapitre VI du livre II intitulé *De l'exercitation*. Chef-d'œuvre...

Parti non loin de chez lui pour une promenade en forêt avec un petit cheval, Montaigne rentre tranquillement quand l'un de ses employés, fort, costaud, monté sur un destrier puissant, arrive au galop et se précipite sur lui – « petit homme et petit cheval », dit Montaigne... –, puis le fait valser dans une totale inconscience, son épée plus loin, sa ceinture déchirée, son visage en sang. Deux heures durant on le croit mort. Ses gens le ramènent au château. Plusieurs fois il vomit des quantités effroyables de sang. Petit à petit il revient à lui. D'abord il ne distingue rien, juste de la lumière. Ensuite, il découvre son vêtement trempé de sang. S'imagine d'abord touché par un projectile d'arquebuse. Il ferme les yeux, se croit mourant et, chose extraordinaire, expérimente la douceur du passage de vie à trépas. Il désire même mourir, ferme les yeux comme pour aider au basculement et prend plaisir à cet état. Puis il délire, expérimente des impressions, des sensations et des propos qui échappent à sa volonté. Revenu à lui, il ressent de véritables douleurs. Deux ou trois nuits plus tard, la souffrance est telle qu'il se croit sur le point de mourir, mais dans un autre état d'esprit – sans joie. La fin est connue, Montaigne survit...

La leçon de cette histoire ? La mort n'est pas à craindre. Mourir paraît facile ; en revanche, avoir à mourir semble bien plus difficile. Et cette tâche est à mener à bien de son vivant... Vérité de La Palice. D'où la construction de son existence comme une préparation au trépas, certes, mais aussi et surtout comme la plus agréable façon de profiter de la vie. L'autobiographie procède de cette histoire : les lignes qui suivent la narration de cet accident fondent l'entreprise des *Essais*. En nominaliste accompli, Montaigne propose de lire le monde et de le dire – pour ce faire, il entreprend de se déchiffrer lui-même, et de se construire par la même occasion...

25

Diététique de la chair. Quelles trouvailles fait Montaigne en travaillant à son introspection ? Il congédie doucement Dieu, il laisse de côté le christianisme, il se concentre sur lui-même, se raconte, part à sa propre recherche, il s'analyse, s'écoute, se regarde, se sent, se touche, il s'appréhende corporellement, il se regarde vivre, il narre les détails de son quotidien, il commente les grands moments de l'histoire présente, il disserte sur les faits et gestes des grands hommes de l'Antiquité, et il trouve quoi ?

Un homme corporel et dans cette matière charnelle, des plis avec des zones d'ombre. Montaigne ne revendique pas un franc matérialisme. L'âme dont il entretient est immatérielle, certes, mais tellement unie à la matière du corps, qu'on se demande s'il sacrifie vraiment à une définition pneumatique, spirituelle, éthérée. Son accident de cheval témoigne pour un corps qui passe de l'autre côté, pas pour une âme qui s'envole, prend sa liberté et rejoint le ciel des chrétiens.

Dans ce corps, il croit à des causalités mécaniques. Les attaques contre la médecine ne manquent pas sous sa dictée : charlatans, scolastiques, rhéteurs verbeux usant d'artifices de langage pour cacher leur incompétence, inutiles personnages, incapables de diagnostics cohérents. Ils « rendent la santé malade », dit-il... Les populations qui ignorent cette engeance se portent excellemment. Les médicaments ne servent à rien. Les médecins non plus : quand ils ne guérissent pas, ils justifient leur forfait en prétendant que sans eux le mal aurait empiré (oyez, psychanalystes d'aujourd'hui...) ; si le malade va mieux car la nature fait son travail, ils revendiquent sans vergogne la paternité de l'amélioration. Pour que ces charlatans disposent d'un pouvoir – Montaigne a lu La Boétie –, il faut bien que les malades le leur accordent : soyez résolus à ne plus donner créance aux Diafoirus, et plus jamais on n'entendra parler de cette secte maléfique !

On comprend que quinze ans de gravelle non soignée, un père qui meurt de cette même maladie, les conséquences d'un accident de cheval gravissime contre lesquelles les gens du clystère ne peuvent rien, la mort de cinq de ses enfants en bas âge, celle de La Boétie en sa toute jeunesse, celle de son frère victime d'un accident de pelote, les dizaines de milliers de victimes de la peste dans sa région – tout cela suffit pour ne pas tenir en haute estime une profession qui paraît bien inutile !

Le médecin hippocratique – un genre de scolastique en sa matière –, Montaigne ne l'aime pas. Mais il dit en revanche beaucoup de bien des chirurgiens : car ils sont matérialistes, mécanistes, rationalistes et ne peuvent jouer avec les mots. En silence, ils opèrent, coupent, taillent, retranchent le mal : ils produisent des effets. Le philosophe a assez fréquenté les champs de bataille pour assister à la démonstration de leurs talents : extraire des éclats, des pointes d'arquebuse, réparer des chairs endommagées par des boulets de canon, des tranchants d'épée ou des piques de lance. Le médecin envoie de la poudre aux yeux ; le chirurgien agit et guérit vraiment ce qui peut l'être.

Dans l'étiologie des maladies, Montaigne évacue l'irrationnel – punition des dieux ou de Dieu, envoûtements, sorts jetés par des sorcières... – et analyse en matérialiste : ouverture de passages, acheminements de matières, flux limpides, agrégations dommageables, canaux étroits, engorgements qui arrêtent le fonctionnement normal de la machine. Lorsqu'il analyse sa gravelle, il pense comme un disciple d'Epicure pourrait le faire en recourant à la logique des atomes – une fois convoqués par lui quand il s'interroge sur ce qui échappe à sa conscience et le détermine...

D'où également une confiance plus grande accordée à la diététique qu'à la médecine : ce qui entre dans le corps produit des effets. Ce qu'on fait au corps, ce qu'on lui donne ou pas, aussi. Des particules se détachent, s'accumulent, produisent des effets dans l'organisme. Manger, boire, dormir, voyager, marcher, se baigner, digérer contribuent à un état d'esprit qui seul importe : à tout choisir, une purgation de l'esprit paraît de loin préférable à celle de l'estomac, affirme-t-il...

26

Un épicentre sombre. D'où une prescience extraordinaire de la psychologie des profondeurs, voire, parfois, de franches intuitions de ce que théorise Sigmund Freud quatre siècles après les *Essais*...

Dans cette matière qu'il ne réduit pas à des mécanismes sommaires – rouages, poulies et tractions... –, Montaigne repère l'existence de ce que la modernité nomme l'inconscient : une force qui échappe à la raison, une énergie qui travaille le corps indépendamment de la conscience, une puissance qui nous détermine sans que nous ayons notre mot à dire, un vouloir qui nous façonne comme une nécessité déterminante.

Quand il analyse sa chute de cheval, Montaigne le constate : il y a plusieurs mouvements en nous qui ne partent pas de notre ordonnance – et quelques lignes plus tard, il signale les mouvements réflexes, mais aussi des mouvements du corps (dont l'érection...) constatables à la surface de notre corps, mais qui procèdent d'un épicentre soustrait à la lumière de la raison. Il qualifie ces dynamiques inconscientes d'*étrangetés* – de forces venues d'un continent étranger à nous-même...

Ce que nous vivons hors la conscience est de nous par l'allure, l'apparence, mais pas réellement de nous. Même chose pendant le sommeil. Dans l'état de semi-conscience – ou semi-inconscience... – dans lequel Montaigne se trouve après l'accident, il assiste à ces mouvements involontaires en lui. Ce sont autant de preuves qu'en nous gît une force sombre, inconnue, mystérieuse, mais réelle. Les mots prononcés dans cet état le sont par notre bouche, mais qui les prononce en nous ? Que signifie par exemple cette demande de Montaigne, pendant son délire, qu'on apporte un cheval pour sa femme qu'il voit peiner dans un chemin malaisé ?

A l'écoute de lui, il découvre également le travail du deuil, le déni, les mouvements du refoulement de cet épisode douloureux : il ne se souvient plus du lieu, de l'heure, des circonstances. Le moment où il croit mourir lui revient à l'esprit. Puis un éclair qui frappe l'âme de secousses, et le retour au monde véritable. La proximité de la mort a travaillé ce corps, notamment sa partie la moins connue, l'âme, dont la consistance immatérielle paraît de moins en moins probable...

27

Une goutte de liqueur. Le fils qui souffre de la goutte ne peut pas ne pas se demander ce qui passe du géniteur à son enfant dans le cas où il souffre de la même maladie ! Pas besoin de croiser les petits pois, comme Mendel plus tard, pour réfléchir sur ce que chacun doit à l'hérédité – qu'on n'appelle pas encore ainsi. Le père monte les escaliers quatre à quatre, il est adroit, sportif, se jette vêtu de sa robe fourrée sur son cheval malgré sa soixantaine, fait le tour de sa table en s'appuyant seulement sur son pouce ; le fils confesse un corps embarrassé, penaud, lourd, gourd... Quelle étrange déperdition du père au fils !

Montaigne sait que l'être procède d'un mélange de génétique, d'hérédité et d'éducation. Une physiologie, une goutte de liqueur séminale, et l'on donne en héritage sa maladie de la pierre. En même temps, on ne transmet pas sa dextérité, sa souplesse, son ardeur sportive. Pire, on fabrique même un enfant très exactement aux antipodes... Etranges logiques ! Deux chapitres du deuxième livre annoncent un traitement de la question : le huitième – *De l'affection des pères aux enfants* – et le trente-septième – *De la ressemblance des enfants aux pères.*

Dans un éloge de la *vacation stérile*, le premier développement conseille de ne pas être père ! Puis ajoute toutefois quelques considérations sur le sujet : difficile d'aimer un enfant à la naissance ; difficile de se garder libre quand on a choisi d'engendrer ; difficile de vivre sa vie, sans mettre à distance sa progéniture ; difficile pour un père de transmettre ses pouvoirs et ses biens à la bonne heure ; difficile de se faire aimer... Conclusion : il vaut mieux laisser derrière soi une œuvre de papier qu'une œuvre de chair...

A quoi Montaigne ajoute tout de même des considérations sur la transmission, les héritages, les dots, les châtiments corporels, l'âge idéal des mariages, la relation affective avec son lignage, autant de théories qui renvoient à des moments autobiographiques douloureux : le conflit nécessaire, à la mort de son père, pour entrer en jouissance pleine et entière de son héritage ; l'argent obtenu par son mariage avec Antoinette de Louppes ; les deux coups reçus de son père et sa douceur avec Léonore ; l'âge tardif du mariage de son père – et du sien ; les difficultés affectives dans sa propre famille... Qui a dit qu'on pensait bien ses seuls propres problèmes existentiels ?

L'autre chapitre s'étonne – parmi mille sujets sans relations avec le thème proprement dit... – que le sperme porte potentiellement la forme du corps, certes, mais aussi des modes de pensée, des tropismes intellectuels venus de nos parents... (Rappelons que le spermatozoïde et son rôle sont découverts au XIXe siècle...) Montaigne affirme que l'essentiel de ce qui est transmis l'est moins par la génétique – contre les cris d'orfraie des Alcestes modernes devant la question du clonage... – que par l'éducation, la transmission... orale. La nature de chacun procède d'un mélange mystérieux de corps et d'âme hérité contre lequel on peut très peu...

28

***Le divan des* Essais.** Sur le divan des *Essais*, Montaigne approche de très près un certain nombre de concepts clés de la psychanalyse moderne. Outre l'intuition de l'inconscient actif dans un corps de chair et de sang, il pointe un *instinct à l'inhumanité* qui ressemble de très près à la pulsion de mort freudienne... Certes, Montaigne voit autour de lui des massacres, des guerres, des persécutions, des pendaisons, des tortures, des bûchers, des violences catholiques et protestantes, des exactions laïques et religieuses, mais de là à conclure à une forme instinctive, c'est-à-dire viscéralement enracinée dans la chair et l'âme humaines, d'une force sombre, d'une puissance mortifère ! Bravo...

Ailleurs il entretient d'un *patron au-dedans*, qui ressemble à s'y méprendre à l'idéal du moi freudien à partir de quoi s'organise la quête de toute subjectivité en attente d'une structuration de soi, de son caractère et de son tempérament. Pour un individu qui cherche son identité, a rompu avec le surmoi de sa profession de magistrat pour partir à la recherche de lui, cette intuition qui signifie aussi le nom du père, la figure de l'ordre et de l'autorité, joue un rôle majeur : elle formule un point de tension indispensable pour organiser la quête du moi.

Même remarque : quand il consacre un chapitre entier à la *diversion* – concept majeur, puisque en regard de la condition d'être mortel de chacun il explique, légitime et justifie chez Montaigne, mais également dans l'absolu, la position et la posture hédonistes –, comment ne pas songer à l'élaboration psychanalytique du concept de sublimation ? La diversion – Pascal s'en souvient en écrivant sur le divertissement... – est utile, écrit Montaigne, pour éviter les maladies de l'âme.

Une affection nous ronge douloureusement ? Travaillons à son détournement, à la canalisation sur d'autres objets de cette énergie qui, sinon, menace destruction et peut se transformer en force de construction. Les *Essais* comme sublimation, c'est-à-dire comme diversion de l'évidence d'avoir à mourir ; l'hédonisme lui aussi comme diversion : voilà des pistes majeures et d'une modernité redoutable. Lire ou relire *Le Moi et le Ça*, dans lequel

Freud montre comment une énergie mortifère peut se trouver recyclée en pulsion constructrice...

A un autre endroit de ses méditations philosophiques, Montaigne invite à la *purgation de la cervelle* comme remède à des maladies qu'on estime faussement physiologiques – notamment les affections gastriques. Contre les médecins charlatans qui jouent d'invocations et de remèdes de bonne femme, il habilite un genre de contrat de confiance entre le thérapeute et le malade. Car seule cette créance est à même de produire de réels effets physiologiques : ne croirait-on pas entendre un éloge de la cure psychanalytique ? De l'analyse moderne ?

En bon lecteur de la *Psychopathologie de la vie quotidienne* qu'il n'est pas, Montaigne pressent également ce qui advient « au bord de l'âme » et relève du « bégaiement du sommeil », des « mouvements involontaires qui ne partent pas de notre ordonnance », de « naturelle impulsion », d'« agitations à part de notre discours », des « pensements qui ne viennent pas de chez soi » – autant d'expressions qui suivent l'autoanalyse du fameux accident de cheval... Ces mouvements involontaires (la langue qui se transit ; la voix qui flanche – chez cet oral de Montaigne...) deviennent sous la plume du Viennois des lapsus, des actes manqués, des oublis et autres voies d'accès qui mènent à l'inconscient...

Et encore ? Le déni freudien – ce que Jules de Gaultier appelle le bovarysme et que définit la faculté des hommes à se croire autres que ce qu'ils sont... –, on le trouve aussi dans les *Essais* : comment Montaigne formule-t-il ce travers ? Dans le chapitre dix-sept du deuxième livre intitulé *De la présomption*, il parle explicitement : de « l'affection inconsidérée de quoi nous nous chérissons, qui nous représente à nous-mêmes autres que ce que nous sommes ». Peut-on mieux dire ? Freud nomme avec le déni un mécanisme d'autodéfense qui permet au sujet de ne pas prendre en pleine figure une vérité impossible à assumer – une faiblesse, une humiliation, une tare à même de générer un traumatisme. Montaigne découvre ce travers, quatre siècles avant une formule thérapeutique quasi définitive...

Précisons : Montaigne n'invente pas la psychanalyse, il n'en est pas le précurseur. On ne trouve pas dans les *Essais* la psychanalyse en germe, en puissance, avant qu'elle devienne en acte avec Sigmund Freud. Montaigne ne compte pas parmi les modèles ni les sources de Freud. Mais les intuitions montaniennes sur la psychologie des profondeurs ne cessent d'étonner : l'inconscient, la pulsion de mort, l'idéal du moi, la sublimation, la catharsis, les actes manqués, le déni – quels que soient les mots pour le dire... – montrent un philosophe, un penseur, mais aussi un psychologue, un anthropologue achevés.

29

L'être pour la mort. Le corps est donc la grande raison. Le corps, c'est-à-dire autre chose qu'un assemblage sommaire d'âme immatérielle et de chair conçue comme la prison de cet esprit. La conception que Montaigne se fait du corps est plus fine, plus radicalement postchrétienne qu'on peut l'imaginer : une matière corporelle parcourue par des flux, des forces, des énergies, une matérialité zébrée par des déterminismes qui échappent à la conscience, à la raison, mais pour autant n'obéissent pas à Dieu.

Ce corps n'est pas porteur d'immortalité. L'âme, si elle existe, nomme ce qui échappe à la raison raisonnable et raisonnante. Rien dans les *Essais* ne permet d'imaginer un esprit éthéré destiné au paradis ou à l'enfer. Cette âme dont Montaigne entretient, elle est logée dans le cerveau – on fait moins localisé et moins matériel comme définition quand on se veut soucieux d'orthodoxie ! De plus, ce corps évolue dans le temps, soumis à l'entropie, sujet comme tout dans le monde à n'être qu'un instant. L'être pour la mort et la conscience de n'être que pour la mort, voilà ce qui définit l'homme.

Je ne tiens pas que l'expérience de l'accident de cheval soit une réconciliation avec la mort – sinon, quel besoin de travailler aux *Essais* qui ne sont que tentative de résoudre ce problème : comment vivre puisqu'il faut mourir ? Mieux : comment puis-je et dois-je vivre puisque je vais mourir, moi, Michel de Montaigne – et que je le sais, vu que j'ai expérimenté au plus près cette vérité devenue, depuis, moins une sérénité qu'une proximité augmentée. L'accident n'est pas une réconciliation, mais une révélation ; pas une paix acquise, mais une déclaration de guerre ouverte.

Dès après ses vingt ans, Montaigne dit expérimenter corporellement le travail de la mort en lui : début du déclin, annonce de la fin. Jamais ce problème n'est résolu durant sa vie. Sûrement pas au moment où il passe au plus près du trépas, comme l'affirment la plupart des biographes.

Certes, la mort lui a semblé douce, facile, plaisante, mais l'excellence d'une répétition ne garantit jamais l'excellence de la première : ce fut un coup d'essai, mais l'heure véritable qui permet de juger, de conclure, de terminer une vie et d'éclairer ce qui précède, ce n'était pas elle. Elle reste à venir. Nous le savons, nous : vingt-quatre années séparent ce hapax existentiel (1568) du dernier souffle de Montaigne (1592). Vingt-quatre ans dont vingt-trois consacrés à la dictée du chef-d'œuvre...

30

Philosopher c'est apprendre à vivre. La vulgate l'enseigne depuis quatre siècles : Montaigne affirme que « philosopher c'est apprendre à mourir ». Certes... D'abord l'idée, la phrase, l'expression se trouvent chez Cicéron... Ensuite, il faut très exactement entendre l'inverse : « philosopher, c'est apprendre à vivre ». Mieux : c'est apprendre à bien vivre pour ne pas craindre la mort et l'intégrer dans sa vie comme une chose naturelle... Car on n'apprend pas à mourir. L'approcher ? Oui, et alors ? Montaigne affirme qu'il est allé au plus près lors de cet accident. Mais alors, s'il avait vraiment réglé le problème lors de cette proximité maximale, pour quelles raisons consacrer toute sa vie d'adulte aux *Essais* dans lesquels, justement, il cherche à savoir comment le mieux occuper son temps en attendant la dernière heure ?

Être pour la mort oblige d'abord à être pour la vie. Seule une bonne et belle vie, bien remplie, bien pleine, pas ratée, permet d'aborder sereinement la mort. Chaque vie doit être vécue de façon à ne rien regretter de ce qu'on aura choisi et qu'on aimerait voir se reproduire si l'on avait le choix de revivre une autre vie. Cette leçon agit telle une recette, un principe sélectif, quand on hésite, tremble et ne sait pas quoi choisir ou vouloir.

Seul penser la mort apprend à vivre ; ce qui se lit aussi à l'envers : seul penser la vie apprend à mourir. De sorte que la phrase de Cicéron popularisée par Montaigne se comprend aussi en intervertissant les termes : vivre et mourir constituent l'avers et le revers de la même médaille. On ne vit pas l'un sans l'autre ; ils ne se séparent pas ; bien vivre et mal mourir s'excluent tout autant que mal vivre et bien mourir ; l'existence et le trépas se lisent en recto et verso d'une même feuille ; rater l'une et réussir l'autre ? impensable...

31

Mourir et avoir à mourir. La leçon de l'accident déplace le problème : Montaigne découvre que mourir n'est pas difficile. Un endormissement, un glissement, un passage doux, voire agréable. La conscience n'est plus là pour donner à la douleur son épaisseur, son acuité, sa force. Le trépas – sur ce sujet il diffère de La Boétie... – paraît une chose facile : on n'est plus là. Seuls souffrent les spectateurs, la famille, les amis, qui projettent des fictions et imaginent des douleurs disparues puisque la conscience et la raison ne sont plus là pour leur donner consistance.

En revanche, avoir à mourir, savoir qu'on va disparaître, vivre avec cette pensée, voilà le problème. En bon élève des stoïciens, notre philosophe retient qu'à défaut d'agir sur la matière même du réel – inaccessible – nous pouvons intervenir sur ses représentations – les seules modalités du réel. Avoir à mourir, voilà une représentation. Je ne peux que m'imaginer mourant ; et encore : même mort, je ne le peux, car je m'imagine défunt, certes, mais pour cela il me faut tout l'arsenal du vivant : les cinq sens, une conscience claire et une raison en bon état. Or quand je suis mort, tout cela a disparu. Quand je meurs même, les instruments utiles à mes représentations ne sont plus assez performants pour fabriquer dans la lucidité une douleur, une souffrance.

Pensons donc la mort de notre vivant, quand il en est encore temps ; ne vivons pas comme si nous ne devions jamais mourir ; évitons de croire qu'elle ne concerne que les autres, plus tard, pas nous, ou de manière lointaine ; abordons-la en pleine forme, en pleine santé, volontairement, et non contraints par la maladie, l'âge, la vieillesse, l'agonie ; cessons de croire qu'elle se pense avec les arguments de la religion et de la théologie et abordons-la avec les armes de la philosophie.

D'où un recyclage des idées antiques préchrétiennes sur ce sujet : la mort n'est pas un mal, mais mal vivre oui ; elle n'est pas à craindre : si je suis là, elle n'y est pas, si elle est là, je n'y suis plus ; pleurer ce qu'on ne vivra pas est tout aussi ridicule que pleurer ce qu'on n'a pas vécu ; si elle est courte, on ne la voit pas, si elle dure, on est encore vivant ; en regard de l'éternité toutes les vies sont courtes, pourquoi vouloir un supplément ? ; la mort concerne tout le monde, des millions de gens avant nous, des millions après, quelle vanité de vouloir faire exception ! ; si on a bien vécu, on n'a rien à craindre, si on a mal vécu, pourquoi vouloir ajouter au pensum ? ; que serait le monde si nous ne laissions la place aux suivants comme on nous a laissé la place ? ; une vie d'immortel serait une punition ; et autres recettes philosophiques. Rien de vraiment neuf, un catalogue d'idées stoïciennes et épicuriennes. Il est vrai que, le problème n'ayant pas changé, on voit mal pour quelles raisons les solutions auraient varié !

En attendant, l'intérêt n'est pas de mourir tout de suite, nous avons le temps, mais de vivre en sachant cela. Philosophie tragique, oui, mais pas pessimiste. Car Montaigne ne voit pas le pire partout – ni le meilleur, ce qui en ferait un optimiste. Mais il voit le réel tel qu'il est : travaillé par l'entropie, coulant, passant, fluide et se dirigeant vers la mort. Pour tout et pour tous. Cette vérité d'évidence dégage une autre certitude et un autre problème : il s'agit moins de mourir de son vivant – comme y invitent les religions – en croyant faussement apprivoiser la mort, que de vivre sa vie pleinement. Le tragique constitue un premier temps dans la pensée de Montaigne : une voie d'accès qui conduit au second temps, la vérité de sa philosophie, son aboutissement, son couronnement : l'hédonisme...

32

Haine de la douleur. Dans presque chaque page des *Essais* Montaigne le dit : le désir est partout. Souvent il ajoute : et sans cesse on nous invite à y renoncer, à ne pas le transformer en plaisir. Sans raison fondée, précise-t-il... Montaigne ne défend pas la jouissance sans frein, sans limite, immodérée, permanente et obsessionnelle. Il la trouve convenable quand elle est mesurée, autant dire quand elle ne mord pas sur la liberté, l'autonomie et l'indépendance. Ses biens les plus chers – comme Epicure...

La mesure permet d'éviter la satiété qui engendre le dégoût. Trop avoir, tout avoir ne permet pas une satisfaction simple ni sereine. Deux tensions définissent l'hédonisme : haine de la douleur, amour de la volupté. Un calcul des plaisirs permet l'évitement de la négativité et la quête de la positivité utile pour échapper aux afflictions, puis pour aller vers la satisfaction, les deux mouvements constructeurs de toute jubilation.

A l'origine de cette invitation à ne pas jouir, Montaigne installe clairement la religion – les religions. Dans un étrange paradoxe, ces fictions ajoutent des misères à celles qu'elles prétendent guérir ! Le christianisme parle de faute, il raconte l'histoire d'Adam et Eve, il insiste sur le péché originel, sa transmission de génération en génération, il enseigne la généalogie de la négativité à partir de ce moment fatal : travailler dans la peine, souffrir puis mourir, enfanter dans la douleur, autant de malédictions consécutives au vouloir funeste de la première femme.

Rien de tout cela chez Montaigne : pas un mot sur cette mythologie génératrice de catastrophes millénaires. Trois mille pages d'*Essais* et pas une seule mention, franche et nette, sous-entendue ou insidieuse, qui avalise cette vision du monde. Si Jésus, le Christ et Dieu apparaissent discrètement, très discrètement dans ce monde peuplé de Grecs, de Romains et de cannibales, Adam manque à l'appel. Eve aussi. Le philosophe ne communie pas dans cette fiction génératrice de l'idéal ascétique occidental.

Quand le christianisme célèbre la mort comme occasion de libérer l'âme du corps, la souffrance telle une chance pour imiter le Crucifié et gagner ainsi un salut offert sous la forme d'un anticorps céleste, Montaigne enseigne la joie, la volupté, le plaisir, la vie, le bonheur. Pas question de transformer notre passage sur terre en expiation, ni de justifier les sévices qu'on s'inflige : pour quoi faire ? Dans quel but ? Vivre exige une sagesse gaie – rien d'autre.

Partout Montaigne se demande comment on peut détester la santé et l'allégresse, maudire sa naissance et bénir sa mort, abominer le soleil et adorer les ténèbres. Son étonnement est sans limites face à l'ingéniosité déployée par les hommes pour s'infliger du mal, de la peine, des souffrances, de la douleur. A quoi bon ajouter de la négativité à celle qui existe déjà en dose maximale ? Qu'est-ce qui justifie ce comportement monstrueux – le *héautontimoroumenos* de son cher Térence ?

D'autant que la nature n'enseigne pas cela : ni les animaux, si souvent présents dans l'*Apologie de Raymond Sebond*, ni les sauvages venus du Brésil et visités à Rouen, ne montrent un tel talent pour la haine de soi ! Imagine-t-on le hérisson, le ciron, l'éléphant, le poulpe, les abeilles inventant des tortures à s'infliger ? Et ces cannibales, nulle part on ne les voit fomenter des attentats contre eux-mêmes, leurs corps, leurs vies...

Les bêtes tuent, certes, mais pour se nourrir, jamais gratuitement ; les hommes s'assassinent, ils raffinent même la chose en pratiquant les tortures, ils massacrent – il suffit, à l'époque, de regarder par sa fenêtre, les guerres de religion font rage. Mais seuls les humains jubilent de la pulsion de mort – cet *instinct à l'inhumanité*, rappelez-vous... – qu'ils infligent et s'infligent. Dès les premières pages des *Essais* et jusqu'aux dernières, Montaigne déclare la guerre à la douleur. Aucune n'est bonne, il n'en défend ni n'en justifie aucune. Elle est ce qui peut arriver de pire, dit-il. Vouloir la douleur, comme si ce qui existe déjà en quantité ne suffisait pas ! Payer ici-bas de souffrances un plaisir très improbable – le paradis... –, voilà une èrreur funeste. Comment ne pas penser au christianisme ?

33

Jouissance de cannibales. La haine de la douleur va de pair avec un désir du plaisir, une invitation à faire le nécessaire pour le créer, le susciter, le solliciter. Où l'on retrouve les deux mouvements propres à toute pensée hédoniste : éviction du négatif, la douleur ; élection du positif, le plaisir. Le mal ne guérit pas le mal, seul le bien agit en cordial efficace. Le remède ne doit pas être pire que la maladie : préférons donc la jouissance, même si tout et tous se liguent contre cette idée.

Ce plaisir n'est pas seulement cérébral, spirituel : la jouissance du moine dans sa cellule, celle de l'ascète qui renonce... aux plaisirs, voilà un paradoxe introuvable dans les *Essais* ! La jubilation ne concerne pas l'âme séparée du corps, mais la chair tout entière, avec sa partie spirituelle – si l'on se souvient de l'intime couture et liaison des deux instances. La volupté concerne les cinq sens : boire et manger, voir, regarder, sentir, goûter, toucher le monde, demander au corps qu'il expérimente pleinement la totalité de ces possibilités.

Comment ne pas défendre le plaisir charnel ? Dieu donnerait un corps, une chair, des organes sexuels, il doterait les hommes et les femmes de libido pour qu'ils y renoncent ? Et selon quelle logique ? Pour quelles raisons ? Quelle étrange idée ! Ces dons de Dieu constituent autant d'invitations à en profiter sans complexes et sans culpabilité. Dieu n'aurait pas offert ces potentialités aux hommes et aux femmes s'il condamnait le passage à l'acte. Le corps peut servir ? Il doit donc servir. Il n'est pas pécheur, pas mauvais, ni damné. Puisqu'il peut donner de la joie, profitons-en. L'œuvre de Montaigne et sa vie témoignent...

La preuve de l'excellence du plaisir, c'est son origine naturelle. Pour s'en persuader, regardons vivre les cannibales – Diderot s'en souvient dans son *Supplément au voyage de Bougainville*... : ils ignorent la faute, le péché, la culpabilité, ils pratiquent une sexualité simple, sans se poser de questions, ils ne s'embarrassent pas d'interdits, ne créent pas d'extravagantes lois pour justifier de s'infliger de la peine et jouir dans la douleur – qu'ils n'aiment pas. Ils sont sains, donc ils obéissent à ce que la nature enseigne : l'éviter, la fuir... Ils consentent à leurs penchants et ne prennent pas leur plaisir dans la négation du plaisir, funeste paradoxe !

Montaigne ne croit guère au droit naturel, mais constate que si deux faits peuvent le faire douter sur ce sujet, ce sont la conservation de soi (elle invite à fuir ce qui peut nous nuire) et l'affection de sa progéniture. Les animaux et les hommes, donc, s'ils obéissent à ce que la nature leur commande, tournent le dos à la douleur et recherchent le plaisir. Selon un mouvement naturel, avant tout empoisonnement culturel.

Seule la dénaturation conduit à l'inverse : la haine de soi, le goût pour la négativité, la passion mortifère pour la souffrance, tous ces vices transformés en vertus procèdent d'une perversion – en l'occurrence culturelle. Récuser la nature, la fuir, la détester, vouloir nous arracher à son règne, à sa loi, nous croire meilleurs et supérieurs aux animaux – quand on fait pire qu'eux – voilà l'erreur : car aucune bête ne montre assez de folie pour aimer ce qui risque de causer sa perte !

Si la philosophie a un sens, si elle cherche une vérité, il lui faut la trouver dans la nature : retrouver sa voie, son sens, ses leçons et ses enseignements. (Au passage : le contraire d'une position juive...) La culture est à ce point pervertie qu'à la question du souverain bien, au lieu de convoquer la volupté, elle donne une multitude de réponses, toutes opposées à cette vérité de bon sens. Montaigne s'amuse même à citer Varron, l'auteur d'une singulière comptabilité : à la question : que doit-on rechercher comme fin des fins ?, les philosophes apportent des solutions, certes. Mais trop, car l'auteur des *Satires Ménippées* en compte deux cent quatre-vingt-huit – autant que de sectes philosophiques !

Or, dès les premières lignes du fameux chapitre intitulé *Que philosopher c'est apprendre à mourir*, Montaigne donne la sienne – elle lui semble la seule :

le plaisir est notre but... Quoi qu'en pensent les prêtres, les philosophes qui leur tiennent compagnie, les gens du commun, les uns, les autres, le pape, le roi, les hommes, les femmes, les courtisans raffinés ou les paysans rustiques, les lecteurs de Platon et les amateurs d'Augustin, les thuriféraires de l'Eglise et les glossateurs de la *Somme théologique*, les avisés, les érudits et les lecteurs propriétaires de bibliothèques, les bûcherons illettrés au fond de leurs forêts, les humains doivent viser dans la vie ce que la nature leur indique : la volupté. De surcroît, la recherche du plaisir est également un plaisir...

34

Volupté et camarade épousées. Peut-être Montaigne a-t-il en tête son accident de cheval quand il défend ce leitmotiv du livre : plaisir et douleur ont partie liée. Eros et Thanatos – pour le dire dans des termes contemporains – supposent un mélange intime. Pour le montrer, il affirme que la joie extrême paraît plus sévère que gaie. Même remarque pour l'extrême contentement. En fin analyste de la psychologie des profondeurs, notre homme relève même que souvent des gens trouvent un réel plaisir à la mélancolie. Sur sa personne il l'expérimente des dizaines de fois : après une maladie, des douleurs, une souffrance – qu'on songe au nombre incalculable de ses crises de goutte et sa maladie de la pierre... – le plaisir paraît plus intense. Pulsion de vie et pulsion de mort semblent relever de logiques imbriquées. La douleur paraît exister pour donner tout son prix à la volupté.

Ainsi la peste : devant ces corps qui tombent comme des mouches, qui pourrissent sur le lieu où ils s'affalent mortellement, partout décomposés dans les villages, mangés par les corbeaux, dépecés par les chiens errants, gonflés par le soleil de l'été, au spectacle des colonies de pauvres hères errant sur la route avec leurs charrettes et leurs familles, toutes concernées par le trépas de proches ou d'amis, soi-même dans la crainte de contracter la maladie et d'en mourir, on donne à la vie un prix maximum et au plaisir une fonction cardinale. Parce que nous allons mourir, jouissons : la leçon vaut de toute éternité et jusqu'à la fin des temps.

Tout le sens de l'hédonisme montanien se trouve dans cette logique : le temps qui coule invite à l'éternité d'un présent densifié par la jubilation ; la fluidité de tout ce qui passe appelle l'immobilité dans tout ce qui permet la volupté ; la mort à l'œuvre en nous dès le début de notre naissance contraint à la construction de résistances joyeuses ; la philosophie tragique, marquée par la vérité de l'entropie, justifie la formulation d'un gai savoir expansif ; l'accident de cheval démontre la précarité de toute existence et convertit à la pratique d'une vie dévolue au bonheur ; la maladie – cette pierre impossible à pisser... – suppose qu'en dehors de la douleur, et à cause d'elle, on rie, profite, mange, boive, lutine. En un mot : mourir se soigne avec un seul remède : vivre. Et pour bien mourir, rien de tel qu'un bien-vivre en attendant !

35

En cheminant avec Epicure. La pratique hédoniste appelle une théorie. L'un des moments majeurs de celle-ci consiste en l'arithmétique des plaisirs déjà présente chez Epicure. Le philosophe du Jardin invitait au plaisir, certes, mais pas n'importe lequel et aucunement s'il devait se payer d'un quelconque déplaisir. Jouir, oui, mais pas si l'on doit en souffrir. D'où un éloge de l'abstinence si la jouissance génère une souffrance, une douleur, même minimes.

Dans cette logique, la douleur peut trouver une justification : si elle est le prix à payer pour une jubilation à venir. Exemple : se priver d'une nourriture agréable mais dangereuse pour son équilibre quand on souffre d'une maladie de la pierre. Faire un régime alimentaire, donc : voilà un déplaisir désirable car il en évite un plus grand et, du fait de cet évitement, un bénéfice jubilatoire advient au profit de celui qui a calculé ses plaisirs et joué le bon numéro hédoniste.

L'évitement de la douleur est un plaisir majeur. On caricature souvent l'hédonisme comme une philosophie qui chercherait le plaisir coûte que coûte – fût-ce au prix de désagréments pour soi ou pour autrui. On ignore que la plupart du temps il fonctionne d'abord sur le terrain de la prévention des douleurs, lequel suppose une préférence des situations qui dispensent des difficultés à venir. Construire le plaisir équivaut bien souvent à se mettre dans la situation de n'avoir pas à subir de désagréments facilement identifiables : le mariage, la paternité, les responsabilités publiques et privées, la richesse, les honneurs, la gloire, autant de pièges à éviter si l'on veut conserver sa sérénité. Montaigne adhère à cette collection d'invites prophylactiques...

Ne pas se mettre dans la situation d'une personne qui va devoir faire face à des difficultés, des problèmes, donc des douleurs, ne suffit pas à éviter tout de même les afflictions ! Trop simple... Car la mort, la maladie et autres coups du sort ne dépendent pas de notre seul bon vouloir. Le « sable dans les rognons » du philosophe – ce sont ses mots... – ne relèvent pas de sa décision. En revanche, la puissance de son vouloir sur cette représentation qu'est toute maladie relève de sa décision. Montaigne ne peut empêcher le mal physiologique, mais il peut travailler sur lui et ne pas consentir à ce que la douleur obtienne plus qu'elle n'obtient déjà. Car la douleur est aussi – et surtout, disent les tenants du Portique – une construction mentale. Or le gouvernement d'une partie abîmée du corps (les fameux rognons...) par cette autre partie qui a nom l'âme relève d'un exercice spirituel, mental, cognitif, en un mot : philosophique. Leçon dans la plus pure tradition stoïcienne...

Le travail connaît d'évidentes limites, certes, et Montaigne le premier, pas dupe, a trop souffert pour savoir que pendant une crise violente la lecture des

Lettres à Lucilius produit un effet très limité... D'autant qu'on a envie d'autre chose en pareil moment que d'aller quérir dans sa bibliothèque le volume en question. Pour autant, même avec ses limites, ce cordial du vouloir éduqué et dressé par la volonté ne manque pas de produire un amoindrissement de la douleur. Et, même infime, toute entame de la négativité vaut d'être tentée.

Avec le temps, l'augmentation des crises, des douleurs et de leur intensité, Montaigne corrige son éloge de l'héroïsme stoïcien. Livresque, il produit les meilleurs effets ; dans la réalité, il en va tout autrement. Car le problème posé relève de la jonction entre le travail philosophique dans sa librairie et la production d'effets visibles, constatables, comme on note des progrès en philosophie... En essayant, nul n'est tenu de réussir : l'obligation réside dans la démarche – pas dans le résultat.

36

Trois singes philosophiques. Chacun connaît ces figures qui représentent trois petits singes dont l'un met ses mains devant les yeux, l'autre la bouche, le dernier les oreilles et qui enseignent ainsi une sagesse orientale bien vite devenue une sagesse populaire : ne rien voir, ne rien dire, ne rien entendre. Du moins : voir, mais ne pas dire ce qu'on a vu ; entendre, mais ne pas révéler ce qu'on a entendu. Ne rien manquer de la vilenie du monde, de la méchanceté des hommes, de l'hypocrisie et de la fourberie des gens, mais toujours se retenir d'en faire part.

Montaigne a pratiqué cette sagesse et, semble-t-il, s'en est bien porté... Dans les *Essais*, il confie avoir bien vu sur ses terres et dans son château que ses gens chapardaient, mettaient des légumes de son potager ou du grain de ses greniers de côté, emportaient chez eux tel ou tel de ses biens. Mais il préfère ne rien dire pour ne pas aller au-devant d'ennuis. Rien de tout cela n'a véritablement d'importance : un peu de fortune en moins, et alors ?

L'essentiel n'est pas là, mais dans sa tranquillité et sa sérénité qui se trouvent entamées si d'aventure il demande des comptes, justice ou réparation. Montaigne se fait fort de n'avoir jamais eu recours à la justice. Pour avoir côtoyé le monde des tribunaux pendant treize années, il n'ignore pas que la justice n'est guère juste et qu'il vaut mieux éviter d'y avoir affaire... Il dit avoir souvent vu des condamnations plus criminelles que les crimes... Déjà !

Une banale histoire de cocuage montre comment Montaigne s'y prenait : voir, entendre, ne rien dire, certes, mais, – suprême méthode... – faire savoir qu'on sait, puis ne rien dire. Ainsi, lorsque son frère meurt d'un accident au jeu de paume, on cherche partout sa chaîne en or pour la répartir dans la succession. Sans la trouver... En tant qu'aîné, Montaigne préside à ce partage. Il demande qu'on aille voir dans le coffre de sa femme. De fait, le bijou s'y trouve. Antoinette, la mère du philosophe, sauve sa belle-fille en revendiquant le rangement intempestif. Montaigne y consent, mais obtient l'enregistrement de cette version par un notaire, en présence des trois frères...

Dès lors, pas besoin d'aller chercher très loin les passages des *Essais* dans lesquels Montaigne théorise le cocuage en précisant que tout le monde l'a été, l'est ou le sera, sinon, que tout le monde a fait, fait ou fera des cocus. Pas de quoi se formaliser pour si peu ! D'abord, l'honnêteté n'est pas la chose du monde la mieux partagée ; ensuite, une femme est vertueuse tant qu'on ne lui a pas donné l'occasion de ne plus l'être. Même chose pour les hommes...

L'essentiel, ajoute le sage bien informé – pour avoir porté et fait porter des cornes ! –, c'est la discrétion. Voire le secret. Dans l'une des formules où il excelle, il ajoute qu'un bon mariage suppose « une femme aveugle et un mari sourd ». De quoi faire une compagnie aux singes... Mais aussi, de quoi éclairer sur le terrain ce que suppose la théorie hédoniste : ne pas construire la négativité en lui donnant l'occasion de surgir. A la racine, empêcher tout ce qui, immanquablement, génère des passions tristes, des douleurs, des souffrances. Laisser faire, laisser dire, ne pas être dupe, et savoir préserver ce qui compte avant tout : sa sérénité.

37

Détourner une passion obscure. Enfin, ultime technique d'évitement de la douleur, ne pas prendre de points de comparaison au-dessus de soi. Regarder plutôt en dessous. Comparer sa jouissance à celle de chanceux plus et mieux dotés offre une occasion de souffrance ; en revanche, se mettre en perspective avec de plus malchanceux, voilà une méthode utile. En regard de Crésus, l'humanité entière peut se dire et se croire pauvre, voire pauvrissime !

La sagesse veut que nous détournions notre regard de ce qui nous fait souffrir quand la comparaison est douloureuse. Montaigne a déjà disserté sur le *patron intérieur* et sur le déni ; il sait combien la mesure de soi avec des modèles impossibles à atteindre génère des souffrances. A ce jeu, chacun se perd et se manque. Pester contre sa douleur pour la raison que le voisin, lui, est épargné, nous fait souffrir encore plus et nous dispense d'attaquer notre mal là où il est !

En prenant pour mètre étalon les gens de peu, les modestes, les petits, les humbles, les sans-grades, on ne souffre pas de ne pas être plus riche ; en considérant les malades qui peinent depuis plus longtemps que nous, de manière désespérée, sans issue, on apaise un peu sa douleur. Montaigne a lu Lucrèce, souvent convoqué – à tort – pour se réjouir de cette effrayante constatation qu'en l'homme existe une étrange faculté de se réjouir du malheur de son prochain, une jubilation mauvaise à le voir dans la peine si elle l'épargne.

A partir de cette passion obscure – le plaisir pris au déplaisir de l'autre –, qu'il s'agit de détourner impérativement, construisons une technique lumineuse : sachons nous satisfaire de ce que l'on a quand ce pourrait être pire. Sagesse que d'aucuns trouvent sommaire, populaire ou transforment en formule de bon sens, certes, mais essayons : en matière d'éthique, seules les recettes inefficaces méritent le dédain.

38

Une culture du corps. Le corps dans lequel nous croyons vivre innocemment est chrétien : la chair est fabriquée par les discours hystériques de Paul de Tarse, formatée par l'Eglise catholique, apostolique et romaine, imbibée d'eau bénite, travaillée par les grandes peurs et angoisses distillées par un catéchisme appuyé sur la faute, la culpabilité, le péché originel. Inconsciemment, nous subissons la Loi judéo-chrétienne. Dans notre rapport à l'autre sexe, à notre désir et notre plaisir, nous agissons en chrétiens – même si nous nous croyons athées, agnostiques ou mécréants.

Montaigne crée un corps athée – avant l'apparition de l'épithète un siècle plus tard... Athée, non pas parce qu'il nie Dieu avec la volonté farouche de ceux qui en affirment l'existence, mais à la manière épicurienne : avec une relative indifférence. Que Dieu ou les dieux existent ou pas, voilà qui ne présente aucune espèce d'importance... S'ils existent, ils ne se soucient aucunement des hommes, de leur destin et du détail de leur quotidien ; s'ils n'existent pas, l'affaire est réglée. Dans l'air du temps, le congé donné aux dieux et à Dieu se prépare...

Un corps athée définit d'abord un corps qui refuse

la douleur sous toutes ses formes : rien ne justifie la souffrance, aucune logique de salut. Le corps n'a rien à voir avec l'au-delà, il concerne essentiellement l'ici-bas. Le ciel ? Une fiction. Le réel ? La mort, la vie, la finitude, l'entropie, et le corps dont nous disposons. Rien d'autre. La volupté, voilà la finalité de toute existence. Montaigne propose d'aller la chercher dans le monde de son enfance – ce monde qui parle latin. Ses jeunes années au château ne sont plus ? Peu importe : il reste la librairie, la pièce où il dicte et parle, transformée en ventre maternel où il reconstruit le paradis perdu.

Travaillé par la mort, taraudé par elle, il part à la recherche d'une sagesse qui suppose la connaissance de soi pour adapter sa philosophie à son tempérament – « déduire sa métaphysique de sa physique », pour reprendre ses mots. La construction des *Essais* suppose ce détour, à l'issue duquel il peut répondre à la double question : qui suis-je ? Et, dans la foulée : que puis-je espérer ? Pour ce faire, la méditation des Anciens lui fournit l'occasion de son entreprise existentielle.

Du « Micheau » qui parle latin avec ses parents convertis à la langue de Cicéron dans leur château, au Michel qui signe cet unique livre – quinze cents pages en vingt ans, c'est peu somme toute... –, il a fallu passer par une bibliothèque et recourir à la médiation des sages, grands anciens, écrivains, penseurs, philosophes et figures cardinales de l'Antiquité. Pour parvenir à quoi ? A l'éloge des gens de peu, des paysans simples, des locaux illettrés mais sages sans jamais avoir lu une seule ligne de Sénèque ou de Plutarque.

Ces hommes sans qualités, ces anonymes apparus discrètement puis disparus avec encore moins de bruit, voilà le modèle de ce singulier personnage qui ne se dit pas philosophe mais, ce faisant, définit la philosophie comme l'activité qui justement se moque de la philosophie. Pourquoi méditer les *Vies des hommes illustres* si c'est pour conclure à l'excellence de la vie des hommes modestes, discrets, intégrés à la nature ? Celle de ses parents nourriciers pendant les deux premières années de son existence...

Montaigne aime la sobriété, la simplicité, l'austérité, la rigueur. On chercherait en vain des éloges d'Athènes dans les *Essais*. En revanche, le philosophe ne perd aucune occasion de vanter les mérites de Sparte, qui enseigne à ses sujets l'autonomie et l'autosuffisance. L'histoire de l'enfant de Lacédémone qui préfère mourir le ventre rongé plutôt que d'avouer le renard sous sa tunique, propose une histoire emblématique pour célébrer la bravoure, la vaillance, l'héroïsme au quotidien – vertus austères qui définissent le socle de l'éthique exigeante de Montaigne.

Cette morale de la droiture n'empêche pas une règle du jeu épicurienne. Au contraire. Le Portique et le Jardin ne sont jamais bien éloignés de la Tour, en constructions voisines d'un même château existentiel. Dans l'un des chapitres du troisième livre, Montaigne revendique trois des commerces lui ayant permis une vie heureuse. On y trouve un éloge de l'amitié, une célébration des femmes et un plaidoyer pour les livres. Trois temps à même de générer des exercices spirituels. Trois usages du corps qui jubile.

39

Le faux marbre de l'amitié. Les pages de Montaigne sur l'amitié tiennent du monument national. Voire international. On les prend souvent pour telles sans s'interroger sur le rôle de la fiction, de la réécriture de l'Histoire et de la fabrication d'une mythologie – consciemment ou non – dont Montaigne peut se rendre coupable. Montaigne et La Boétie recyclent Achille et Patrocle, Oreste et Pylade ! Voilà une médaille frappée pour l'éternité, un tombeau de marbre, un plafond peint comme une chapelle Sixtine périgourdine...

Jamais Montaigne n'apparaît plus platonicien que dans ces pages où il jongle avec les grands classiques : on retrouve, dans ce fameux Chapitre vingt-huit du premier livre, un maillage habile entre une histoire personnelle et un vade-mecum des grandes pages, des grands textes, des grandes idées de l'amitié défendues par Platon dans *Lysis*, Epicure dans les *Maximes*, Cicéron dans *Laelius*, Sénèque dans les *Lettres à Lucilius*. Un passage sur La Boétie, un autre qui reprend le discours antique sur l'amitié, et retour. L'ensemble tricote un exercice de style qui traverse les siècles avec le succès que l'on sait.

Mais l'amitié n'existe pas comme une idée pure, un concept, une chose en soi ; depuis Aristote, on le sait, l'Amitié n'existe pas, mais seulement les preuves d'amitié. Parce que c'était lui, etc. ! nous nous connaissions avant de nous rencontrer ! cette sainte couture qui n'existe qu'une fois en trois siècles ! si entière et si parfaite ! se fier plus à l'autre qu'à soi ! une âme en deux corps ! l'ami véritable, une douce chose ! on connaît la chanson, elle se fredonne dans Lagarde et Michard et les lycées depuis si longtemps.

Pourtant... Pourtant, lorsqu'il s'agit d'être vraiment l'ami, de montrer réellement une preuve d'amitié, de prouver effectivement qu'on évolue dans l'exception, d'être à la hauteur du marbre sculpté, pourquoi se dérober ? Car Montaigne prétend écrire les *Essais* parce que La Boétie lui manque (pas seulement, donc, pour ses parents et les amis qui lui survivront comme l'annonce l'ouverture... ; il ne renonce pas pour autant à des publications qui débordent largement le cercle des lecteurs annoncés). Il dit composer ce livre sans double pour y placer, comme dans un tabernacle, le livre de La Boétie – ce sublime *Discours de la servitude volontaire*.

Ce qu'il ne fait pas, après avoir dénigré l'ouvrage : exercice de style, travail de jeunesse, bluette sans prétention, travail de compilation – dit-il ! La vraie raison ? En pleine guerre de religion, ce brûlot magnifique sert aux amateurs de liberté, de nouveauté, de révolutions politiques... Une idée qui ne plaît pas à Montaigne. Par conséquent, il renonce et place dans ce tombeau vide un bouquet de fleurs séchées – vingt-neuf sonnets de jeunesse falots et laborieux. Trahison de l'ami mort. Plutôt la tranquillité de son pays, l'ordre, que la mémoire honorée de l'ami perdu...

40

Le pluriel du mot ami. Quand il n'est pas dans la rhétorique utile pour fictionner une histoire récrite selon son fantasme – six années d'existence dont deux de séparation, une mort qui arrête une histoire sinon destinée au délitement comme tout ce qui subit la loi de l'entropie... –, Montaigne vit sans grande élégance ses histoires d'amitié en dehors du champ occupé par La Boétie. Comme s'il voulait effacer la réalité : à savoir l'existence d'autres amis après la mort du Commandeur statufié.

Quid de Pierre de Brach – l'auteur d'une superbe lettre sur la mort du philosophe ? Et de Charron, ce prêtre libertin à qui Montaigne offre un livre interdit – le *Catéchisme* de Bernardo Ochino, un ouvrage qui attaque le pape et que son futur ex-propriétaire signe après avoir écrit à l'intérieur : *liber prohibitus*... ? Ce même homme à qui il lègue après sa mort ses armoiries et sa bibliothèque – celle de La Boétie, donc... ? Et Florimond de Raemond, en faveur de qui il résilie sa charge au parlement de Bordeaux ?

On cherche en vain les noms de ces trois amis dans les *Essais*... Il semble pourtant que Montaigne leur ait dû nombre d'heures joyeuses, gaies, heureuses sur ses terres périgourdines. Et des moments plus réels que fictifs, plus montaniens que platoniciens ! Conversations de chasse et de politique, de religion et de femmes, de philosophie et d'indiscrétions, de littérature et de chevaux... Mais pour ne pas jeter d'ombre sur le marbre, il tait sciemment les noms de ces amis réels, incarnés, terrestres ! Mieux vaut laisser croire que le mot ami ignore le pluriel.

En écrivant sur La Boétie, Montaigne montre le moins montanien de lui : lui si soucieux du réel, du concret, si lucide, si sévère comme moraliste informé des travers et des mécanismes de l'âme humaine, fictionne une histoire platonicienne – platonique ? – et, plaçant la barre si haut, rend impossible l'exercice d'une amitié réelle, viable et moins idéale. Sur ce sujet, il platonise, il crée un mythe, il idéalise, il enfume : il pratique très exactement à rebours de ce en quoi il excelle habituellement : la démystification...

Injuste avec ses autres amis, réfrigéré dans l'ombre du mort de Sarlat, Montaigne confesse le plaisir de ses conversations avec les hommes d'esprit. On l'imagine mal ne conversant de son époque, de son temps, de sa famille, de sa vie privée, de son intimité et de tout ce qui nourrit les échanges complices avec les amis. Paroles envolées... La matière de ces conversations constitue ce qui manque aux *Essais*. Leur silence...

41

Des baisers dans la moustache. Sur les femmes, Montaigne n'a pas non plus donné de noms... Elles sont nombreuses à mériter des dédicaces de chapitres dans les *Essais*. Aucun homme en revanche. Il ne rompt jamais véritablement ; le mariage ne le prive pas complètement de sa liberté ; on ne peut faire comme s'il n'avait jamais dit sa nature voluptueuse, libidinale et active. Qu'on se charge de combler les blancs du livre dans lequel il prétend tout dire, pour imaginer à quoi ressemble sa vie amoureuse, affective et sexuelle. Le « goût des baisers resté dans les moustaches » témoigne : la volupté ne fut pas pour lui un vague concept, mais une réalité tangible, sensuelle...

A-t-il embrassé goulûment Marie de Gournay, qui apparaît dans l'ouvrage comme sa *fille d'alliance* – des mots probablement écrits par la dame en question afin de graver son image dans le marbre d'une édition définitive ? On ne sait... Tout ça fut bien *chaste*, dit-il ; on peut le croire si l'on se souvient de l'état de sa forme sexuelle quand il la rencontre : elle a vingt-deux ans, il en a cinquante-cinq. Mais Montaigne affirme aussi qu'il y a du plaisir à caresser toute la nuit une femme quand on ne peut mieux... Sa résistance aurait été héroïque ! Et il n'a jamais prôné l'héroïsme sur ce sujet...

42

Avec les femmes, pour elles. Montaigne tient sur les femmes les propos de son époque. Sortis du contexte, on trouve bien évidemment des jugements classiques sur leur vanité, leur naïveté, leur obstination, leur caractère colérique, leur nature jalouse, leur insatiabilité, leur incapacité à résister à la flatterie, leur passivité, leur faiblesse. Mais il parle des hommes avec la même lucidité froide... Pour n'être pas misogyne il ne suffit pas d'exceller dans la gynophilie démonstrative, une autre forme de mépris des femmes. L'égalité suffit – ni l'inégalité des phallocrates, ni celle des flatteurs du beau sexe. Montaigne analyse les passions humaines. Les femmes n'en sortent pas pures et sans tâches, certes, les mâles non plus...

En revanche, Montaigne manifeste une réelle grandeur – comme sur la question de la torture, du colonialisme, de la sorcellerie... – en affirmant sans ambages qu'il n'existe pas de différence de nature entre les hommes et les femmes, mais seulement des inégalités construites par le social. Il affirme que la société est fabriquée par les hommes, pour eux, à leur main. Et que les femmes paient le prix fort. L'instruction, l'institution et l'usage, voilà ce qui engendre de la misogynie, affirme-t-il. Rien d'autre. Qu'on ne cherche pas dans les gènes la fiction d'un éternel féminin ou de tares irrémissibles : quand les femmes sont médiocres, elles le doivent à ce que les hommes font d'elles. Penser ainsi en plein XVIe siècle, bravo...

Puisque les hommes construisent le monde pour leur usage, les femmes peuvent bien désobéir aux lois qui ne leur conviennent pas... Montaigne se fait ici un lecteur averti et efficace de... La Boétie : d'une certaine manière, il reprend l'idée maîtresse du jeune et génial philosophe trop tôt disparu : soyez résolu à ne plus servir, et vous voilà libre. Ne consentez plus à ce que les hommes font peser sur vous, libérez-vous... Dans le fond, ces choses-là sont dites ; dans la forme, lisons attentivement : cette invite féministe exige l'œil malin...

Exemples : Montaigne trouve ridicule l'obligation faite aux femmes de conserver leur virginité jusqu'au mariage ; il s'insurge des relations sexuelles infligées par les époux à leurs femmes sans leur consentement ; il estime qu'elles ont sexuellement droit au plaisir, autant que leurs partenaires ; il pense également que le cocuage ne doit pas rester le privilège des mâles, il suffit aux épouses de rester discrètes ; enfin, il célèbre la douceur dans l'intersubjectivité sexuée... Qui dit mieux ? Surtout à cette époque où le christianisme envoie les femmes au bûcher sous le fallacieux prétexte d'un commerce avec le diable...

Ce que Montaigne craint dans les femmes – mais dans toute relation aussi... –, c'est leur faculté d'entamer la puissance des hommes, leur menace pour la liberté, l'autonomie, l'indépendance, les biens les plus précieux du philosophe. Il sait que le mariage – à quoi il consent, mais dans des formes singulières... –

débouche la plupart du temps sur la paternité et que l'otium, si précieux pour le travail philosophique, se trouve d'un seul coup volatilisé. La crainte du vagin denté, de la castration – disons-le dans les termes freudiens... – anime ce passionné de liberté. Qui peut lui donner tort ?

43

L'usage des femmes. Sur ce sujet, il pense en épicurien convaincu : dans les *Essais*, il affirme n'avoir pas sollicité les prostituées plus que de raison. On croit savoir que pendant son long voyage – deux années passées loin de sa famille... –, il y a eu recours régulièrement. En ce sens, il se fait disciple de Lucrèce et pense que si la libido menace, entrave le travail sur soi, la sagesse, la réflexion, la première venue convient. Le bordel excelle dès lors en remède extraordinaire et en auxiliaire philosophique...

Par ailleurs, rien n'est interdit sur le terrain de la sexualité, sauf ce qui peut mettre en péril l'équilibre obtenu avec travail et patience. Pas question de faire voler en éclats une quiétude chèrement obtenue à cause d'un jupon qui passe... Montaigne préfère une sexualité accompagnée d'affection, certes, mais rien n'empêche des sentiments pour la femme vénale retrouvée avec plaisir.

Disciple de Lucrèce, il l'est également en célébrant ce que j'ai appelé le couple ataraxique : aux antipodes du mariage d'amour (cet oxymore tout aussi mauvais pour le mariage que pour l'amour), il vante les mérites du mariage de raison. Quel philosophe pourrait le lui reprocher ? Associer la cohabitation et la passion met en péril l'un et l'autre : il faut cohabiter avec un être pour lequel on a des sentiments, certes, mais sûrement pas un amour passionné, torride, sexuel, libidinal ; de même, on s'avisera de ne jamais partager le même toit que la femme aimée de manière incandescente. Sous peine d'extinction rapide de l'incendie...

Le couple idéal dans le mariage – pas le sien vraisemblablement... – suppose la douceur, le plaisir d'être et de vivre ensemble. La sexualité y tient un rôle hygiénique. Ni trop ni trop peu, juste le nécessaire pour éviter le manque. La dissociation de l'amour et de la sexualité semble une vieille idée – romaine en fait. Lire ou relire Ovide et *L'Art d'aimer*. Et Lucrèce évidemment. En fait, c'est une idée d'avant-garde.

44

Le glorieux chef-d'œuvre. L'intersubjectivité hédoniste de Montaigne vise la construction d'un plaisir qui n'aliène pas. Avec l'amitié vécue, et non reconstituée dans l'idéal du souvenir de l'ami mort ; dans le commerce des femmes, grâce aux jubilations corporelles faciles et ponctuelles, mais sans conséquences néfastes pour l'autonomie ; dans une histoire appelée à durer une vie, mais sans les voluptés délirantes ; dans la fréquentation des élus qui permettent de construire sa liberté et sa joie, on trouve matière à occuper une existence entière.

A tout cela, ajoutons le commerce des livres. Car la seule fréquentation des humains ne suffit pas au bonheur d'un homme. Les livres ne se pratiquent pas en pédant mais dans le dessein de construire ce que Marc Aurèle appelle la *citadelle intérieure* – dont la Tour offre la meilleure métaphore. Cette Tour qui contenait les livres compulsés par Montaigne, mais aussi le livre dit et dicté pour se chercher, puis se trouver. Les bibliothèques ne servent qu'à cela : offrir des occasions de méditer, penser, réfléchir sa vie, son existence. Sinon, elles ne méritent pas une seconde de peine.

Les *Essais* sont essais de lui-même ; puis trouvaille enfin. Ce dont le livre entier témoigne, même en cours, même retravaillé sans cesse et jusqu'à la mort – seule borne possible. Car dans ces pages sublimes, Montaigne donne dans le désordre de quoi construire une éthique, à savoir de quoi régler finement, précisément la meilleure distance entre soi et soi, soi et les autres, soi et le monde. Et ce dans les détails du quotidien.

Cet équilibre trouvé, cette eumétrie – *métriopathie* disent les Anciens... – réalisée, la vie peut devenir joyeuse, heureuse, voluptueuse, magnifique, superbe, désirable. Une vie de sage, de philosophe, de paix, de sérénité. D'ataraxie, certes, mais au-delà aussi : une vie de plaisir doux. Le signe qu'on a réussi ? Le désir de revivre ce que l'on a choisi si l'on devait vivre à nouveau. Ce grand et glorieux chef-d'œuvre d'une vie vécue à propos, il se construit. La tâche de la philosophie hédoniste est là : se construire telle une puissance qui se voudrait répéter telle qu'elle est, telle qu'elle fut, pour ne pas avoir à jouir moins ni mieux.

45

La mort du sage. Très tôt, Montaigne sait que la mort est le grand problème, le seul peut-être, l'unique. Que tous les autres sont seulement variations avec cette perpétuelle basse continue. Très vite dans son livre il en fait l'occasion architectonique de toute existence : il donne son sens au reste, il colore l'ensemble, il finit d'établir ce que la vie esquisse en traits généraux. Le moment ultime donne une cohérence à tous ceux qui le précèdent. D'où l'intérêt pour le philosophe de mourir... en philosophe, comme il est de coutume de le dire de ceux qui acceptent le dernier coup du sort sans broncher, sans se plaindre, sereins.

Comment meurt Montaigne, lui qu'on connaît pour cette scie philosophique selon laquelle philosopher c'est apprendre à mourir ? Vingt années consacrées à ce sujet, des heures de lecture et de méditation, des *pensements ininterrompus*, des réflexions sur son corps malade qui le lâche morceau par morceau – de la maladie de la pierre à l'impuissance en passant par son fameux accident de cheval – : est-ce que l'excellence d'une répétition générale assure la perfection de la première ? Car ce moment sans double ne souffre pas l'improvisation ou la main qui tremble.

Les amis témoignent. Pierre de Brach, par exemple, raconte dans une superbe lettre à Juste Lipse – comme Montaigne avait rapporté à son père la mort de son ami Etienne de La Boétie – de quelle manière meurt Michel de Montaigne le 13 septembre 1592. L'iconographie a suivi – une toile du XIXe siècle par exemple saisit la seconde où Montaigne quitte le monde. Et tout converge : le philosophe chrétien et romain meurt en catholique disciple de Caton. Tout est bien en regard de l'Histoire – et de la Mythologie...

Sa mort ne le surprend pas : ni un éclair qui le foudroie sans qu'il s'en aperçoive – arrêt cardiaque, anévrisme –, ni un accident du genre chevauchée fantastique dans la forêt, ou encore un assassinat auquel, si on l'en croit, il échappe deux fois – dans les bois où des brigands l'interceptent sur un chemin, puis chez lui où sa vaillance et sa détermination découragent les maraudeurs, dit-il... Non. Il meurt sachant l'heure venue : il lui reste du temps pour la regarder s'approcher, la fixer droit dans les yeux. Epaminondas était son héros ? Il le rejoint dans une même fraternité virile.

Si l'on en croit son ami Pierre de Brach, le temps passant avait usé son corps. La maladie lui rendait vraiment la vie impossible. Son père était mort de cette pierre qui l'a fait souffrir des années durant. A l'époque, on n'opère ni ne guérit : l'aggravation menace sans possibilité de rémission. A cinquante-neuf ans, pourtant, il s'imagine vieux depuis des années mais travaille encore et toujours à l'heure du départ. Seule la mort pouvait achever en même temps le corps du philosophe et les *Essais*, cet autre corps philosophique. Inachevé du vivant de son auteur, sa raison d'être même, le livre se referme après le dernier souffle de Montaigne.

Ses amis sont là : Florimond de Raemond, historien qui lui succède à sa charge au Parlement, Pierre de Brach, poète et avocat à Bordeaux, Anthony Bacon, frère du futur chancelier, Pierre Charron, ecclésiastique, champion de la Ligue en son temps, héritier des armes de Montaigne, auteur d'un *De la sagesse* qui, à partir des *Essais*, fera beaucoup pour et contre la réputation du philosophe ! Il appelle près de lui des gens du voisinage. A certains il paie des gages, des dettes et autres pensions pour éviter les ennuis de recouvrement qu'il supputait inévitables après sa mort. Ainsi il se montre grand seigneur et fin moraliste au sens que La Rochefoucauld et La Bruyère, ses lecteurs passionnés, donnent à ce terme...

Le diagnostic de sa maladie dernière n'est pas précis : une esquinancie, une inflammation de la gorge. L'étymologie en appelle au grec : elle renvoie à une angine violente faisant tirer la langue tel un chien haletant. Pour un philosophe dont je dis qu'il a, depuis son enfance, et à cause de l'éducation fantasque de son père l'initiant au latin avant le français, une langue morte dans la bouche, une langue maternelle qui est d'abord paternelle, puis un idiome que plus personne de vivant ne parle, sinon les grands morts qui hantent la vie de Montaigne, la mort paraît cohérente avec la vie de ce grand oral qui – redisons-le – a dicté, donc parlé et raconté les *Essais*.

En termes d'étiologie contemporaine, on peut formuler l'hypothèse d'une angine diphtérique que caractérise la formation, au fond de la gorge, de membranes qui obstruent la cavité pharyngée et rendent la respiration difficile, puis impossible jusqu'à l'étouffement. Dans les diatribes que Montaigne consacre à la médecine, au cours desquelles il réserve un traitement de faveur aux chirurgiens, le philosophe aurait vu confirmation de ses thèses. Y compris dans la supériorité du geste opératoire : des pinces auraient hypothétiquement pu en effet dégager la gorge en attendant une amélioration possible de l'état du malade, voire son salut. Mais, bon...

Les trois derniers jours, il ne peut plus parler. Pierre de Brach rapporte qu'il a regretté de mourir seul, du moins sans avoir personne à qui confier – *dicter*... – l'état présent de ses pensées. Dans son livre, il écrit la nécessité d'appeler le prêtre pour l'administration du sacrement de l'extrême-onction : le philosophe et l'homme, cohérents, se retrouvent dans le mourant qui pratique ce qu'il enseigne. Lorsque le curé procède à l'élévation, Montaigne rend l'âme. Belle image d'Epinal : le philosophe quitte le monde sans renier ni la sagesse antique ni la foi chrétienne...

En passant : quelle violence et quelle brutalité chez Pascal, qui fustige Montaigne dans ses paperolles pour n'avoir aspiré sa vie durant qu'à « une mort lâche et molle » – selon ses expressions ! Outre que, sans couardise, on peut préférer aborder ce moment sans s'en apercevoir – qui irait au-devant de la douleur, de la souffrance et de la peine, sinon un chrétien fasciné par la souffrance ? Car les *Essais* ne refusent pas d'aborder le problème de la mort en face : ils ne font que cela ! L'envie maladive de jouir de son agonie est effectivement aux antipodes d'un cerveau sain comme celui de Montaigne. Lui n'a pas besoin des fictions d'une vie post mortem pour envisager sereinement son trépas...

46

Les deux corps de Montaigne. D'une part, le premier corps de Montaigne : sa chair, son cadavre, sa dépouille mortelle et ses multiples péripéties entre faits divers et sérénité recouvrée ; d'autre part, les *Essais*, cet autre corps, ce corps presque glorieux, ce double incorruptible, éternel, vivant, destiné à lui survivre dans le temps et l'Histoire – peut-être même à un point qu'il n'imaginait pas, lui qui partait avec le désir d'informer seulement ses proches et ses amis après sa disparition et qui, au fur et à mesure des années et des éditions, découvre les lecteurs, avant de se conquérir lui-même à l'aide de ce livre.

Le premier corps subit ce qu'à l'époque on pratique couramment : on ouvre sa cage thoracique, on extrait le cœur pour le confier à une sépulture séparée. Le viscère est placé dans la chapelle Saint-Michel de

Montaigne ; le corps amputé rejoint l'église des Feuillants à Bordeaux où un tombeau l'attend, commandé par sa veuve. L'année suivante, on transfère le cercueil dans une église fraîchement reconstruite. Trente et un ans après, le cœur de sa fille Léonore le rejoint. Puis, cinq ans plus tard, sa femme, Françoise de La Chassaigne (qui probablement n'avait pas lu le livre de son mari), retrouve sa dépouille à quatre-vingt-trois ans passés.

En 1793, pendant la Révolution française, la Fraternité s'arrête aux tombes des aristocrates. Les sans-culottes violent des sépultures. A Bordeaux, la huitième section des Patriotes a pris le nom... de Michel de Montaigne. Ce noble de fraîche date, qui a toujours effacé les traces de son accès récent à la particule, ce conservateur en politique, cet ennemi de toutes les *nouvelletés*, ce catholique monarchiste n'aurait sûrement guère apprécié son enrôlement dans les rangs républicains ! Mais ce détournement vaut la paix à ses cendres. Les deux corps restent aux Feuillants : la dépouille, et le manuscrit dit « de Bordeaux », amputé de notes marginales par un relieur au massicot tremblant...

Sous le Consulat, en 1800, sur ordre du préfet Thibaudeau, les cendres du philosophe sont portées en grande pompe à la salle du musée de l'Académie de Bordeaux. Avant que les autorités découvrent le pot aux roses : le bénéficiaire de ce déploiement de fastes était la nièce par mariage de Montaigne. Retour de la dame à sa tombe d'origine. L'ancien maire de

Bordeaux reste aux Feuillants, église nouvelle. Qui brûle en 1871...

Pendant une dizaine d'années, l'édifice est abandonné. Ni reconstruit, ni rasé : en ruine. Le cercueil en plomb a souffert des flammes. Décembre 1880, ce qui reste de la dépouille est placé dans une bière transférée puis inhumée dans la chartreuse. Elle y demeure cinq ans. Le 11 mars 1886, Montaigne s'installe enfin dans le vestibule de la Faculté de Bordeaux – Musée d'Aquitaine où il se trouve encore aujourd'hui. Repos bien mérité...

Le sarcophage est surmonté d'une statue allongée du philosophe qui fut aussi un soldat du roi. Les métaphores polémologiques, stratégiques et guerrières émaillent d'ailleurs nombre de chapitres du premier livre des *Essais*. Heaume et gantelets posés à proximité de sa dépouille, mains jointes en une prière éternelle – il avouait réciter le Notre Père dès qu'une occasion se présentait, en voici une définitive... –, un lion couché à ses pieds disent les spécialistes en héraldique, les thuriféraires sacrifient aussi à cette version : en fait, ce lion bouclé d'un tel petit format ressemble à s'y méprendre à un caniche inoffensif, couché aux pieds de son maître. Montaigne qui a souvent dit combien il souffrait de sa petite taille...

Ultime péripétie de ce premier corps, décidément abonné aux faits divers : pendant l'occupation allemande à Bordeaux, le sarcophage servait de boîte aux lettres à un réseau de résistants. De Montaigne, on ne sait ce qu'il aurait pensé de pareilles sollicitudes ;

de La Boétie, nul doute que l'anecdote l'aurait comblé. Depuis, ni heurs ni malheurs, rien d'autre que l'indifférence des passants qui se rendent aux expositions du musée en négligeant le tombeau de l'un des plus grands philosophes de toute l'histoire des temps.

47

***Le devenir des* Essais.** De son vivant, Montaigne envisage les éditions nouvelles, l'établissement d'un texte plus fiable à même de traverser le temps qu'il sait être un ennemi potentiel. Prétendant ne rien retrancher – en fait, de temps en temps tout de même... – mais seulement ajouter, il dicte à Marie de Gournay, travaille avec elle. De 1588, date de la rencontre des deux tourtereaux, jusqu'à 1669, date de la parution en trois volumes, pas moins de trente-quatre éditions voient le jour. Neuf sous la houlette de Marie de Gournay, dont certaines avec préfaces, ajouts et retraits de son cru.

1590 : Montaigne prend connaissance d'une traduction italienne. Elle est signée par l'ambassadeur du duc de Ferrare, Girolamo Naselli. On ne sache pas qu'elle produise des effets sur la littérature de l'époque. Le *Livre du courtisan* de Castiglione ou *Le Prince* de Machiavel sont antérieurs. Montaigne dispose d'ailleurs de ces deux auteurs dans sa bibliothèque. Ni Giordano Bruno, ni Tomaso Campanella, ni Jules César Vanini ne semblent avoir subi son influence.

1603 : parution d'une traduction anglaise par Florio. Elle permet probablement à Shakespeare de prendre connaissance du texte et, vraisemblablement, d'apprécier l'ouvrage. Les exégètes se disputent encore sur les limites et le contenu de cette relation... D'autres traductions suivent : celle de Cotton en 1685 et 1693. L'influence sur Locke est considérable : les options sensualistes et empirique de Montaigne produisent le meilleur effet chez l'auteur des *Lettres sur la tolérance* et de l'*Essai concernant l'entendement humain*. Plus tard, le passage du témoin se fait avec Hume, l'auteur oublié d'*Essais moraux, politiques et littéraires* – d'esprit très montanien – et pas seulement du *Traité de la nature humaine*...

1753, en Allemagne... Titius le premier, puis Bode assurent le succès du philosophe outre-Rhin. Kant cite peu Montaigne dans son œuvre – deux fois –, mais dans sa correspondance le père du criticisme montre une passion pour l'auteur des *Essais* : il en connaît nombre de passages par cœur et le tient pour un immense observateur du moi, un maître ès qualités en introspection. Il recommande à ses amis de lire l'ouvrage en livre de chevet. Mais, on ne s'en étonnera pas, le prince de l'analytique transcendantale tique sur le fouillis du roi des sauts et gambades...

En France, le devenir des *Essais* emprunte, en gros, deux trajets, avers et revers de la même médaille : d'une part, le Grand Siècle et le canal habituel – Descartes, Pascal, Malebranche, mais aussi les moralistes, Molière ou La Fontaine et puis, moins connu, un extraordinaire lignage libertin, très exactement l'envers du Grand Siècle : via Marie de Gournay, un maillon cardinal dans l'émergence de cette ligne de force oubliée, François La Mothe Le Vayer, l'héritier d'une partie des livres de la Librairie, auteur de *Petits Traités dans l'esprit du Maître* presque composés sur le principe des chapitres des *Essais* ; le voluptueux Charles de Saint-Evremond, auteur de petits bijoux de philosophie hédoniste dont *Sur les plaisirs* et *Sur la morale d'Epicure*, un envoi à son amie Ninon de Lenclos ; mais aussi Pierre Gassendi, un oublié majeur sans lequel Descartes ne se comprend pas, auteur d'une réhabilitation en règle du philosophe du Jardin : *Vie et mœurs d'Epicure* ; ou encore Cyrano de Bergerac, dont les fondements philosophiques de *L'Autre Monde* procèdent explicitement de Montaigne ; enfin, l'abbé Meslier et son *Testament*, le premier athée, lui aussi grand consommateur d'idées, de pensées et de citations en provenance des trois grands Livres. De quoi fournir, dans le seul siècle qui suit sa disparition, une impressionnante généalogie de pensées alternatives...

48

Descartes montanien ? La pure et simple lecture du *Discours de la méthode* montre abondamment combien, en dehors d'innombrables citations, emprunts, métaphores, images redevables aux *Essais*, des pans entiers de sa philosophie, et non des moindres, procèdent de Montaigne. Par exemple, l'écriture du livre en langue française – non pas pour la première fois en philosophie, comme on le lit parfois, sinon, où placer les *Essais* ? – et non en latin, la langue des scientifiques européens, certes, mais pas celle des compatriotes, des gens du commun au bon sens duquel Descartes s'adresse prioritairement.

De même il parle à la première personne, un péché mortel pour la caste philosophante ou des professeurs : son enfance, ses lectures, son goût pour flâner le matin au lit, ses maîtres, ses études au collège de La Flèche, plus tard son poêle en Allemagne sur le front de guerre, dans lequel, enfermé toute la journée, il pense et médite sa méthode. Dans *Olympica*, aujourd'hui perdu, il rapporte trois de ses rêves consignés avec précision. S'il part de lui, il cherche la nature de son Je ou de son Moi. La quête de l'identité est commune aux deux philosophes. Descartes prend même soin de dire dans les pages liminaires de son grand livre qu'il propose sa méthode personnelle et non la méthode absolue.

D'où la revendication d'une histoire, d'une fable, d'un tableau – une métaphore utilisée par Montaigne également. L'odyssée d'une conscience qui, sans rien de sûr la concernant a priori, part à la recherche d'une première vérité, qui, indépendamment de tout ciel et sans souci de la transcendance, découvre une généalogie solide, immanente : la certitude de soi, d'un moi qui, parce qu'il pense, donc réfléchit sur lui-même, ne peut pas douter qu'au moins il est. Dans la Tour et dans le Poêle, deux subjectivités se construisent uniquement préoccupées de leur pure présence matérielle au monde.

En français, à la première personne, les deux penseurs abordent la philosophie de la même manière : tournant le dos à la scolastique, aux catégories aristotéliciennes, à la tradition, donc à la théologie comme matrice de toute vérité, peu soucieux d'obtenir les faveurs des professionnels de la discipline, ni l'imprimatur des officiels de la pensée, ils ne veulent pas qu'on les assimile à la tradition. L'un et l'autre philosophent en se moquant de la philosophie dominante – Pascal s'en souviendra... – et, ce faisant, ouvrent un chemin considérable pour une révolution dans la pensée occidentale.

Montaigne et Descartes ne se contentent pas non plus de leurs bibliothèques pour penser le réel, échafauder une vision du monde à partir d'un bureau duquel on cogite l'univers. Tous deux habilitent le voyage comme occasion d'apprendre, de découvrir, de « lire dans le grand livre du monde » selon l'expression du *Discours de la méthode*. Comment juger correctement de nos mœurs, de la vérité, de l'erreur, si l'on ignore les valeurs d'autres peuples, les fameux cannibales, communs aux deux œuvres, ou les Chinois, eux aussi convoqués pour les mêmes raisons ?

L'*Apologie de Raymond Sebond* l'affirme, le *Discours de la méthode* le pense également : les vérités religieuses sont inaccessibles à la raison et à l'intelligence. Une fois ces choses dites, pas besoin d'utiliser ces deux facultés pour prouver l'existence de ce qui doit demeurer article de foi. Quand plus tard un Kant oppose phénomènes, accessibles à la perception, et noumènes, uniquement concevables mentalement, que dit-il de plus ? Un boulevard s'ouvre pour une philosophie débarrassée des contraintes de service à l'endroit de la religion. Elle se laïcise pleinement.

Même dans leurs défauts ils se ressemblent : leur prudence, leur immense prudence par exemple. Sceptique sur le mode pyrrhonien pour l'un, sur le principe méthodique pour l'autre, ils évitent d'englober dans leur doute les questions politiques et religieuses ! On doute de tout, mais au château de Montaigne, comme aux Pays-Bas de Descartes, on épargne la religion de son roi et de sa nourrice, même chose pour l'idée monarchique...

Et puis, au-delà de l'autobiographie philosophique française, de la recherche d'une première vérité assimilable au Moi, d'une manière dialectique de réaliser la philosophie en dépassant celle de l'époque et du moment, d'un souci d'immanence aux antipodes de la manie livresque, d'un goût pour la prose du monde, d'une sécularisation de la raison pure ou d'une prudence bien hexagonale, le fameux cogito cartésien – quatrième partie du *Discours de la méthode*, article dix des *Principes de la philosophie* et seconde *Méditation* – entretient des relations avec cette citation de Montaigne : « je songe volontiers que je songe ». Certes Augustin, dans *De la Trinité*, développe déjà une réflexion à intégrer dans les généalogies de Descartes sur ce sujet, mais la congruence des démarches paraît avérée. Partir de soi et découvrir qu'au moins ce socle sur lequel on s'appuie constitue bien une fondation solide.

A l'évidence, on aurait tort de réduire Descartes à un commentaire de Montaigne. Cette façon excite les historiens de la philosophie et les quêteurs de notes en bas de page... Or Descartes cite peu les auteurs qu'il critique, analyse, ou sur lesquels il s'appuie pour tel ou tel développement de son œuvre. Raison de plus pour gratifier Montaigne, partout présent en filigrane, du titre d'inventeur de la philosophie française, tant le cartésianisme produit ensuite de ramifications en Europe : sans parler du tronc libertin, une branche spinoziste, une pousse leibnizienne, un surgeon malebranchiste, une bouture matérialiste lamettrienne, etc.

49

Pascal, inutile et incertain. Pascal n'aimait pas Montaigne, ce qui ne l'empêche pas de le piller, idées et métaphores comprises. Evidemment, en bon chrétien qui trouve le Moi haïssable – mais pas l'entreprise de consacrer sa vie à son petit salut pour l'éternité –, le janséniste fustige le projet montanien de se décrire et de faire son autoportrait dans le détail. (Moins aveugle sur le rôle possible de la quête de soi et de sa liaison possible avec l'apologétique chrétienne, saint François de Sales, le correspondant de Marie de Gournay, la « fille d'alliance » du philosophe, a souvent dit tout le bien qu'il pensait de Montaigne et de ses *Essais*.) « Sot projet », écrit-il dans les *Pensées*...

Le même philosophe chrétien ne peut non plus aimer le plaidoyer de la mort volontaire fait par l'ami des stoïciens et des épicuriens. L'éloge du suicide quand la vie est devenue insupportable, que la somme des déplaisirs l'emporte sur celle des plaisirs, la possibilité de sortir librement de l'existence comme on quitte une pièce enfumée, ne remporte pas les suffrages de celui qui, portant cilices et pratiquant macérations, aime et chérit la douleur comme autant d'occasions de vivre en raccourci facilement héroïque la Passion de son héros christique.

Enfin, l'abord immanent de la vie, même si Dieu existe pour le gentilhomme bordelais, le fait qu'il ne soit pas à l'épicentre du réel, voilà qui fâche vraiment Pascal. La peinture de la condition humaine via celle de sa propre condition, correspond souvent au portrait de la misère de l'homme sans Dieu trouvé dans les papiers laissés par l'auteur des *Provinciales*. Le pyrrhonisme, le scepticisme, même s'il épargne Dieu et la religion catholique, voilà trop de contradictions avec l'apologétique chrétienne.

Rien dans les *Pensées* sur l'affirmation de l'existence de Dieu trouvée pourtant dans les *Essais*, rien sur la défense et illustration de la religion catholique, apostolique et romaine, rien sur les considérations concernant les pouvoirs de la raison, limités, et ceux de la foi – pourtant, l'esprit de géométrie rationnelle et l'esprit de faiblesse intuitive... Le procès de

Montaigne s'effectue absolument à charge, souvent d'ailleurs à partir de ce que Charron écrit dans *De la sagesse* : un genre de chrétien sceptique, selon lui, ce que n'a jamais été le philosophe.

Pourtant, Pascal pille abondamment les *Essais* : images, métaphores, bestiaire – le ciron... –, pas seulement en citant dix-sept fois le nom de Montaigne, mais à chaque détour des *Pensées* on trouve Montaigne et Charron : les puissances trompeuses des sens, les limites de la raison butant sur le terrain de la religion, l'incapacité des hommes à regarder leur destin en face, le déterminisme géographique en matière de lois et coutumes, la nécessité de se connaître.

Les thèses pascaliennes sur le divertissement gagnent à être mises en perspective avec le chapitre intitulé *De la diversion* (l. III, ch. IV) dans lequel Montaigne enseigne le travail sur les représentations et le savant art de détourner le regard du spectacle de la souffrance, du malheur, de la misère, de la peine et de la tristesse d'une condition humaine débouchant inéluctablement sur la mort. Evidemment, Pascal déplore cette stratégie hédoniste de l'évitement de la douleur pour lui préférer une solution qu'il estime plus courageuse (!) : le postulat sur le mode du pari d'un Dieu qui, cordial absolu, fiction dormitive, dispense de voir la réalité en face. Même solution : l'un en philosophe déniaisé, l'autre en amateur d'histoires pour les enfants. Philosophie contre religion...

50

Généalogie d'une pensée alternative. Montaigne génère donc une matière à penser pour les croyants, les chrétiens, les catholiques, les déistes, les spiritualistes. Lignage classiquement établi, voie royale du Grand Siècle tel qu'il apparaît dans les histoires littéraires, les encyclopédies philosophiques et l'historiographie conservatrice des idées. Jansénistes et jésuites, cartésianisme et fidéisme, apologétique et quiétisme, tragédie et comédie classiques : une tradition française dans laquelle l'ordre, la mesure, l'harmonie, mais aussi Dieu et la religion, malgré des différences de détail, se partagent l'essentiel du marché visible de la pensée. Or, invisible, souterrain, plus discret, moins exposé pour éviter les persécutions, les ennuis avec l'ordre moral, un continent libertin existe également qui se réclame lui aussi de Montaigne. Evidemment pas le même.

La plaque tournante d'un usage libertin de Montaigne se fait chez Marie de Gournay, dans son Salon parisien, rue de l'Arbre-Sec, après la mort du philosophe. Nous sommes dans les premières années du XVIIe siècle. La relation entre Michel de Montaigne et Marie de Gournay (6 octobre 1565-13 juillet 1645) fait couler beaucoup d'encre. Fille d'alliance, disent-ils tous les deux pour qualifier leur relation et l'inscrire dans une perspective familiale qui, excluant l'inceste, suppose un registre filial, paternel, affectueux, certes, mais platonique.

Marie découvre les deux premiers livres des *Essais* vers l'âge de dix-huit ans. Coup de foudre intellectuel. Le livre les réunit, ils ne se connaissent pas, elle n'écrit pas à son auteur car elle le croit mort. Cinq années plus tard, on lui apprend la présence à Paris, pour des besoins éditoriaux, de l'auteur du fameux ouvrage. Elle envoie un mot à Montaigne. Séduit par la teneur du billet, il la reçoit le lendemain : ils ne se quitteront plus. Le Bordelais a cinquante-cinq ans, la jeune femme vingt-trois.

A l'évidence, si Michel et Marie entretiennent une relation amoureuse, sexuelle même, ils ne vont pas étaler sur la place publique le détail de leur histoire : Montaigne est marié, père de famille, libre de mœurs, certes, mais faisant dans son texte l'éloge de la discrétion en cas de coup de canif dans le contrat. On lui doit cette idée, rappelons-la, que pour un bon mariage, il faut « un mari sourd et une femme aveugle ». Et rien de mieux que de ne pas mettre, sous les yeux de son épouse, motif à complications...

Cinq ans avant sa mort, l'état sexuel de Montaigne n'est pas au mieux de sa forme. Les considérations sur sa libido défaillante, sur son corps qui le lâche en présence d'un désir qui, lui, le tient toujours comme pendant ses jeunes et vertes années, ses éloges des caresses et de toute sexualité de substitution dans le cas d'érections défaillantes, tout laisse croire que le philosophe fit peut-être de nécessité vertu et qu'il n'y eut pas de sexualité avec Marie, moins par goût théorique de la chasteté que par incapacité pragmatique à se comporter autrement ! Son tempérament n'en fait pas un renonçant militant.

D'autant que les tergiversations et tripatouillages de texte dans les *Essais* signalent des repentirs ! Dans l'édition de 1595, Montaigne utilise un registre qui ne trompe pas : il aime Marie, dit-il, « beaucoup plus que paternellement »... Que signifie ce « beaucoup plus » quand on parle à qui veut bien l'entendre d'une fille d'alliance ? Par ailleurs il entretient de son affection « plus que surabondante ». Là encore, surabondante, on voit bien, mais plus que ça ? On imagine sans peine... Ailleurs il signale « la véhémente façon dont elle m'aima et me désira longtemps sur la seule foi de sa lecture » : quid, là encore, de la véhémence ? Le mot est fort...

Certes, il vante aussi ses promesses intellectuelles. Mais le corps et l'esprit peuvent faire bon ménage. En 1635, Marie de Gournay supprime singulièrement tous ces mots... Pourquoi ? Par ailleurs ce passage concernant Marie n'existe pas dans l'exemplaire de Bordeaux. D'aucuns concluent qu'il est donc de la main de la dame... Enfin, un trait a biffé – pas la main de Montaigne... – quelques lignes où il disait ne pas parvenir à faire son deuil de La Boétie : Marie de Gournay croyant que sa relation avec Montaigne invalide cette affirmation ? Conjectures... Mais le va-et-vient des versions signale moins une vérité absolue que cette vérité relative : des choses avaient intérêt à demeurer cachées.

Que fait Montaigne au château familial à Gournay-sur-Aronde, où il vient à deux ou trois reprises passer trois mois au total ? En compagnie de la mère et de la fille. Ils travaillent, bien sûr, ils lisent, parlent, échangent. Montaigne lui dicte même, fidèle à sa méthode, quelques ajouts. L'un et l'autre préparent une nouvelle édition. Elle rapporte l'une de leurs conversations sur Plutarque et l'amour dans un *Proumenoir de Monsieur de Montaigne*.

Elle n'a pas connaissance de la mort de Montaigne aussitôt. Preuve que leurs échanges épistoliers ne devaient pas être très fréquents. Quinze mois plus tard elle l'apprend par une lettre de Juste Lipse. Avec Françoise de Chassaigne, Pierre de Brach trie des papiers dans les affaires du défunt et lui envoie de quoi travailler à une édition nouvelle. En 1595, Marie de Gournay vient au château et fait connaissance de la veuve, puis de la fille du philosophe. Pendant quinze mois, elle reste sur place et semble bien s'entendre avec les deux femmes.

51

Tempérament de Marie de Gournay. La nature de la relation du philosophe et de Marie reste définitivement celée. Amour platonique, amitié amoureuse, affection filiale, érotisme sublimé, relation charnelle, ou de tout cela un peu ? On ne saura... Mais la tradition est injuste avec cette femme. Le premier qui parle et lance une vilenie donne souvent le ton aux suiveurs : Marie de Gournay a été très calomniée, détestée, haïe, on lui a prêté des intentions qui n'étaient pas les siennes – travestissement, infléchissement de la pensée de Montaigne, captation, interprétations tendancieuses, etc. En fait, elle est fidèle, aimante, au service d'un homme et d'une œuvre qu'elle aime et admire. La liste des attaques ad hominem – ad feminam, devrait-on dire... – discrédite les auteurs de ces mépris : vieille fille, laideron, virago, vierge, sorcière, dépensière, radoteuse, etc.

Pourquoi tant de haine ? Voyons plutôt dans la première revendication féministe de l'histoire des idées – *L'Egalité des hommes et des femmes*, puis *Grief des dames* – la raison d'une haine des mâles à l'endroit d'une femme qui pense, bien d'ailleurs, puis qui énonce une thèse révolutionnaire en plein XVIIe siècle, mais encore aujourd'hui, et notamment aux yeux des professeurs soucieux de son cas – l'infâme Paul Bonnefon en 1898, le pitoyable Mario Schiff en 1910, le pauvre Pierre Villey en 1935, le sinistre Maurice Rat en 1962, le fourbe Constant Venesœn en 1993, etc. – : hommes et femmes sont égaux, aucune supériorité des mâles sur les femelles. Mais aussi, et cette option est prémonitoire et vraiment post-moderne, inexistence d'une supériorité des épouses et des mères sur leurs maris et leurs enfants. Egalité parfaite. Car l'inégalité est le produit de l'instruction et de l'institution – idée de Montaigne....

Marie de Gournay pense ainsi et vit ainsi : on critique son célibat, on moque son absence de mari ? Jamais elle n'est à la charge d'un époux peu ou mal aimé mais qui assurerait son prestige et son standing. Elle préfère Donzelle et Minette, ses chats, puis quelques textes d'occasion et de circonstance écrits pour obtenir auprès des puissants des pensions avec lesquelles elle entretient grand train : un carrosse, une demoiselle de compagnie qui lui joue du luth, deux laquais – ce sur quoi aucun homme ne chicanerait un noble mâle à la même époque...

On lui reproche de s'être installée dans l'ombre de Montaigne et d'avoir vécu en parasite ? C'est ignorer qu'elle dispose d'une œuvre abondante et que jamais elle ne publie rien en prenant le philosophe de Bordeaux en otage : elle traduit du latin qu'elle a appris seule, Virgile, Ovide, Salluste, Tacite ; elle trousse des poèmes sur ses chats, Jeanne d'Arc, Léonore la fille de Montaigne ; elle entretient une correspondance avec un nombre considérable de personnes dont Juste Lipse, François de Sales, mais aussi Richelieu, Anne d'Autriche, Marie de Médicis ; elle critique les précieuses et leur platonisme de pacotille ; elle défend Ronsard qu'elle adapte pour rendre sa poésie compréhensible aux lecteurs de l'époque ; elle défend de vieux mots, prend position dans la querelle de langage ; elle s'occupe de politique – comme un homme ! – et écrit sur l'*Institution du Prince*, puis lave les jésuites de leur implication dans la mort d'Henri IV qui leur colle à la peau. Trop d'idées pour une femme, trop de centres d'intérêt, trop de positions tranchées, il faut bien qu'à défaut de l'attaquer sur sa pensée on discrédite ce qu'on suppose qu'elle est...

Et puis, bien avant les montaignophiles ou montaignolâtres qui, venus de leurs Universités, entreglosent sur l'œuvre et font du sur-place, elle tient pour un réel abord philologique : l'établissement du texte, voilà par quoi passe l'augmentation du nombre des lecteurs et la mise à disposition pour le plus grand nombre. D'où ses traductions des citations grecques et latines, l'attribution à leurs auteurs, le nettoyage de mots qui empêchent la compréhension. De son vivant déjà, la langue évolue à toute allure, Montaigne se demandait si on comprendrait encore son travail quelques décennies après sa mort. Marie de Gournay travaille à la diffusion maximale d'une œuvre qu'elle aime et à laquelle elle croit...

Avant la folie de découper les *Essais* en strates, d'y voir et repérer des périodes, des zones, des moments d'influences – stoïcisme, pyrrhonisme, épicurisme ! quels dégâts... –, voire le dépeçage récent sous le coup du structuralisme, elle défend l'unité du livre. A quoi bon chercher les échafaudages, mettre au jour les jointures, souligner les dates auxquelles s'ajoutent des pièces, les célèbres *allongeails* ? Pour quelles raisons aborder un chef-d'œuvre avec le pinceau et le grattoir des archéologues qui cherchent la mort, quand juste à côté la vie continue dans le texte ? Marie de Gournay sait que les *Essais* se terminent et sont définitivement ce qu'ils devaient être avec l'ultime volonté de son auteur : elle les connaît ces fameuses volontés, elle les a honorées vingt ans durant, elle a veillé à exécuter les désirs et la volonté de son compagnon. Si ce n'est pas ça l'amour !

52

Le devenir libertin de Montaigne. Marie de Gournay n'est pas athée. Plusieurs fois dans son existence elle a donné des gages de sa fidélité à la religion catholique, apostolique et romaine. Dans son œuvre, elle s'occupe de théologie, se soucie de la conversion des fidèles, entretient – je l'ai déjà dit – une correspondance avec un François de Sales qui deviendra saint, elle fait l'éloge de la confession auriculaire, milite pour la chasteté et la continence des prêtres.

De plus, elle célèbre les mérites du colonialisme chrétien et de la mission civilisatrice des conquistadors : Montaigne n'aurait sûrement pas beaucoup apprécié cette idée aux antipodes de sa propre pensée – voir le chapitre intitulé *Des coches*... On peut croire que, le message dans lequel elle défend cette idée étant destiné à la reine, Marie de Gournay quête des faveurs utiles pour obtenir une pension. Ce qui ne justifie pas sa thèse de toute façon...

Dans l'esprit de son maître elle pense que la foi en Dieu suppose deux choses : pratiquer l'antique religion et viser l'équité dans la vie... Ce qui permet de réduire le message chrétien à peu de chose – Montaigne pour sa part avait lui aussi réduit aux acquêts la religion de son roi et de sa nourrice en affirmant dans l'*Apologie de Raymond Sebond* qu'être chrétien c'est être juste, charitable et bon... De quoi se démarquer de la théologie et prendre date pour séculariser une morale évangélique.

Par ailleurs, cette même Marie de Gournay anime

à Paris un cénacle à son domicile dans lequel se croise la fine fleur du libertinage français ! Celle qui lit, médite et rédige des lettres à François de Sales côtoie également Théophile de Viau qui sent le soufre, emprisonné pour des vers licencieux et dont l'œuvre et l'effigie sont brûlées en place de Grève ! On voit aussi chez elle Gabriel Naudé, médecin, fondateur de la bibliothèque Mazarine, théoricien du coup d'Etat, membre de la Tétrade avec Gassendi et La Mothe Le Vayer – lui aussi ami de Marie de Gournay.

La Tétrade pratiquait l'exégèse biblique rationnelle et critiquait les miracles. Pas de franc athéisme, de négation de Dieu, de critique ouverte du christianisme, certes, mais un scepticisme issu de Montaigne grâce auquel on aborde la question de la religion catholique en philosophe soucieux d'en finir avec les scories. Tout ce beau monde procède nettement du courant dit des « Libertins érudits », et les *Essais* fonctionnent entre 1620 et 1630 comme un ouvrage majeur de ce cénacle.

53

L'odyssée d'une bibliothèque. Quand Marie de Gournay meurt, elle lègue quelques vieux papiers, notes et testaments sur le devenir de ses propres ouvrages – notamment son *Avis ou les présents de la Demoiselle de Gournay* – et sa bibliothèque à François La Mothe Le Vayer, son ami fidèle et loyal depuis des années. Sa bibliothèque ? Partiellement celle de Montaigne... Car, outre des ouvrages distribués çà et là par Léonore, la fille du philosophe, et Françoise de la Chassaigne, sa femme, au curé d'Auch qui s'empresse de les vendre, les mille livres de Montaigne, qui contiennent déjà les ouvrages légués par La Boétie à sa mort, reviennent pour une part à Marie.

Un comptage permet de savoir que quatre-vingts livres proviennent de la bibliothèque de Montaigne, soit un cinquième des sources de La Mothe Le Vayer. Mais ce sont les plus importantes car on y trouve l'histoire, la théologie, la philosophie et la poésie – ce qui exclut les voyages, le droit, la jurisprudence, les varia. La Boétie, Montaigne, Marie de Gournay, La Mothe Le Vayer : le trajet de cette bibliothèque fait sens...

La fréquentation libertine du cénacle de l'Arbre-Sec, les qualités elles aussi libertines du personnage mandaté par Marie de Gournay comme légataire universel, la filiation bibliophilique et la transmission de la bibliothèque pendant un siècle dans la mouvance de ce cadre de pensée radicale, voilà qui permet de faire de la fille d'alliance de Montaigne autre chose qu'une sotte, une gourde, une virago dépourvue d'intelligence et de pensée propre, mais, bien au contraire, un maillon essentiel dans le devenir libertin et dans l'usage libertin même des *Essais* du Maître.

Pour aller dans ce sens, elle écrit dans la préface de l'édition de 1635 qu'au contraire de son habitude de traduire les citations anciennes en français afin de rendre le texte plus accessible au maximum de personnes, elle a laissé dans leur forme choisie par Montaigne les passages... libertins. Comment dès lors mieux avouer que les *Essais* en comportent ? Et laisser aux lecteurs du grec et du latin le soin d'effectuer eux-mêmes le travail dans la discrétion et la tranquillité érudite...

54

Théorie du prélèvement. De sorte qu'on comprend mieux comment, Montaigne n'étant pas libertin – Pierre Charron non plus d'ailleurs... –, il peut servir à ce courant critique qui s'en réclame grâce au principe du prélèvement – du *pillotage*, pour le dire dans un terme du philosophe lui-même. Lire les *Essais* dans leur économie propre et intrinsèque oblige à une cohérence : du premier au dernier chapitre, la pensée de Montaigne apparaît complexe, enroulée, baroque, sinueuse, certes, mais jamais contradictoire si l'on prend le soin de mettre en perspective l'ensemble des passages concernant une même question.

Le grand livre utilisé comme une carrière dans laquelle on peut librement extraire du contexte et sans forcément tenir compte de la pensée propre de son auteur, permet, selon le choix des textes, thèses, thèmes et citations prélevés, de faire de Montaigne un athée – « la grossière imposture des religions » (II. XXII) – ou un catholique – « l'Eglise catholique, apostolique et romaine en laquelle je meurs et en laquelle je suis né » (I. LXI) –... En politique, un conservateur, un ennemi des changements – « le changement donne seul forme à l'injustice et à la tyrannie » (III. IX) –, mais une seule citation – « en toutes choses, sauf simplement aux mauvaises, la mutation est à craindre » (I. XLIII) – autorise les révolutionnaires de 89 à créer une section qui porte son nom ! Sur la question des femmes, une fois il semble misogyne – « nées pour le rôle passif » –, une autre franchement féministe – « les mâles et les femelles sont jetés en un même moule : sauf l'institution et l'usage, la différence n'y est pas grande » (III. V). Etc.

A pilloter ainsi, un chrétien trouve son compte, mais un épicurien aussi : normal, il est les deux... Un ascète également, mais de même un hédoniste – or il relève de l'un et de l'autre. Un sceptique ou encore un dogmatique qui affirme et défend des thèses précises, par-delà le doute : ce pyrrhonien élague, certes, mais pour obtenir de belles coupes claires où vrai et faux se distinguent nettement. Une fois il doute qu'Epicure puisse croire à ses atomes, une autre il donne à ces prétendues fictions un pouvoir sur lui. Héraclitéen, dynamique, dialectique, si l'on arrête, fige et fixe Montaigne, on obtient bien une image, mais les *Essais* s'appréhendent plutôt sur le mode cinématographique...

Les libertins ont beau jeu, dès lors, de prélever ici ce qui montre qu'on est chrétien comme périgourdin ou allemand, ailleurs qu'on l'est en pratiquant justice, charité et bonté ; pour abonder dans leur sens, ils mettent en exergue que la religion génère la vertu, mais ajoutent aussitôt qu'elle couvre aussi beaucoup de vices, quand elle ne les produit pas ; ici on souligne que la beauté de la création prouve l'existence d'un créateur, certes, mais en soulignant l'idée de la beauté intrinsèque de la nature ; l'humanisation des bêtes – la chatte que joue Montaigne... – ou la bestialisation des hommes – les tortionnaires, les conquistadors, les inquisiteurs... – servent à dépasser la position chrétienne de l'homme comme couronnement et sommet de la création, loin derrière les bêtes ; avisés, ils prélèveront cette idée qu'on ne déifie en priorité ce que l'on ne comprend pas, ou bien cette critique du Paradis... des musulmans ; là ils citent Montaigne qui pense impossible la survie après la mort sous une forme qui rappelle la vivante ; ailleurs ils lisent que les dieux ont été créés par les hommes et pour eux ; ici ils mettent en évidence la critique d'Aristote et de la scolastique, ils appuient sur la localisation de l'âme dans le cerveau, ou sur l'inexistence de preuves de son immortalité ; une fois ils retiennent la transformation en erreur des vérités d'hier, une autre la relativité historique et géographique des certitudes du moment ; comment ne pas se réjouir du philosophe qui enseigne que la connaissance s'effectue par les sens et qui, donc, pose les bases d'une théorie sensualiste et empirique ? Pour un homme souvent pris pour un sceptique emblématique, voilà beaucoup de vérités explosives dans un XVIe siècle où l'on brûle les sorcières, mais aussi les philosophes pratiquant leur métier ailleurs qu'à l'ombre des églises...

Avec Montaigne et Charron transformés en mines libertines, la pensée prend un essor considérable :

émancipation définitive à l'endroit de la théologie et de la scolastique, célébration des pouvoirs et de la puissance de la raison, puis de la déduction et autres opérations réflexives, souci prioritaire de la laïcité, volonté d'une éthique et d'une politique faite par les hommes, pour les hommes, non plus sous le regard de Dieu, mais sous celui de la mécanique immanente. Que de chantiers ouverts !

Les enfants de Montaigne poursuivent l'entreprise avec bonheur : le voluptueux Saint-Evremond, l'ironique Cyrano de Bergerac, le sage Gassendi, mais aussi, via Saint-Evremond, et plus inattendu, le génial Spinoza puis, aboutissement singulier de ce lignage étonnant, le premier athée digne de ce nom dans l'histoire des idées : le colérique Jean Meslier, l'abbé Jean Meslier... Tous amateurs passionnés de Montaigne. Et d'Epicure... Faut-il dès lors s'étonner qu'en 1676, les *Essais* soient mis à l'index par l'Eglise catholique, apostolique et romaine ? Et qu'on voie Epicure revenir au devant de la scène ?

BIBLIOGRAPHIE

Mangeurs de sperme et Cie... La bibliographie des gnostiques tient sur une feuille de papier... Pour l'ambiance, l'époque, la haine chrétienne du corps : Peter Brown, *Le Renoncement à la chair. Virginité, célibat et continence dans le christianisme primitif*, trad. P.-E. Dauzat et C. Jacob, Gallimard, 1995. Un chapitre est consacré à Valentin, le cinquième. Voir, de Jean Doresse, *Les Livres secrets des gnostiques d'Egypte*, Plon, 1958, sur les conditions de découverte des manuscrits, sur leur contenu aussi. Robert M. Grant examine la question de *La Gnose et les Origines chrétiennes*, trad. J.-H. Marrou, Seuil, 1964. Le texte le plus clair, le plus synthétique, le plus vif, qui dispense des tonnes de glose indigeste sur cette question est de Jacques Lacarrière, *Les Gnostiques*, Idées, Gallimard, 1973.

Pour trouver les sources, découvrir les pensées, tomber sur des références à même d'être exploitées, il faut lire les Pères de l'Eglise qui présentent les thèses hérétiques pour les critiquer et les condamner. A prendre avec précaution, donc... Irénée de Lyon, *Contre les hérésies. Dénonciation et réfutation de la gnose au nom menteur*, trad. A. Rousseau, Sagesses chrétiennes, Cerf, 2001 : plus de 700 pages indigestes dans lesquelles se trouvent quelques pépites durement gagnées... Voir aussi Hippolyte de Rome, *Philosophumena ou réfutation de toutes les hérésies*, trad. A. Siouville, Arché-Milano, 1988. Et Clément d'Alexandrie, *Stromates*, Sources Chrétiennes.

*
**

Le contraire des Lumières. Le Moyen Age ne passe pas pour folichon ni bien drôle... Si l'on veut s'en rendre compte, lire Georges Duby, *Féodalité*, Quarto, Gallimard, 1996. On peut ajouter *Dames du XII*e *siècle*, en particulier le tome III, *Eve et les Prêtres*, Gallimard, 1995. Sur ce même sujet, de Jacques Le Goff, *Un autre Moyen Age*, Quarto, 1999. Lire particulièrement « L'imaginaire médiéval » et mieux encore la troisième partie consacrée au corps : sur son rapport à l'âme, à l'espace, au péché, au plaisir, à la sexualité – on y apprend par exemple que la sexualité pécheresse est la cause de la lèpre... Du même auteur, *Saint François d'Assise*, Gallimard, 1999, pour saisir la fascination de l'époque pour la pauvreté. Lire également Jean Delumeau, *Le Péché et la Peur. La culpabilisation en Occident*, Fayard, 1983. Près de mille pages effrayantes...

Le christianisme aime son prochain, on le sait. Surtout s'il pense la même chose que lui. Pour les autres, on vérifiera les limites de cette profession de foi en lisant Nicolau Eymerich et Francisco Pena, *Le Manuel des inquisiteurs*, avec une excellente introduction de l'excellent Louis Sala-Molins, Albin Michel, 2001. Et du même tonneau, Bernard Gui, *Manuel de l'inquisiteur,* trad. G. Mollat, tomes I et II, Belles Lettres, 1964. On trouve dans le premier livre une définition de l'hérésie – elle qualifie tout ce qui s'écarte, même de manière infime, du dogme... Raoul Vaneigem a synthétisé *La Résistance au christianisme. Les hérésies des origines au* XVIII*e siècle*, Fayard, 1993, dans un « Que sais-je ? » intitulé *Les Hérésies*, PUF, 1994.

Pour avoir une vue d'ensemble de ce qu'est la philosophie à cette époque, une très bonne synthèse de Benoît Patar, *Dictionnaire des philosophes médiévaux*, Les Presses philosophiques, 2000. Et un choix d'auteurs dans *Philosophes médiévaux des* XII*e et* XIV*e siècles*, 10/18, dir. R. Imbach et M.H. Mêléard, 1986. On y lira Jean de La Rochelle, Thomas d'Aquin, Bonaventure, Roger Bacon, Boèce de Dacie, Duns Scot, Raymond Lulle, Dante, Maître Eckart, Guillaume d'Occam, Gersonide, Berthold de Moosburg et Grégoire de Rimini.

***

Des partouzes philosophiques. Si, à l'évidence, le Moyen Age ne passe pas pour guilleret, c'est ne pas faire cas du courant du Libre-Esprit. Tout ce que j'ai pu en savoir provient de Raoul Vaneigem dans l'indispensable *Le Mouvement du Libre-Esprit. Généralités et témoignages sur les affleurements de la vie à la surface du Moyen Age, de la Renaissance et, incidemment, de notre époque,* Ramsay, 1986. Réédition et préface de l'auteur à L'Or des fous éditeur. Une synthèse, brève, dans les deux ouvrages précédemment cités de cet auteur. Tous les protagonistes de ce mouvement ne sont pas des noceurs ou des partouzeurs – ainsi Marguerite Porète, dont je ne pense pas qu'on puisse la sortir du mysticisme hystérique pour la classer du côté des Sœurs du Libre-Esprit version libertine... –, mais ce que l'on peut savoir de ces panthéistes qui, par bien des aspects, font songer à des précurseurs du nietzschéisme – ou de Sade –, se trouve dans cet ouvrage. Avec une bibliographie complète.

Les ennemis du Libre-Esprit : Luther, *Aux chrétiens d'Anvers*, et Calvin, *Contre la secte fantastique et furieuse des Libertins qui se nomment spirituels*, ont contribué – à la manière des Pères de l'Eglise attaquant les épicuriens ou du père Garasse les libertins... – à sauver ces courants dans l'histoire en leur offrant leur tribune éditoriale et leur pérennité dans le temps... Nietzsche aurait pu accéder au Libre-Esprit via les deux apôtres du protestantisme !

L'ambiance sinistre du Moyen Age est parfois éclairée par des trouées lumineuses en dehors de la philosophie hédoniste. Notamment avec les goliards, chanteurs de taverne, poètes et baladins, épicuriens amoureux, satiristes n'aimant ni les puissants du clergé ni ceux du pouvoir politique, pas plus amateurs de moines. Soit connus et signant leurs textes, soit inconnus, ils ont écrit des chansons groupées sous la rubrique *Carmina Burana*. L'Imprimerie nationale en a donné une belle édition de plus de 500 pages en 1995.

***

Du christianisme épicurien. L'historiographie classique est débordée par le concept... Pas l'habitude d'innover ! On est chrétien ou épicurien, il faut choisir... Le compagnonnage possible entre les deux visions du monde (avérée pendant deux siècles pourtant...) n'a jamais fait l'objet d'un livre faisant le point sur la question. Lorenzo Valla n'est connu que pour *La Donation de Constantin,* éditée aux Belles Lettres et traduite par Jean-Baptise Giard. On ne trouve plus son *Dialogue sur le libre arbitre*, traduit pour Vrin par Jacques Chomarat en 1983. Le livre est épuisé...

Il n'a jamais existé aucune traduction française du *De voluptate* avant celle de Laure Chauvel, qui a traduit le texte pour que j'en dispose. La traduction est désormais disponible aux éditions Encre Marine, 2004. Que le dieu de l'hédonisme la sanctifie... Bravo les universitaires et les appointés du CNRS ! L'édition américaine – *On Pleasure*, trad. A. Kent Hieatt et Maristella Lorch, Abaris, New York, 1977 – met en regard du texte anglais sa version originale latine... Et elle est également épuisée ! Pour la biographie, pas traduite non plus (c'est une manie !), voir G. Mancini, *Vita di Lorenzo Valla*, Florence, 1891.

Deux articles essentiels : Alain Michel, « Epicurisme et christianisme au temps de la Renaissance » : quelques aspects de l'influence cicéronienne, in *Revue d'Etudes latines*, 52, 1974, pp. 356-383. On y parle de Lorenzo Valla, de Marsile Ficin et d'Erasme. Voir également R.O. Kristeller, *Huit philosophes de la Renaissance italienne*, trad. Anne Denis, Droz, 1975. Le chapitre deux est entièrement consacré à Lorenzo Valla, pp. 27-42.

Evidemment, Marsile Ficin, épicurien, n'est pas mieux traité... Son *De voluptate* n'a jamais été non plus traduit en français. J'y ai accédé par la grâce de la même Laure Chauvel, déjà passeuse de Lorenzo Valla. En revanche, et sans surprise, sa *Théologie platonicienne de l'immortalité des âmes*, trois tomes, traduits par P. Laurens, et son *Commentaire du Banquet de Platon*, politiquement et intellectuellement corrects, se lisent aux Belles Lettres, traduction Raymond Marcel.

Pour Erasme, lire l'excellente biographie de Léon E. Halkin, *Erasme parmi nous*, Fayard. Les *Colloques* ont été édités à l'Imprimerie nationale en deux volumes. A lire chez Encre Marine, *L'Epicurien et autres banquets*, 2004. *L'Epicurien* se trouve dans le second, trad. Etienne Wolff. Pour l'*Eloge de la folie,* trad. Claude Barousse, Babel. Dans *Aspects du libertinisme au* XVI*e* *siècle,* Vrin, on peut lire de Charles Béné : *Erasme et le libertinisme,* pp. 37-49, qui... ne conclut pas ! Erasme, critique à l'endroit du christianisme, certes, mais libertin ? Sûrement pas au sens où l'on parle de libertinage érudit au siècle suivant. Voir aussi les articles « Epicurisme » et « Lorenzo Valla » dans le *Dictionnaire*, excellent, de l'édition d'œuvres majeures – dont les *Colloques*, l'*Eloge*, les *Adages*, la correspondance, des textes sur l'art, la religion, la paix, l'éducation, etc. – d'Erasme dans la collection Bouquins chez Robert Laffont. Enfin, voir R. Bultot, *Erasme et Epicure*, *Scrinium Erasmianum*, tome 2, pp. 224-225. Sur le Jardin, Alexandre Vanautgaerden, *Un jardin philosophique*, avec des photographies d'André Jasinski, édité à La Lettre volée, maison d'Erasme. Le livre se compose de lettres échangées entre l'architecte, l'auteur, les plasticiens sur la question de ce jardin philosophique en particulier et du jardin philosophique en général.

*
**

***Lire les* Essais**. Quelle édition préférer quand on a l'intention de lire Montaigne intégralement ? Car le texte n'est pas d'accès facile et la pensée de Montaigne se manifeste en arabesques et volutes, rarement en ligne droite, sauf dans des formules qui valent tels des aphorismes dans un brouillard baroque – voire maniériste. La grammaire, la syntaxe posent problème. Pourquoi ajouter de la difficulté en conservant l'orthographe d'époque ?

Quelles raisons peuvent justifier plutôt un *espic de bled*

qu'un *épi de blé* ? Avec cette traduction, cette mise en français contemporain, le sens n'est pas altéré, la compréhension en est extrêmement simplifiée et l'on peut se concentrer sur le sens en composant avec la syntaxe souvent problématique. Souvenons-nous que les *Essais* sont dictés, et dans la langue du XVIe siècle...

L'édition de La Pléiade préfère *je me suis envieilly de sept ou huict ans depuis que je commençay*, qui fleure bon sa musique sur instruments d'époque – bon. On est averti. Avantages de cette édition – Albert Thibaudet et Maurice Rat : tout Montaigne, y compris le *Journal de voyage en Italie* (qui a aussi eu lieu en France, en Suisse et en Allemagne !), les Lettres et les Notes sur les « Ephémérides » de Beuther, dans un seul beau volume relié cuir, doré à l'or fin ! Sans oublier les sentences peintes ou gravées sur les solives de la tour. A lire dans un fauteuil club, avec un armagnac et un cigare, au coin du feu qui crépite...

Les mêmes textes se trouvent en français modernisé dans l'Intégrale au Seuil, sous le titre *Œuvres complètes*. L'édition est de Robert Barral en collaboration avec Pierre Michel. Inconvénient : tout dans un seul volume, donc un nombre incroyable de signes par page – le texte est distribué en deux colonnes. Avantage : citations latines traduites et références en bas de page (La Pléiade, – inconvénient... – en fin de volume)... A emporter sur l'île déserte.

Ma première lecture intégrale, je l'ai faite avec l'édition de Claude Piganaud : *Michel de Montaigne, Les Essais*, Arléa. Rappelons à l'éditeur que le titre n'est pas *Les Essais*, mais *Essais*... On ne dit pas *L'Ulysse* de Joyce, mais *Ulysse*... Avantage : tout dans un volume maniable, en français modernisé, les citations latines traduites et références juste à la suite de leur emploi, les mots qui posent problème sont traduits entre crochets juste à côté du mot qui pose problème. Exemple : « rengréger son deuil » ? « Raviver sa douleur »... Excellente édition. A emporter partout – du coin du feu à l'île déserte en passant par toutes les autres occasions.

J'ai relu l'œuvre intégralement une deuxième fois en ayant recours à l'édition de l'Imprimerie nationale établie par André Tournon. Avantage : élégante, papier superbe, très abordable financièrement (subventionné par l'Etat...), trois versions possibles (brochée, toilée, cuir...), peu de signes par page, facilité de lecture. Inconvénients : citations traduites et références renvoyées en fin de volume ; le glossaire également ; et une ponctuation sûrement très justifiée scientifiquement, mais – Montaigne a lui-même dit que sur cette question il était vague et imprécis (et pour cause, en dictant !) et qu'il laissait ses imprimeurs faire le travail... – une autre option, celle d'Arléa par exemple, ne trahit pas plus le texte et, mieux, le met plus facilement à disposition intellectuelle. A lire au bureau, d'une traite, un crayon à la main... La version cuir pouvant justifier le fameux coin de l'âtre, le havane, etc.

Le travail de référence de Pierre Villey a été repris en trois volumes aux PUF. Edition savante et bon marché sous coffret. En ancien français, mais les mots problématiques sont traduits en bas de page (en plus grand nombre que chez Arléa). Précieux : une vie et œuvre de Montaigne suivie d'une synthèse chronologique détaillée et très fournie ; quelques pages exposent le catalogue des livres ayant appartenu au philosophe ; enfin, les sentences peintes sur les poutres sont présentées en langue originale, puis traduites et avec leurs références. Chaque essai est précédé d'un mini... essai qui fait le point sur les datations, les conditions d'écriture, les contenus, les plans, les mises en perspective possibles avec les autres chapitres. Appareil critique et notes remarquables. Index de noms exhaustif, index thématique précieux. A utiliser sans modération – partout, en tous lieux, tous temps...

Une édition en fac-similé, commentée, élégante, le *Livre de raison de Montaigne sur l'Ephemeris historica* de Beuther, Compagnie française des arts graphiques. On y trouve, dans un fac-similé de l'écriture de Montaigne, le détail de son quotidien : naissances, morts dans la famille, visites royales, élection à la mairie de Bourdeaus (*sic*), faits historiques. C'est dans ce livre que les pages correspondant à la date de la Saint-Barthélemy ont été arrachées. Par quoi ? Pour quelles raisons ? A qui déplaisaient-elles ? Des catholiques ou des protestants de sa famille ? Ou les uns ou les autres bien après sa mort ?

Le *Journal de voyage* est bien édité, préfacé, et excellemment commenté par Fausta Garavini chez Folio. Sur le serviteur qui en écrit la première partie, les raisons mystérieuses de son départ, Montaigne prenant la suite, l'étonnante justesse et l'imbrication des deux plumes, on découvre tout ce qui peut être dit sur ce sujet. Le texte est en français modernisé.

***

Juif, à cheval, etc. Pour la question biographique se reporter à Madeleine Lazard, *Michel de Montaigne*, Fayard : très bien écrit, documenté, sans parti pris, faisant le point sur ce qui a été dit et écrit auparavant. Pour l'imbrication avec l'époque et la démonstration que, contrairement à l'idée convenue, les *Essais* commentent l'actualité abondamment et ne sont pas qu'un autoportrait narcissique au miroir, Géralde Nakam, *Montaigne et son temps*, Tel Gallimard. D'accord avec elle sur l'accident de cheval comme hapax existentiel, mais pas du tout pour penser que le problème est dès lors résolu pour le philosophe. Au contraire, posé plus crûment par ce fait divers, le livre est une tentative de résolution du problème. Sinon, pourquoi toutes ces pages ?

Un portrait rapide, mais brossé avec talent par Stefan Zweig, *Montaigne*, PUF, Quadrige. Le livre auquel il travaillait quand il s'est suicidé au Brésil. Un Montaigne cosmopolite, humaniste, tolérant – juif donc. Thèse poussée à l'extrême, jusqu'au ridicule, par Sophie Jama, *L'Histoire juive de Montaigne*, Flammarion, pour qui Montaigne est juif, sans aucun doute (ce qui reste à prouver : l'équivalence posée entre Louppes et Lopez, donc la cause de la judéité, ne repose sur rien d'autre qu'une supposition de Malvezin en 1875...), ce qui justifie la totalité de son génie !

Eyquem, patronyme juif (p. 76) ; Montaigne juif (toute la thèse du livre, même si page 60 l'auteur écrit : « en toute rigueur, les enfants d'Antoinette ne devraient nullement être compris dans la stricte communauté des juifs » – car l'Antoinette est catholique et selon la logique raciale de la communauté, seule la mère transmet la judéité, pas le père (avec les hommes, on n'est jamais sûr de la pureté du sang !, avec les femmes, on a neuf mois pour s'en apercevoir...) ; La Boétie, possiblement juif ! (p. 133), d'où la raison de leur amitié ! ; les *Essais* ? une herméneutique juive ! (p. 159) ; l'humour de Montaigne ? un humour juif ! (p. 210). Il n'est pas grave d'être juif, que les antisémites se mettent bien cette idée dans la tête ; mais il n'est pas grave non plus de ne l'être pas...

Rapide : *Montaigne*. « Que sais-je ? », Jean-Yves Pouilloux, Découvertes Gallimard. Pour l'iconographie. On doit à cet auteur un *Lire les « Essais » de Montaigne* chez Maspéro très... Maspéro ! Lecture imbibée d'Althusser...

C'est l'époque ! Michel Butor, *Essais sur les Essais*, Gallimard, 1968 (!) a beaucoup fait pour accréditer la thèse, fautive, des *Essais* écrits pour combler le manque de La Boétie... Le centre du livre aurait servi de tombeau pour l'ami perdu. Certes, mais il n'est jamais dit que ce tombeau est resté vide ! Un cénotaphe n'est pas un tombeau...

Jean Lacouture n'apporte rien de plus qu'on ne sache déjà dans son *Montaigne à cheval*, Seuil, sinon une rédaction fluide et grand public. Utile premier contact. Roger Stéphane, *Autour de Montaigne,* Stock, propose une lecture personnelle, subjective, montanienne... Mélange de biographie et d'analyse de la pensée : Pierre Leschemelle, *Montaigne ou le mal à l'âme*, suivi de *Montaigne le badin de la farce. De la joie tragique à la sagesse gaie*, et *Montaigne ou la mort paradoxe*, tous trois chez Imago. Une bonne et longue introduction pour qui n'aurait pas lu Montaigne lui-même.

*
**

« Je ne suis pas philosophe ». C'est une phrase célèbre de Montaigne qui témoigne de cette intéressante façon de philosopher qui consiste à se moquer de la philosophie : la façon de Lucien de Samosate, mais aussi celle des penseurs qui ne se reconnaissent pas dans la philosophie officielle et que les philosophes officiels ne reconnaissent pas comme l'un des leurs. On chercherait en vain mention de Montaigne dans la philosophie française du XXe siècle... Sartre ? Jankélévitch ? Althusser ? Deleuze ? Foucault ? (L'« usage des plaisirs » est une formule de Montaigne...) Derrida ? Personne... Seul Merleau-Ponty consacre un court texte – une préface probablement, intitulée *« Lecture* *de Montaigne* » – repris dans *Eloge de la philosophie,* Idées Gallimard.

Pourtant, Montaigne invente la philosophie française : que seraient les Libertins érudits sans lui ? Et Descartes sans les Libertins ? Ou Pascal, qui pille un nombre considérable de ses idées. Voir sur ce point *Descartes et Pascal lecteurs de Montaigne*, de Brunschvig, Neuchâtel. Et Bossuet, Malebranche ? Et Rousseau : sa théorie de la nature, ses thèses sur le bon sauvage ou sur l'éducation ? Et Voltaire, Diderot et la philosophie des Lumières ? La dette à l'endroit des *Essais* est considérable... Pour un panorama rapide des influences de Montaigne à travers les siècles, voir Pierre Michel, *Montaigne*, éd. Ducros.

Fascinés par le tropisme allemand, les philosophes français n'ont eu que mépris pour Montaigne qui, ironiquement, règle leur compte avec quatre siècles d'avance dans le chapitre intitulé *Du pédantisme* (livre I, chapitre XXV). D'une étonnante actualité ! Les pédants se ressemblent à toutes les époques ! Singulièrement, les meilleurs hommages rendus à Montaigne viennent d'Allemands ! Nietzsche, on le sait, qui dans sa troisième *Considération inactuelle* (2) a écrit : « Qu'un pareil homme ait écrit, véritablement la joie de vivre sur terre s'en trouve augmentée. » L'âme « la plus libre et la plus vigoureuse » qu'il lui ait été donné de connaître... Et Hugo Friedrich qui, dans son *Montaigne*, Tel Gallimard, montre la densité, la profondeur, la complexité et l'étendue de la pensée de Montaigne.

Un autre grand montanien a beaucoup travaillé à l'éloge de Montaigne. Ne nous étonnons pas qu'il ait aussi œuvré pour faire entrer naguère Epicure à l'Université... Il s'agit de Marcel Conche, auteur d'un *Montaigne et la philosophie* et d'un *Montaigne ou la conscience heureuse*, PUF. Dans le premier, lire particulièrement une démonstration de l'hédonisme de Montaigne dans le chapitre V, « Plaisir et communication », pp. 79 à 109.

Enfin, livre capital et montanien dans sa facture : *Dictionnaire de Michel Montaigne*, sous la direction de Philippe Desan, Honoré Champion. Mille pages précieuses, entrées par ordre alphabétique : un Jardin à la française en compagnie du philosophe.

*
**

Pour les fainéants. Ou plutôt : pour révéler le secret de nombre de chercheurs qui n'ont jamais lu Montaigne en entier – une catastrophe, la certitude de faire des contresens... –, il existe deux ouvrages majeurs à partir desquels tout travail thématique est rendu possible : Montaigne et les femmes ; Montaigne et la vérité ; Montaigne et le mariage ; Montaigne et la sexualité ; Montaigne et la maladie de la pierre ; etc. Il s'agit de Roy E. Leake, *Concordance des Essais de Montaigne*, Droz, 1444 pages ! et Eva Marcu, *Répertoire des idées de Montaigne*, 1430 pages, même éditeur : deux mastodontes qui présentent les phrases, idées, concepts, pensées du philosophe dans un ordre alphabétique ou thématique à partir duquel les chercheurs peuvent construire leur désordre...

Les Etudes montaignistes publient des ouvrages chez Honoré Champion qui tous ont trait à Montaigne : presque une quarantaine de livres au catalogue. De l'érudition pointue, mais d'intéressantes contributions. Dans cette collection, le livre de James J. Supple, *Les Essais de Montaigne. Méthode(s) et méthodologie*, critique nombre de lectures du philosophe, ce qui évite de les faire tant il détaille abondamment la thèse des autres pour donner la sienne. Prototype de ce que Montaigne appelait l'entreglose...

Enfin : Michel Piccoli permet d'entendre le texte de Montaigne. Une bonne façon de l'appréhender comme il est né ! Un choix seulement des meilleures pages du livre I est paru aux éditions Frémeaux et associés. Deux CD, un livret. La suite à paraître...

LA CONSTELLATION HÉDONISTE	*LA CONSTELLATION IDÉALISTE*
0 : naissance d'un supposé Jésus	
	Vers 5-15 : naissance de Paul de Tarse, dit saint Paul
1-18 Ovide, *L'Art d'aimer*	
	30 : conversion de Paul de Tarse
	Eté 44 : premier voyage missionnaire de Paul
	Vers 50 : naissance d'Epictète
	Entre 50 et 57 : Epître aux Corinthiens de Paul de Tarse et autres textes
	Vers 60 : Evangile de Marc
	62 : début de la correspondance entre Sénèque et Lucilius
	19 avril 65 : mort de Sénèque
	Vers 67-68 : mort dudit saint Paul
Ier siècle apr. J.-C. : Simon le Magicien	
Vers 120 : Diogène d'Œnanda et son mur de pierre	*Vers 120 : les premiers apologistes chrétiens : Justin, Athénagore, Théophile d'Antioche, pour lesquels le christianisme est « la vraie philosophie ».*

Gnostiques licencieux du IIe siècle :
Basilide, Valentin, Carpocrate, Marc, Cérinthe, Epiphane, Nicolas, Prodicos. Barbélognostiques, fœtophages, spermatophages... naassènes, ophites... Carpocrate, *De la justice*

Vers 160 : naissance de Tertullien

Vers 177 : Irénée de Lyon, Contre les hérésies, Dénonciation et réfutation de la gnose au nom menteur.

Vers 185 : naissance d'Origène

197 : Tertullien, Apologétique.

203 : Diogène Laërce, *Vies, opinions et doctrines des philosophes illustres*

Vers 212 : Tertullien, Exhortation à la chasteté *et* De la monogamie

Vers 220 : mort de Tertullien

Entre 225 et 234 : Hippolyte de Rome, Philosophumena ou réfutation de toutes les hérésies

Celse, *Contre les chrétiens*

Origène, Contre Celse

Après 251 : mort d'Origène

Vers 301 : Porphyre publie Les Ennéades *de Plotin*

306 : naissance de Constantin

312 : conversion de Constantin

337 : mort de Constantin

354 : naissance d'Augustin

380 : sous Théodose, le catholicisme devient religion d'Etat

387 : vision d'Augustin dans le jardin d'Ostie (!)

392 : Théodose interdit le culte païen.
Persécutions, vandalisme, martyres des païens.
396 : Augustin évêque d'Hippone
397-401 : Confessions
Vers 401 : Le Bonheur conjugal *et* La Virginité consacrée
412-427 : La Cité de Dieu
430 : mort d'Augustin

448 : Porphyre, *Contre les chrétiens* (détruit par Théodose II)

Vers 524 : Consolation de la philosophie, *de Boèce*

622 : Hégire
630 : prise de La Mecque par Mahomet
632 : mort de Mahomet

VIIIe : communautés euchites (gnostiques) en Egypte

980 : naissance d'Avicenne

XIe-XIIe : *Carmina Burana*

1037 : mort d'Avicenne

1126 : naissance d'Averroès

1190 : Maimonide, Le Guide des égarés

1191 : Autodestruction de l'autodestruction, *d'Averroès*

1198 : mort d'Averroès

Frères et Sœurs du Libre-Esprit :
Béguins et béguines belges et néerlandais, Alumbrados espagnols, Picards et Adamites de Bohême, Nouvel Esprit souabe

XIIIe :
Amaury de Bène († 1207)

1225 : naissance de Thomas d'Aquin

1252 : enseignement de Thomas d'Aquin

1258-1264 : Somme contre les gentils, *Thomas d'Aquin*

Willem Cornelisz d'Anvers († 1253)

1266-1273 : Somme théologique, *Thomas d'Aquin*

Vers 1276 : Somme théologique, *d'Albert le Grand*

XIII/XIVe :
Bentivenga de Gubbio († 1322)

XIVe :

Walter de Hollande,
Des neuf péchés spirituels

1311 : Dante entreprend La Divine Comédie

1323 : canonisation de Thomas d'Aquin

Jean de Brno

G. d'Occam, Traité sur le sacrement de l'autel

Heildwige de Bratislava

J. Duns Scot, Traité de l'âme

XVe :

Johannes Hartmann d'Amtmanstett
Willem van Hildervissem de Malines

1407 : naissance de Lorenzo Valla
1431 : *De voluptate,* de Valla
1433 : naissance de Marsile Ficin
1439 : *Du libre arbitre,* de Valla
1440 : *La Donation de Constantin,* de Valla

1453 : Nicolas de Cues, De la paix de la foi

1457 : mort de Lorenzo Valla
1457 : lettres d'inspiration épicurienne de Ficin

1458 : *De voluptate,* de Ficin

1469 : naissance d'Erasme de Rotterdam

1483 : naissance de Luther

1499 : mort de Marsile Ficin

XVIe :
Quintin Thierry
Eloi de Pruystinck († 1544)

1509 : naissance de Calvin
1517 : thèses de Luther

1518 : *Le Banquet profane,* d'Erasme

1525 : Luther, Traité sur le serf arbitre
1529 : Luther, Dieu est notre forteresse

1533 : naissance de Montaigne

1533 : Dialogue *L'Epicurien,* d'Erasme

1536 : Calvin, Institution de la religion chrétienne

1543 : Calvin, Traité des reliques
Calvin, Contre la secte fantastique et furieuse des libertins

1565 : naissance de Marie de Gournay

1568 (?) : accident de cheval de Montaigne

1571 : conversion hédoniste de Montaigne qui se retire dans sa Tour

1572 : Montaigne commence à dicter les *Essais*

1572 : Saint-Barthélemy

1580 : *Essais*, livres I et II

1588 : Rencontre de Marie de Gournay et Montaigne
1592 : mort de Montaigne

1594 : *Le Proumenoir de Monsieur de Montaigne,* Marie de Gournay.

De 1588 à 1669 : trente-quatre éditions des *Essais*.

1600 : Giordano Bruno brûlé par l'Eglise à Rome
1601 : *De la sagesse*, Pierre Charron

1608 : François de Sales, Introduction à la vie dévote

1622 : *Egalité des hommes et des femmes*, Marie de Gournay

1632 : Garasse, La Doctrine curieuse

1644 : Marie de Gournay lègue ses papiers et sa bibliothèque, partiellement celle de Montaigne, au libertin érudit François La Mothe Le Vayer.

1645 : mort de Marie de Gournay

1676 : les *Essais* mis à l'Index

INDEX

MORALE

PHILOSOPHES

I) ANTIQUITÉ

IV) PHILOSOPHES CLASSIQUES

V) PHILOSOPHES MODERNES

VI) Ouvrages cités

Du même auteur :

LE VENTRE DES PHILOSOPHES, *Critique de la raison diététique*, Grasset, 1989. LGF, 1990.

CYNISMES, *Portrait du philosophe en chien*, Grasset, 1990. LGF, 2007.

L'ART DE JOUIR, *Pour un matérialisme hédoniste*, Grasset, 1991. LGF, 2007.

L'ŒIL NOMADE, *La peinture de Jacques Pasquier*, Folle Avoine, 1993.

LA SCULPTURE DE SOI, *La morale esthétique*, Grasset, 1993, (Prix Médicis de l'essai). LGF, 2003.

LA RAISON GOURMANDE, *Philosophie du goût*, Grasset, 1995. LGF, 2008.

MÉTAPHYSIQUE DES RUINES, *La peinture de Monsu Desiderio*, Mollat, 1995. LGF, 2010.

LES FORMES DU TEMPS, *Théorie du sauternes*, Mollat, 1996, LGF, 2009.

POLITIQUE DU REBELLE, *Traité de résistance et d'insoumission*, Grasset, 1997. LGF, 2008.

HOMMAGE À BACHELARD, Ed. du Regard, 1998.

ARS MORIENDI, *Cent petits tableaux sur les avantages et les inconvénients de la mort*, Folle Avoine, 1998.

À CÔTÉ DU DÉSIR D'ÉTERNITÉ, *Fragments d'Égypte*, Mollat, 1998. LGF, 2006.

THÉORIE DU CORPS AMOUREUX, *Pour une érotique solaire*, Grasset, 2000. LGF, 2007.

PRÊTER N'EST PAS VOLER, Mille et une nuits, 2000.

ANTIMANUEL DE PHILOSOPHIE, *Leçons socratiques et alternatives*, Bréal, 2001.

ESTHÉTIQUE DU PÔLE NORD, *Stèles hyperboréennes,* Grasset, 2002. LGF, 2004.

PHYSIOLOGIE DE GEORGES PALANTE, *Pour un nietzschéisme de gauche,* Grasset, 2002, LGF, 2004.

L'INVENTION DU PLAISIR, *Fragments cyrénaïques,* LGF 2002.

CÉLÉBRATION DU GÉNIE COLÉRIQUE, *Tombeau de Pierre Bourdieu*, Galilée, 2002.

LES ICÔNES PAÏENNES, *Variations sur Ernest Pignon-Ernest,* Galilée, 2003.

ARCHÉOLOGIE DU PRÉSENT, *Manifeste pour une esthétique cynique*, Grasset-Adam Biro, 2003.

FÉERIES ANATOMIQUES, *Généalogie du corps faustien,* Grasset, 2003. LGF, 2009.

ÉPIPHANIES DE LA SÉPARATION, *La peinture de Gilles Aillaud*, Galilée, 2004.

LA COMMUNAUTÉ PHILOSOPHIQUE, *Manifeste pour l'Université populaire*, Galilée, 2004.

LA PHILOSPHIE FÉROCE, *Exercices anarchistes,* Galilée, 2004.

OXYMORIQUES, *Les photographies de Bettina Rheims,* Jannink, 2005.

TRAITÉ D'ATHÉOLOGIE, *Physique de la métaphysique,* Grasset, 2005. LGF, 2009.

SUITE À LA COMMUNAUTÉ PHILOSOPHIQUE, *Une machine à porter la voix,* Galilée, 2006.

TRACES DE FEUX FURIEUX, *La Philosophie féroce II,* Galilée, 2006.

SPLENDEUR DE LA CATASTROPHE, *La peinture de Vladimir Vélikovic*, Galilée, 2007.

THÉORIE DU VOYAGE, *Poétique de la géographie*, LGF, 2007.

LA PENSÉE DE MIDI, *Archéologie d'une gauche libertaire,* Galilée, 2007.

FIXER DES VERTIGES, *Les photographies de Willy Ronis,* Galilée, 2007.

LA SAGESSE TRAGIQUE, *Du bon usage de Nietzsche,* LGF, 2008.

L'INNOCENCE DU DEVENIR, *La vie de Frédéric Nietzsche,* Galilée, 2008.

LA PUISSANCE D'EXISTER, *Manifeste hédoniste,* Grasset, 2006. LGF, 2008.

LE SONGE D'EICHMANN, Galilée, 2008.

LE CHIFFRE DE LA PEINTURE, *L'œuvre de Valerio Adami,* Galilée, 2008.

LE SOUCI DES PLAISIRS, *Construction d'une érotique solaire,* Flammarion, 2008. J'ai lu, 2010.

LES BÛCHERS DE BÉNARÈS, *Cosmos, Éros et Thanatos,* Galilée, 2008.

LA VITESSE DES SIMULACRES, *Les sculptures de Pollès,* Galilée, 2008.

LA RELIGION DU POIGNARD, *Éloge de Charlotte Corday,* Galilée, 2009.

L'APICULTEUR ET LES INDIENS, *La peinture de Gérard Garouste,* Galilée, 2009.

LE CORPS DE MON PÈRE, Hatier, 2009.

LE RECOURS AUX FORÊTS, *La tentation de Démocrite,* Galilée, 2009.

PHILOSOPHER COMME UN CHIEN, *La Philosophie feroce III,* Galilée, 2010.

NIETZSCHE, SE CRÉER LIBERTÉ, dessins de M. Leroy, Le Lombard, 2010.

LE CRÉPUSCULE D'UNE IDOLE, L'affabulation freudienne, Grasset, 2010.

APOSTILLE AU *CRÉPUSCULE*, Grasset, 2010, LGF, 2011.

MANIFESTE HÉDONISTE, Autrement, 2011.

L'ORDRE LIBERTAIRE, *La vie philosophique d'Albert Camus,* Flammarion, 2012.

LA SAGESSE DES ABEILLES, *Première leçon de Démocrite,* Galilée, 2012.

VIE ET MORT D'UN DANDY, *Construction d'un mythe,* Galilée, 2012.

RENDRE LA RAISON POPULAIRE, Autrement, 2012.

Journal hédoniste :

I. LE DÉSIR D'ÊTRE UN VOLCAN, Grasset, 1996. LGF, 2008.
II. LES VERTUS DE LA FOUDRE, Grasset, 1998. LGF, 2000.
III. L'ARCHIPEL DES COMÈTES, Grasset, 2001. LGF, 2002.
IV. LA LUEUR DES ORAGES DÉSIRÉS, Grasset, 2007.

Contre-histoire de la philosophie :

I. LES SAGESSES ANTIQUES, Grasset, 2006. LGF, 2007.
II. LE CHRISTIANISME HÉDONISTE, Grasset, 2006. LGF, 2008.
III. LES LIBERTINS BAROQUES, Grasset, 2007. LGF, 2009.
IV. LES ULTRAS DES LUMIÈRES, Grasset, 2007. LGF, 2009.
V. L'EUDÉMONISME SOCIAL, Grasset, 2008. LGF, 2010.
VI. LES RADICALITÉS EXISTENTIELLES, Grasset, 2009. LGF, 2010.
VII. LA CONSTUCTION DU SURHOMME, Grasset, 2011. LGF, 2012.

Contre-Histoire de la philosophie en CD
(chez Frémeaux et associés) :

I. L'ARCHIPEL PRÉ-CHRÉTIEN (1), *De Leucippe à Épicure,* 2004, 12 CD.
II. L'ARCHIPEL PRÉ-CHRÉTIEN (2), *D'Épicure à Diogène d'Œnanda,* 2005, 11 CD.
III. LA RÉSISTANCE AU CHRISTIANISME (1), *De l'invention de Jésus au christianisme épicurien,* 2005, 12 CD.
IV. LA RÉSISTANCE AU CHRISTIANISME (2), *D'Érame à Montaigne,* 2005, 12 CD.
V. LES LIBERTINS BAROQUES (1), *De Pierre Charron à Cyrano de Bergerac,* 2006, 12 CD.

VI. LES LIBERTINS BAROQUES (2), *De Gassendi à Spinoza,* 2006, 13 CD.
VII. LES ULTRAS DES LUMIÈRES (1), *De Meslier à Maupertuis,* 2007, 13 CD.
VIII. LES ULTRAS DES LUMIÈRES (2), *De Helvétius à Sade,* 2007.
IX. L'EUDÉMONISME SOCIAL (1), *De Godwin à Suart Mill,* 2008, 12 CD.
X. L'EUDÉMONISME SOCIAL (2), *De Stuart Mill à Bakounine*, 2008, 13 CD.
XI. LE SIÈCLE DU MOI (1), *De Feuerbach à Schopenhauer,* 2009, 13 CD.
XII. LE SIÈCLE DU MOI (2), *De Schopenhauer à Stirner,* 2009, 12 CD.
XIII. LA CONSTRUCTION DU SURHOMME, *D'Emerson à Guyau,* 2010, 12 CD.
XIV. NIETZSCHE, 2010, 13 CD.
XV. FREUD (1), 2011, 12 CD.
XVI. FREUD (2), 2011, 13 CD.
XVII. LE SIÈCLE DU NIHILISME (1), 2012, 13 CD.
XVIII. LE SIÈCLE DU NIHILISME (2), 2012, 12 CD.

PAPIER À BASE DE FIBRES CERTIFIÉES

Le Livre de Poche s'engage pour l'environnement en réduisant l'empreinte carbone de ses livres. Celle de cet exemplaire est de :
450 g éq. CO_2
Rendez-vous sur www.livredepoche-durable.fr

Composition réalisée par PCA – 44400 Rezé

Achevé d'imprimer en mai 2013, en France sur Presse Offset par
Maury-Imprimeur – 45330 Malesherbes
N° d'imprimeur : 181442
Dépôt légal 1re publication : octobre 2008
Édition 02 – mai 2013
Librairie Générale Française – 31, rue de Fleurus – 75278 Paris Cedex 06

30/8385/4